应用型本科经管类"十三五"规划教材

统计学

TONGJIXUE

主　编　庹兰芳

副主编　李　征　王　华

参　编　陈蔚珊　潘春玲　崔　越　管妙娴

·广州·

图书在版编目（CIP）数据

统计学/庹兰芳主编. — 广州：华南理工大学出版社，2015.9
应用型本科经管类"十三五"规划教材
ISBN 978-7-5623-4753-8

Ⅰ. ①统… Ⅱ. ①庹… Ⅲ. ①统计学-高等学校-教材 Ⅳ. ①C8

中国版本图书馆 CIP 数据核字（2015）第 206192 号

统计学

庹兰芳　主编

出 版 人：	韩中伟
出版发行：	华南理工大学出版社
	（广州五山华南理工大学17号楼　邮编：510640）
	http://www.scutpress.com.cn　E-mail: scutc13@scut.edu.cn
	营销部电话：020-87113487　87111048（传真）
总 策 划：	毛润政　冯丽萍
执行策划：	冯丽萍　王柳婵
责任编辑：	龙　辉
印 刷 者：	广州市穗彩印务有限公司
开　　本：	787mm×1092mm　1/16　印张：17.25　字数：399千
版　　次：	2015年9月第1版　2015年9月第1次印刷
印　　数：	1～3 000册
定　　价：	37.00元

版权所有　盗版必究　　印装差错　负责调换

应用型本科经管类"十三五"规划教材
编写委员会

主　任：黄培伦（华南理工大学广州学院管理学院）
副主任：田　艳（北京理工大学珠海学院商学院）
　　　　翟晓燕（广东外语外贸大学南国商学院国际管理学院）
　　　　查俊峰（广州大学华软软件学院管理系）
　　　　张韵君（广东培正学院管理学院）
秘书长：毛润政（华南理工大学出版社）
编　委：刘飞燕（华南理工大学广州学院管理学院）
　　　　李庚寅（广东外语外贸大学南国商学院国际经济与金融学院）
　　　　吕秉梅（广州大学松田学院经济学系）
　　　　郭松克（广州大学松田学院管理学系）
　　　　李季霞（广东工业大学华立学院管理学部）
　　　　张丽宏（广东工业大学华立学院会计学部）
　　　　吕建军（广东培正学院经济学系）
　　　　王家兰（华南农业大学珠江学院财政会计系）
　　　　王　坤（北京理工大学珠海学院商学院）
　　　　董　平（北京理工大学珠海学院商学院）
　　　　单志红（广东工业大学华立学院会计学部）
　　　　张　丽（广东工业大学华立学院会计学部）
　　　　管妙娴（广州大学松田学院管理学系）
　　　　李红娟（华南农业大学珠江学院财政会计系）
　　　　张　鹏（广州大学华软软件学院管理系）

总 序

2015年1月10日，由广东应用型本科院校经管教学协作会（华南理工大学广州学院为会长单位）与华南理工大学出版社联合举办的"应用型本科经管类'十三五'规划教材出版研讨会暨广东应用型本科院校精品课教研室主任会议"在华南理工大学出版社隆重召开，研讨会围绕"建设精品课程、打造精品教材"的主题，就此搭建一个应用型本科院校经管类教师的交流平台；以"精品教材"为标杆，着眼于"十三五"规划，推出成系列的应用型本科经管类教学的优质教材。

（1）搭建应用型本科院校经管类教师交流的平台。将每年举办专业建设、课程教学等专题性的研讨交流活动，可进行交流学科与专业发展的探索；评选年度标杆学校和特色专业，提升应用型学校办学水平，促进教学协作；开展"三个一"（一门课、一堂课、一片段）的精品课程教学汇报和观摩，切磋教学技艺，分享教学经验，设立教学奖项，让年轻的教师更好、更快地成长起来。

（2）推出成系列的应用型本科经管类优质教材。以"精品教材"为标杆，着眼于未来，在"十三五"规划的基础上，推陈出新、继往开来。以"和的最优"为理念，着眼于"协同加集成"，协同创新、集成优势；教师也要改变单兵作战的方式，寻找合作伙伴，实现优势互补。合作让人更精彩，更能创造出值得世人期待的精品。

（3）面向应用型本科院校。大学教育有研究型、应用型、技能型之分，应用型本科是大学本科教育的主流。面向先进制造业、现代服务业和信息化社会，须致力于培养高素质的应用型本科经管类专业人才：一是"有人品"（思想品德与心理素质），二是"有理论"（理论功底与学习能力），三是"有专长"（基于通经管、懂技术、会外语，进而形成专长）。

（4）注重理论及其应用。这是应用型本科的显著特征，有别于研究型的学术导向，也有别于技能型的技能导向。管理是行为方式，说到底是思维方式。所谓"思路决定出路"，没有理论思维作为指导，不可能实现真正的管理现代化。面向应用型本科的在校生，教学的目标与方式将不再满足于长篇大论式的"说与记"，更期待在互动和开放的环境中"学与习"。

（5）编写出适用于经管类专业的好教材。专业的基础在课程，课程的基础在教材。一是"小课堂、大课本",为课程提供教学的依据,更提供课外阅读材料,以支撑和弥补课堂讲授之不足;二是"教师易教,学生易学",课程教学以教材为本,课外阅读以教材为要;三是"串讲专题,学以致用",关注理论的思维路径,突出理论的应用导向;四是"喜闻乐见,别开生面",以各章栏目设置为例(学习目标、引例、文字、图表、专栏(链接)、本章小结(要点回放)、关键术语、习题、案例等),另可配合提供教学支持(教学博客、专供教师用的教案PPT以及教学网站等);五是"兼容并包,一书多用",既可用作应用型本科生的教学用书,也可作为各行业从业人员管理培训和自学提高之用。

韩愈《师说》:"师者,所以传道授业解惑也。"旧说新解,教学的主要目的,就在于人格开发(非智能因素:EQ)、专业开发(专业意识和技能)、智能开发(知识和能力:IQ)。"师傅引进门,修行在各人",最重要的是让学生学会学习,养成好习惯,掌握好方法,奠定立身处世之本。

创新在于借鉴和改进。没有借鉴的改进是乱来,没有改进的借鉴是抄袭。"纸上得来终觉浅,绝知此事要躬行",陆游的这一诗句,道破了知与行的真谛。管理理论源于实践而又应用于实践,是"致用"之学,管理之道在于"行"。世界上的事,想到的未必都能做到,想不到的一定做不到。首先要有好的想法,想得好才能做得好;想到更要做到,坐言起行,身体力行!

是为总序。

黄培伦
2015 - 06 - 28

(黄培伦简介:教授、博士生导师,华南理工大学广州学院管理学院院长,历任华南理工大学工商管理学院副院长、电子商务学院副院长、华南管理案例研究中心主任、广东省人力资源管理协会副会长、广东省政府发展研究中心特约研究员等,兼任广东省本科高校专业教学指导委员会委员、广东省企业管理现代化创新成果评审委员会委员暨专家组负责人等。)

前　言

编者在统计学教学实践的基础上总结 10 多年的教学经验，把统计学归纳为四个模块进行阐述：第一部分，统计学的基本概念；第二部分，统计调查及统计整理的工作过程与方法；第三部分，统计描述方法，包括综合指标分析、统计指数体系等；第四部分，统计推断方法，主要包括时间序列分析、抽样推断、相关与回归分析，等等。全书共分九章，在每章的后面都配备小结和思考练习题，便于学生学习。本书适合经济管理类本科专业学生及各类经济管理人员用作自学和培训教材。

该教材有如下几个特点：

（一）典型案例开篇，习题丰富

全书编写以统计工作过程为主线，每章开头都组织了相关开篇案例进行介绍，并在后续进行了应用方法及解决思路的详细分析。每章之后的思考与练习题量较多，以供课程练习和巩固学习效果。与教材配套的资源有所有实例、典型案例和习题的数据文件、课程 PPT 教案、部分思考与练习的参考答案。

（二）全书结构清晰，体系完整，内容精简明了

本书在总体内容把握上，按照"统计设计—统计调查—统计整理—统计分析"的顺序组织，由浅入深、由基础到专业。在每章内容的安排上按照"开篇案例—主要内容—本章小结—思考与练习"的顺序组织，方便读者学习。全书内容涵盖了统计工作中的基本理论与方法，同时避免了大而全的介绍，只针对最常用的概念和方法进行阐述，使读者在有限的时间里学习到更多实用功能。

（三）统计分析方法与案例分析的有机结合

本书对各种统计分析方法的原理进行了通俗易懂的介绍，但又避免了纷繁复杂的数据证明过程，使读者可以了解分析方法的核心思想，掌握方法的正确应用范围。

本书由广州大学松田学院的教师编写，具体编写分工如下：第一章绪论（庾兰芳、李征）；第二章统计调查（王华、陈蔚珊）；第三章统计数据整理（陈蔚珊、崔越）；第四章综合指标（李征、庾兰芳）；第五章时间数列（王华、潘春玲）；第六章统计指数（陈蔚珊、李征）；第七章抽样估计（潘春玲、庾兰芳）；第八章相关与回归分析（潘春玲、王华）；第九章统计预测与统计决策（庾兰芳、崔越）。全书由庾兰芳老师负责修改、总纂和定稿，管妙娴老师对全书图表编排进行了协助统筹。郭松克教授在本书的编写过程中给予了很多指导，在此表示感谢。

在本书的编写过程中，编者参考了大量相关的书籍资料，在此对相关作者表示谢意。限于水平，书中所论并不完美，错误和疏漏之处恳请读者批评指正，也欢迎切磋探讨。

编　者
2014 年 10 月

目 录

第1章 绪论 ……………………………………………………………………………… 1
1.1 统计的产生与发展 …………………………………………………………… 1
1.2 统计学的研究对象、特点和研究方法 ……………………………………… 5
1.3 统计工作的基本任务、职能和统计工作过程 ……………………………… 8
1.4 统计学的基本概念 …………………………………………………………… 10
思考与练习 ………………………………………………………………………… 15

第2章 统计调查 ………………………………………………………………………… 19
2.1 统计调查概述 ………………………………………………………………… 21
2.2 统计调查的组织方式和方法 ………………………………………………… 23
2.3 统计调查方案 ………………………………………………………………… 30
2.4 调查问卷的设计 ……………………………………………………………… 33
思考与练习 ………………………………………………………………………… 40

第3章 统计数据整理 …………………………………………………………………… 44
3.1 统计整理概述 ………………………………………………………………… 47
3.2 统计分组 ……………………………………………………………………… 53
3.3 次数分布 ……………………………………………………………………… 60
3.4 统计数据的图表展示 ………………………………………………………… 64
思考与练习 ………………………………………………………………………… 71

第4章 综合指标 ………………………………………………………………………… 76
4.1 总量指标 ……………………………………………………………………… 77
4.2 相对指标 ……………………………………………………………………… 79
4.3 平均指标 ……………………………………………………………………… 85
4.4 变异指标 ……………………………………………………………………… 100
思考与练习 ………………………………………………………………………… 109

第5章 时间数列 ………………………………………………………………………… 116
5.1 时间数列概述 ………………………………………………………………… 118
5.2 时间数列的水平分析指标 …………………………………………………… 121
5.3 时间数列的速度分析指标 …………………………………………………… 131

5.4 时间数列的趋势分析 ··· 138
思考与练习 ··· 152

第6章 统计指数
6.1 统计指数概述 ··· 162
6.2 综合指数 ·· 165
6.3 平均指标指数 ··· 168
6.4 指数体系与因素分析 ·· 173
思考与练习 ··· 180

第7章 抽样估计
7.1 抽样推断概述 ··· 185
7.2 抽样的组织方式 ·· 189
7.3 抽样误差 ·· 192
7.4 参数估计 ·· 196
7.5 假设检验 ·· 198
思考与练习 ··· 202

第8章 相关与回归分析
8.1 相关与回归分析概述 ·· 207
8.2 一元线性回归分析 ··· 213
8.3 多元线性回归分析 ··· 217
8.4 非线性回归分析 ·· 219
思考与练习 ··· 221

第9章 统计预测与统计决策
9.1 统计预测 ·· 226
9.2 统计决策 ·· 236
9.3 综合案例：产品开发目标方案的选择 ··· 244
思考与练习 ··· 247

思考与练习参考答案 ··· 251

第1章 绪 论

【开篇案例】

2014年政府工作报告节选

2013年,面对世界经济复苏艰难、国内经济下行压力加大、自然灾害频发、多重矛盾交织的复杂形势,全国各族人民在以习近平同志为总书记的党中央领导下,从容应对挑战,奋力攻坚克难,圆满实现全年经济社会发展主要预期目标,改革开放和社会主义现代化建设取得令人瞩目的重大成就。

——经济运行稳中向好。国内生产总值达到56.9万亿元,比上年增长7.7%。居民消费价格涨幅控制在2.6%。城镇登记失业率4.1%。城镇新增就业1310万人,创历史新高。进出口总额突破4万亿美元,再上新台阶。

——居民收入和经济效益持续提高。城镇居民人均可支配收入实际增长7%,农村居民人均纯收入实际增长9.3%,农村贫困人口减少1650万人,城乡居民收入差距继续缩小。规模以上工业企业利润增长12.2%。财政收入增长10.1%。

——结构调整取得积极成效。粮食产量超过1.2万亿斤,实现"十连增"。服务业增加值比重达到46.1%,首次超过第二产业。中西部地区生产总值比重继续提高,区域发展协调性增强。全社会用电量增长7.5%,货运量增长9.9%,主要实物量指标与经济增长相互匹配。

——社会事业蓬勃发展。教育、科技、文化、卫生等领域取得新进步。神舟十号遨游太空,嫦娥三号成功登月,蛟龙深潜再创纪录,这表明中国人民完全有能力、有智慧实现建成创新型国家的目标。

这个案例是节选自2014年3月在第十二届全国人民代表大会第二次会议上,李克强总理代表政府对全体代表所作的政府工作报告。该报告节选指出2013年,经济社会发展既有量的扩大,又有质的提升,为今后的发展奠定了基础。在论证我们国家取得重大成就时,总理用了很多数字,这些数字是经过科学程序统计出来的,代表一定的经济含义。通过本章的学习,我们可以了解这些数字的意义。

1.1 统计的产生与发展

1.1.1 统计的含义

统计一词有着丰富的内涵。一般讲到"统计",可以从三个方面理解,即统计工作、统计资料和统计学。

统计工作即统计实践，是指利用各种统计方法，对各种社会、经济及自然现象的总体数量进行搜集、整理、分析等工作的总称。统计工作是适应社会经济发展的需要和国家管理的需要而产生和发展的，涉及社会、经济、文化、科技等各个方面。

统计资料又称为统计数据，是统计工作过程中所取得的反映社会经济实际的统计成果，是人类活动各数量方面客观情况的记录，包括数据资料和文字资料，以数据资料为主。统计手册、统计分析报告、统计表、统计图等都是统计资料。目前，最主要的统计资料是国家或各地的统计部门所编写的统计年鉴。

统计学也称为统计理论，它是研究如何收集、整理、分析和解释涉及社会、经济、管理问题的数据，并对研究对象进行统计推断的一门科学。统计学是对统计实践活动的理论概括和总结，是阐述统计实践活动的基本理论和基本方法。统计学目前已经发展成一个涉及范围广泛、内容丰富多彩的学科体系，包括数理统计学、经济统计学、社会统计学和自然科学方面的统计学，等等。

统计工作、统计资料和统计学三者之间存在着密切的联系。统计工作是基础，统计资料和统计学都是在统计工作的基础上产生和发展的。统计资料来源于统计工作，没有统计工作就没有统计资料，同时统计资料又服务于统计工作，没有一定数量的、积累起来的统计资料，新的统计工作将难以做好。统计学是对统计工作的理论总结，理论来源于实践，但又反过来指导统计工作，使统计工作更科学、更有效，使取得的统计资料更符合客观实际，更具有使用价值。统计工作的不断发展，不但可以获得更加丰富多彩的统计资料，也会不断丰富统计理论，促进统计学的发展和完善。因此，统计一词的三种含义是紧密联系的，统计工作和统计资料是过程和成果的关系，统计工作与统计学是实践和理论的关系。

1.1.2 统计的产生和发展

统计工作作为一种社会实践活动，是为了适应社会政治经济的发展和国家管理的需要而产生和发展起来的，距今已有四五千年的历史。回顾一下统计工作的渊源及其发展过程，对于我们了解统计学的理论和方法，提高我们的统计实践和理论水平，都是十分必要的。

人类的统计实践是随着计数活动而产生的。《周易·系辞下》记载："上古结绳而治"，并且将大事与小事分别以大结与小结记之，这说明当时人们已开始利用记数来表明事物的多少，简单的统计指标与统计分组已开始孕育。因此，对统计实践发展的历史可追溯到人类社会初期的打绳结、画道道计数，这可算是最初的统计。而统计实践的真正萌芽是在古代奴隶社会，当时的统治阶级为了治理国家的需要，常常进行征税、征兵、服劳役等统治活动，因此有了了解社会基本情况的需要。据唐代杜佑所撰《通典》记载，早在远古的夏禹时代就有了人口与土地的统计数字。那时大禹治水后，根据山川土质、人口物产、贡赋多少，将全国分为九州，人口1355万人。在西方各国，古埃及、古希腊、古罗马的历史中，也有类似的记载。古埃及在公元前

3050年已经有人口、居民财产统计。古希腊据说在公元前600年就进行过人口普查。古罗马在公元前400年建立了人口普查和经常性人口出生、死亡登记制度。这些就是原始形态的统计。

进入封建社会后，随着人类社会生产的发展，统计的范围逐渐由人口、土地发展到社会经济生活的各个方面。但由于自给自足的自然经济占主导地位，生产力低下，经济落后，长期的封建生产关系阻碍了社会生产力的发展，相应地也阻碍了统计实践的发展。统计实践的广泛发展始于资本主义社会。17世纪以来，资本主义国家由于工、商、农、贸、交通的发展，统计实践也进入了一个空前发展阶段。从18世纪后半期到19世纪60年代是机器大工业发展和资本主义制度确立与向上发展的时期，由于资本主义大生产和世界市场大规模经济的需要，社会经济方面的统计工作得到更大的发展。从19世纪起，各资本主义国家都先后设立了专门的统计机关，搜集各方面统计资料，定期或不定期进行人口、工业、农业、贸易、交通等各项调查，出版统计刊物，建立国际统计组织，召开国际统计会议，资本主义经济各个专业的社会经济统计应运而生。

1.1.3　统计学的产生与发展

统计学是在长期统计实践活动的基础上形成和发展起来的，距今只有300多年的历史。由于统计学者们所处的历史环境不同，对统计实践的理解不一致，从而总结出来的经验和统计理论也有所不同，于是就形成了不同的统计学派。

1.1.3.1　国势学派

国势学派又称记述学派，产生于17世纪的德国。由于该学派主要以文字记述国家的显著事项，故称记述学派。其代表人物是德国赫姆斯特大学教授赫尔曼·康令（1601—1681）和哥丁根大学教授哥特费里德·阿亨瓦尔（1719—1772）等，代表著作是《近代欧洲各国国势学概论》，该书通过研究"国家显著事项"，分析各国的政治、经济情况，提出一些治国方略。阿亨瓦尔在大学中开设了一门新课程叫作"国势学"，后人把从事这方面研究的德国学者称为国势学派。他们所做的主要工作是对国家重要事项的记录，因此又被称为记述学派。也正是阿亨瓦尔最早将"统计"一词当作学名来使用。严格地说，这一学派的研究对象和研究方法都不符合统计学的要求，只是登记了一些记述性材料，借以说明管理国家的方法。

1.1.3.2　政治算术学派

政治算术学派产生于17世纪中叶的英国，主要代表人物是威廉·配第（1623—1687）和约翰·格朗特（1620—1674）。威廉·配第所著的《政治算术》一书中，对当时的英国、法国、荷兰三国的国情国力作了系统的数量对比分析，书中明确英国的国际地位并不悲观，提出了英国社会经济发展的方向和道路。威廉·配第采用数字、重量、尺度对社会经济现象进行数量对比分析的思想和方法，为统计学的创立奠定了方法论基础。马克思在《资本论》中称他为"政治经济学之父"，在某种程度上也是统计学的创始人。他所创造的统计方法，如图表法、分组法、推算法等都成为社会经济统计学的基本方法。

约翰·格朗特以1604年伦敦教会每周发表一次的"死亡公报"为研究资料，在1662年发表了《关于死亡公报的自然和政治观察》的论著。书中分析了60年来伦敦居民死亡的原因及人口变动的关系，首次提出通过大量观察，可以发现新生儿性别比例具有稳定性和不同死因的比例等人口规律；并且第一次编制了"生命表"，对死亡率与人口寿命作了分析，从而引起了普遍的关注。

纵观统计学的发展历史，我们可以这样说，威廉·配第为以后经济统计的发展开拓了道路，约翰·格朗特为人口统计的发展开拓了道路，政治算术学派则为后来的社会经济统计的发展奠定了基础。

1.1.3.3 数理统计学派

数理统计学派产生于19世纪中叶，其代表人物是比利时数学家、统计学家阿道夫·凯特勒（1796—1874）。他主张用研究自然科学的方法研究社会现象，正式把古典概率论引进统计学，使统计学进入一个新的发展阶段。他把概率论引入统计学，使统计学在"政治算术"所建立的"算术"方法的基础上，促进了统计的精确化，为数理统计学的形成与发展奠定了基础。他认为正态分布可用于各种科学，而正态分布规律只有借助于概率论才能确切说明。他指出任何现象都有误差，任何现象通过大量观察都可以发现其规律。数理统计学派使统计学发生了质的飞跃并走上了近代科学的道路，为近代统计学奠定了基础。

1.1.3.4 社会统计学派

社会统计学派产生于19世纪后半叶，主要代表人物是恩格尔（1821—1896）和梅尔（1841—1925）。他们主张统计学是研究社会现象的社会科学，是研究社会现象变动原因和规律性的实质性科学。这一学派融合了记述学派和政治算术学派的观点，并把政府统计和社会调查融合起来，进而形成社会统计学派。社会统计学派在研究对象上认为统计学是研究总体而不是个别现象，而且认为由于社会现象的复杂性和整体性，必须从总体上进行大量观察和分析，研究其内在联系，才能揭示现象的内在规律。这是社会统计学派的"实质性科学"的显著特点。

我国统计学的建立与发展经历了三个阶段：新中国成立前，由于我国是半殖民地半封建社会，统计工作非常落后，统计学基本上照抄照搬西方统计理论，传播的主要是数理统计学派的观点。新中国成立后，我国在学习苏联统计工作经验的同时，引进了苏联的统计学，即社会经济统计学，数理统计遭到批判。党的十一届三中全会以后，学术界开始了百花齐放，百家争鸣，数理统计又重新受到了人们的关注。人们突破了以往狭隘的观点，承认社会统计学、数理统计学和自然科技方面的统计学都是独立的统计学科，它们可以同时并存，相互借鉴，共同发展。

近年来，社会统计学和数理统计学出现了融合的趋势，数理统计方法在社会经济统计中得到了广泛的应用。今天，统计学已被划入国家一级学科，随着大统计学学科体系的建立，统计学作为一门独立的科学，其运用已渗透自然科学和社会科学的各个领域。统计科学工作者在总结本国经验的同时，吸收了世界各国统计科学发展的成果，正在努力建设成一门具有中国特色的现代统计学。

1.2 统计学的研究对象、特点和研究方法

1.2.1 统计学的研究对象

社会经济统计学的研究对象是社会经济现象的总体的数量方面，即社会经济现象总体的数量特征和数量关系。只有明确了研究对象，才可能根据它的性质特点得出相应的研究方法，达到认识对象客体规律性的目的。由统计学的发展史可知，统计学是从研究社会经济现象的数量开始的，随着统计方法的不断完善，统计学得以不断发展。因此，统计学的研究对象为大量社会经济现象总体的数量方面。

所谓数量方面是指社会经济现象总体的数量特征及数量关系，通过对这些数量方面的研究，表明所研究现象的规模、水平、速度、比例和效益等，以反映社会经济现象发展变化的规律性，反映现象的本质。统计学和统计工作是理论和实践的关系，它们所要研究的对象是一致的。

社会经济现象包括社会的政治、经济、文化、人民生活等领域的各种现象。比如，国民财富与资产、人口与劳动力资源、生产与消费、财政与金融、教育与科技发展状况、城乡人民物质文化生活水平等。通过对这些基本社会经济现象的数量方面的认识，达到对整个社会的基本认识。

在社会经济、管理实践中，社会经济现象大体可以归结为两种类型：一种是确定性现象；另一种是不确定现象，也称随机现象。而统计学就是研究随机现象统计规律性的，所以统计学对科学决策有着重要的意义。

1.2.2 统计学的研究对象的特点

统计学研究对象具有以下四个特点。

1.2.2.1 数量性

统计学的首要特点是其数量性，即研究社会经济现象的数量方面是统计学研究的最基本的特点。社会经济统计学就是以数字为语言，用数字说话。具体地说，是用规模、水平、速度、结构、比例关系和普遍程度等，去描述和分析社会经济现象的数量表现、数量关系和数量变化，揭示事物的本质，反映事物发展的规律，推测事物发展的前景。统计研究的数量性是说，为了认识社会经济现象的质量而研究其数量，既要对社会经济现象的数量方面进行分析研究，又必须结合质量方面。例如，一个国家的人口数量、结构和分布，国民财富的数量、构成和利用情况，国民经济的规模、发展速度，人民生活水平等数字，都是反映该国家国情国力的基本方面。通过一系列统计指标对这些基本情况有所了解，才可能对该国家有一个客观的认识。

1.2.2.2 总体性

总体性也称大量性。统计学是要研究社会经济现象总体的数量方面，是从宏观的角度认识社会经济现象的数量方面，如国民经济总体、社会总体、地区总体、部门总体等。统计研究并不排除从个别现象入手，但统计研究个体是为了综合个体而认识总体，是手段而不是目的，其最终目的是要认识总体。例如，人口总体是一定时间点内一个国家或一个地区所有具有生命现象的个人的总和。在人口统计研究中，人口统计的认识客体，不是个别人的数量和状况，而是通过人口总数、人口性别构成、人口年龄构成、人口民族构成、人口职业构成、出生率、死亡率等指标来描述人口总体的状况。人口统计如此，其他社会经济统计也是这样。

1.2.2.3 具体性

统计学要研究的是具体事物的数量方面，而不是抽象的量，这是统计学与数学的一个重要区别。数学研究客观世界的空间形式和数量关系时，具有高度的抽象性，可以撇开所研究客体的具体内容；而统计学所研究的量都是客观现象在具体时间、具体地点、具体条件下的具体数量的表现，而不是抽象的量。如 2013 年，我国国内生产总值达到 56.9 万亿元，比上年增长 7.7%。居民消费价格涨幅控制在 2.6%，进出口总额突破 4 万亿美元，再上新台阶。这些数据都是客观存在的数量特征，反映了 2013 年我国经济发展的规模和水平，离开了具体时间、地点和条件的数字，就不是统计数字。

1.2.2.4 社会性

统计学通过研究大量社会经济现象总体的数量方面，来认识人类社会活动的条件、过程和结果，反映物质资料的占有关系、分配关系、交换关系以及其他的社会关系。其定量研究是以定性分析为前提的，而定性使其在客观上有了社会关系的内涵。社会经济现象与自然科学技术问题是不同的，对于同一社会经济现象，站在不同的立场，持有不同的观点，运用不同的方法，可以得出差别较大的结论。这些都体现出社会经济统计的研究对象具有社会性。

1.2.3 统计学的研究方法

统计学研究对象的性质和特点决定了统计学的研究方法。统计学研究的基本方法为：大量观察法、统计分组法、综合指标法和归纳推断法。

1.2.3.1 大量观察法

大量观察法是统计学中的特有方法。它是指在研究社会经济现象的数量方面时，必须对总体现象中的全部或足够多数的个体进行观察，以达到对现象总体数量特征及其规律性的认识。社会经济总体现象是复杂的，它是在各种错综复杂的因素影响下形成的，总体中的个体之间存在着数量上的差异，如果仅对少数个体进行观察，统计就会失之偏颇，得不出合乎实际的结论来。大量观察法的数理依据是大数定律，大数定律是指虽然每个个体受偶然因素的影响作用不同而在数量上存有差异，但对总体而言可以相互抵消而呈现出稳定的规律性，因此只有对足够多数的个体进行观察，观察值的综合结果才会趋向稳定，建立在大量观察法基础上的数据资料才会给出一般的结论。因此，只有被观察的个体"足够多"的时候，才能消除偶然因素影响造成的误差，样本对总体才有足够的代表性，用样本指标推断总体指标时，才具有较高的可靠性。

例如，抛一枚均质的硬币，我们不能准确预测抛硬币的结果是正面朝上，还是反面朝上，这体现了该试验的随机性。但当抛的次数足够多时，我们就可以发现正面朝上和反面朝上出现的可能性是一样的，都是1/2。这样我们通过大量的观察就可以得到抛硬币结果的统计规律。

1.2.3.2 统计分组法

统计分组法是根据统计研究的目的与任务，将调查得到的大量统计资料按照一定的标志划分为若干个不同性质的类型或不同类型的组，使组内的单位具有相对的同质性，组间的单位具有明显的差异性，以揭示现象内部各部分之间的差异，从而达到正确运用统计指标来表明事物本质与规律性的目的。

统计分组既是统计资料整理的方法，也是统计分析的基本方法之一。由于所研究现象本身的复杂性、差异性及多层次性，需要我们对所研究现象进行分组或分类研究，以期在同质的基础上探求不同组或类之间的差异性。统计分组在整个统计活动过程中都占有重要地位，在统计调查阶段可通过统计分组法来搜集不同类型的资料；在统计整理阶段可以通过统计分组法使各种数据资料得到分门别类的加工处理和储存，并为编制分布数列提供基础；在统计分析阶段则可以通过统计分组法来划分现象类型、研究总体内在结构、比较不同类型或组之间的差异和分析不同变量之间的相关关系。

例如，要研究我国国有企业的有关情况，选择"企业规模"这个标志进行分组，可以反映国有企业中大、中、小型企业的数量和比例；选择"盈亏状况"进行分组，可以观察国有企业的亏损面及亏损额，发现问题的严重性，等等。

1.2.3.3 综合指标法

综合指标法也称综合分析法，就是运用各种统计指标对社会经济现象的数量关系进行对比分析的方法。统计资料的搜集、整理、分析是通过统计指标这一特定形式来完成的。统计指标所反映的不是个别现象的数量特征，而是经过汇总、综合的总体的某项数量特征，所以统计指标也称综合指标。通常使用的综合指标主要有总量指标、相对指标、平均指标、变异指标等。这些指标从不同的角度对总体的特征进行反映，将其结合运用，可以更加全面、深入地分析社会经济总体现象的数量方面。因此，综合指标法是统计分析的基本方法。

例如：在开篇案例中，所用到的国内生产总值、居民消费价格指数、全国财政收入等，都是一些说明我国当前宏观经济运行状况的综合指标。

1.2.3.4 归纳推断法

归纳推断法是指在统计中由观察个别单位的特征得出关于总体的某种信息，并从个别到一般，从具体事实到抽象概括的推理方法。统计学主要是通过归纳推断法来利用样本的信息推断总体的信息；根据过去社会经济现象的统计规律预测其未来的趋势。在统计认识活动中，我们所观察的往往只是所研究现象总体中的一部分单位，掌握的只是具有随机性的样本观察数据，而认识总体数量特征是统计研究的目的，这就需要我们运用归纳推断法来得出总体数量特征。在实践中这是一种有效又经济的方法，其应用范围很广泛，发展很快，归纳推断法已成为现代统计学的基本方法。

例如：在社会人口调查中，我们可以用普查的方法取得全面资料，也可以用抽样的方法推断全面的情况。

1.3 统计工作的基本任务、职能和统计工作过程

1.3.1 统计的基本任务和职能

《中华人民共和国统计法》第一章第二条规定："统计的基本任务是对国民经济和社会发展情况进行统计调查，统计分析，提供统计资料和统计咨询，实行统计监督。"与其相适应的具体任务是：调查、整理社会经济活动的各种数字资料；在此基础上，对社会经济活动过程及其结果进行主观与客观、横向与纵向、静态与动态的综合分析，提供信息产品；判断社会经济活动的运行状态，提出相应的咨询意见，监督社会经济活动的运行过程，为国民经济宏观调控、企业经营管理和科学研究提供客观依据。为了完成上述任务，统计工作必须做到"准确、公正、及时、方便"，这是衡量统计工作质量的重要标准。

由此，我们可以得到统计的以下3点主要职能：

1.3.1.1 信息职能

统计信息职能是指统计具有信息服务的功能，也就是统计通过科学的方法，系统地搜集、整理和分析，得到统计资料，在统计资料的基础上再经过反复提炼筛选，提供大量有价值的、以数量描述为基本特征的统计信息，为社会服务。例如，国家统计局会定期公布国民经济运行情况的相关统计数据，如国内生产总值及其增长速度、居民消费价格指数及其变动率（即通货膨胀率）等。

1.3.1.2 咨询职能

统计咨询职能是指统计具有提供咨询建议和对策方案的服务功能，也就是指统计部门利用所掌握的大量的统计信息资源，运用科学的分析方法和先进的技术手段，深入开展综合分析和专题研究，为各级机关、团体、企业以及广大公众的经营活动和科学研究提供咨询建议和对策方案。统计咨询分为有偿咨询和无偿咨询两种。统计咨询应更多地走向市场。

1.3.1.3 监督职能

统计监督职能是指统计具有揭示社会经济运行中的偏差，促使社会经济运行不偏离正常轨道的功能，也就是统计部门以定量检查、经济监测、预警指标体系等为手

段,揭示社会经济决策及其执行过程中的偏差,以促使国民经济按照客观规律的要求,持续、稳定、协调地发展。

这三种职能是相互联系、相辅相成的,构成了一个有机整体,故又称为整体功能。统计信息职能是统计最基本的职能,是保证统计咨询和统计监督职能有效发挥的基础;统计咨询职能是统计信息职能的延续和深化;而统计监督职能则是在信息、咨询职能的基础上进一步拓展,并促进统计信息和咨询职能的优化。

1.3.2 统计工作过程

例如:某一个啤酒生产企业(例如青岛啤酒)想了解其产品的市场占有情况,于是委托一个市场调查公司(例如尼尔森市场研究有限公司,简称尼尔森公司)进行调查。尼尔森公司应怎样展开统计工作呢?

尼尔森公司,首先要思考向什么人展开调查,调查什么样的项目,怎样展开调查。然后,它要组织实施统计调查,例如进行问卷调查。接着,得到了问卷的数据,但这个数据是原始数据,没有系统化和条理化。故还要进一步对原始数据进行整理、汇总、分组等工作,使原始数据系统化、条理化。最后,还要进行分析,给出分析结论。例如,给出哪一个群体购买青岛啤酒最多、影响消费者购买青岛啤酒的最主要因素是哪些,等等。

统计工作是对社会经济现象进行调查研究以认识其本质和规律性的一种工作。通过上面的分析,我们可以归纳出统计工作的四个阶段,分别是:统计设计阶段、统计调查阶段、统计整理阶段和统计分析阶段。

1.3.2.1 统计设计阶段

统计设计是对统计活动各个方面和各个环节所作的通盘考虑和合理安排。如确定调查对象,设计指标体系,编制分类目录,制订调查、整理和分析方案等。优良的统计设计是科学、有效地组织统计活动的前提。

1.3.2.2 统计调查阶段

统计调查是根据一定的目的,通过科学的调查方法,搜集社会经济现象的实际资料的活动。从统计工作的全过程来看,统计调查是搜集资料获得感性认识的阶段,它既是认识客观经济现象的起点,也是统计整理和统计分析的基础环节。

1.3.2.3 统计整理阶段

统计整理是对统计调查来的大量统计资料进行加工整理、汇总、列表的过程。通过统计调查取得的资料只能反映总体各单位的具体情况,是分散的、零碎的、表面的,而且精粗并存,真伪混杂,不能说明事物的全貌。要说明总体情况,揭示总体的特征,还需要对这些资料进行去粗取精、去伪存真、由此及彼、由表及里的加工整理,以便对总体做出概括性的说明。统计整理处于统计工作过程的中间环节,起着承前启后的作用。

1.3.2.4 统计分析阶段

统计分析是将加工整理好的统计资料加以分析研究,采用各种分析方法,计算各种分析指标,来揭示社会经济现象的本质及其发展变化的规律性。通过统计分析阶段,对事物由感性认识上升到理性认识。

统计工作过程的四个阶段并不是孤立的,它们是紧密联系的一个整体,其中各个环节常常是交叉进行的。例如,小规模的调查常把调查和整理结合起来;在统计调查过程中就有对事物的初步分析;在整理和分析过程中仍需进一步调查。除了上面四个基本阶段外,统计工作还有进一步的统计决策阶段、统计预测阶段,等等。

1.4 统计学的基本概念

1.4.1 统计总体和总体单位

1.4.1.1 统计总体

统计总体是统计所要研究的客观事物的全体,是由具有某一相同性质的许多个别单位组成的集合体,简称总体。总体的一个重要特征是同质性,它是构成总体的必要条件。

例如,我们要研究某班的统计学成绩,则该班的所有学生就是统计总体。还有,我们要研究城镇居民生活水平,那么全体城镇居民便构成总体。又如,研究某个工业部门的企业生产情况时,该部门的所有工业企业可以作为一个总体,因为它是由许多客观存在的工业企业组成的,而每个工业企业都是进行工业生产活动的基层单位,具有同质性。

统计总体可分为有限总体与无限总体。如果一个统计总体中包括的单位数是无限的,即无法用计数方法取得其单位数,称为无限总体。例如,连续大量生产某种零件时,其总产量是无限的,构成一个无限总体。如果总体中包括的单位数是有限的,即能够用计数方法取得其单位数,称为有限总体。例如,在特定时点上的人口总数、工业企业总数,等等,都是有限总体。对于有限总体,既可以进行全面调查,也可以进行非全面调查。对于无限总体来说,只能进行非全面调查。此外,统计总体还可以分为静态总体和动态总体,前者所包含的各个单位属于同一个时间,后者所包含的各个单位则属于不同时间。根据一定的目的,针对这两类总体就可以分别进行静态研究或动态分析。

统计总体的范围随着统计研究的目的不同而改变,其范围可大可小。例如,我们要了解城镇居民生活水平,统计总体既可以是某市城镇居民所构成的总体,也可以是全国城镇居民所构成的总体。

根据对统计总体的研究,我们可以得出作为一个总体必须具有的一些特征:

1. 大量性

大量性是指统计总体要由足够多的单位组成,即指统计总体的形成要有一个相对规模的量,个别单位或极少量的单位不足以构成总体。因为个别单位的数量表现可能是各种各样的，只对少数单位进行观察，其结果难以反映现象总体的一般特征。只有观察足够多的量，在对大量现象的综合汇总过程中，才能消除偶然因素，使大量社会经济现象的总体呈现出相对稳定的规律和特征，这就要求统计总体必须包含足够多的单位。当然，大量性也是一个相对的概念，它与统计研究目的、客观现象的现存规模以及总体各单位之间的差异程度等都有关系。

2. 同质性

统计总体的同质性，是指构成总体的各个单位必须具有某一共同性质，即具有共同的品质标志特征或数量标志特征。同质性是构成统计总体的基础及必要条件。例如，某市全部的工业企业是一个统计总体，因为工业企业的共同特征是它们都是进行生产活动的基层单位；又如，某地区全部工人这个总体中，每一个工人的社会成分都相同。当然，同质性的概念是相对的，它是根据一定的研究目的而确定的，目的不同，同质性的意义也就不同。例如，研究全国工业企业的生产状况时，全国所有工业企业都是同质的，而研究全国民营工业企业的生产状况时，民营工业企业与国有工业企业就是异质的。可见，同质性是相对于研究目的而言的，当研究目的确定后，同质性的界限也就确定了。

3. 变异性

变异性又称差异性。统计总体的变异性是指总体单位之间必须具有一个或若干个可变的品质标志或数量标志，或者说构成总体的单位在一些方面是同质的，但在另一些方面又必须是有差异的。例如，某市的全体工人作为统计总体时，工人的社会成分是相同的，但每个工人的性别、工种、工龄、工资等都是有差异的。正因为变异是普遍存在的，才有必要进行统计研究，同类现象之间存在变异性是统计研究的前提条件。统计总体中各个单位之间具有变异性的特点，这是由于各种因素错综复杂作用的结果，所以有必要采用统计方法加以研究，才能表明统计总体的数量特征。

1.4.1.2 总体单位

构成统计总体的每个单位称为总体单位，也称作个体。它是各项统计资料最原始的承担者。例如，研究某个工业部门的企业生产情况时，该工业部门的所有工业企业可以作为一个总体，每个工业企业则是总体单位，将每个工业企业的某些数量特征加以登记汇总，就取得该工业部门的统计资料。

需要注意的是，统计总体和总体单位是相对而言的，在一次特定范围、目的的统计研究中，统计总体与总体单位是不容混淆的，二者的含义是确切的，是包含与被包含的关系。但是随着统计研究目的及范围的变化，统计总体和总体单位可以相互转化。同一事物在不同情况下，可以作为统计总体，也可以作为总体单位。例如，在上述某一工业部门所有工业企业的统计总体中，每个工业企业是一个总体单位。但为了要研究一个典型工业企业的内部问题时，则被选作典型的某一工业企业又可作为一个总体。

1.4.2 标志与统计指标

1.4.2.1 标志

标志也称标识,是用来说明总体单位特征的名称。标志与总体单位紧密相连,总体单位是标志的承担者,标志是总体单位特征的反映。每个总体单位若从不同角度和要求进行观察,可以具有多个属性和特征。

例如,以学生为总体单位时,如身高、体重、年龄、性别、籍贯、统计学成绩等,这些特征的名称就是标志。又如,对一家上市公司来说,公司的组织形式、注册资金、职工人数、产品产量、固定资产等都是标志。很明显,总体单位是标志的承担者,标志是依附于统计总体单位的。

按性质的不同,标志可分为品质标志与数量标志。品质标志是表明总体单位的属性特征的名称,它不能用数值表示,只能用文字说明。例如职工的性别、文化程度,学生的性别、籍贯,上市公司的组织形式等标志都是品质标志。数量标志则是表明总体单位的数量特征的名称,它可以用各种不同的数值表示。例如职工的年龄、工资,学生的身高、体重、年龄,上市公司的注册资金、职工人数、产品产量等标志都是数量标志。

按标志变异情况,标志可分为不变标志和可变标志。不变标志就是统计总体中所有总体单位具体表现完全相同的标志。例如,国有工业企业的经济类型是属于国家所有,这个标志对国有工业企业这一总体来说,就是不变标志。不变标志体现了统计总体的同质性,任何总体的各个总体单位至少要有一个共同的不变标志,才能使它们结合在一起,这个不变标志就是构成总体同质性的基础。可变标志是指在统计总体中各个总体单位的具体表现不完全相同的标志,在一个统计总体中往往存在许多个可变标志。例如,国有工业企业的产量、产值、工人数等标志,是随着每个企业的具体情况而变动的,这些标志就是可变标志。

标志表现是总体单位的标志的具体体现,即指在标志名称后面所表明的属性或数值。如某职工性别是男,文化程度是硕士研究生,这里的"男""硕士研究生"分别是品质标志"性别"和"文化程度"的标志表现。又如某职工的年龄是30岁,30岁就是数量标志"年龄"的标志表现,也称为标志值。

1.4.2.2 统计指标

统计指标是反映同类社会经济现象某种综合数量特征的概念,用以说明现象总体在具体的时间、地点和条件下的综合数量表现,即说明总体数量特征的名称。例如,我国2013年的国内生产总值达到56.9万亿元,就是统计指标。从该例子可以看出,统计指标包括五个部分:一是时间,如2013年;二是地点或空间,如中国;三是指标名称,如国内生产总值;四是数值,如56.9;五是计量单位,如万亿元。又如,某上市公司职工的总工资和平均工资是统计指标,因为总工资是由各个职工的工资汇总得到的,而平均工资是由总工资和总职工人数这两个总量指标相除得到的。

统计指标具有以下特征:

1. 数量性

统计指标都是用数值来表示的，这是统计指标最基本的特点。统计指标所反映的就是客观现象的数量特征，这种数量特征是统计指标存在的形式，没有数量特征的统计指标是不存在的。

2. 综合性

综合性是指统计指标既是同质总体大量个别单位的总计，又是大量个别单位标志差异的综合，是许多个体现象数量综合的结果。统计指标的形成都必须经过从个体到总体的过程，它是通过个别单位数量差异的抽象化来体现总体综合数量的特点的。

3. 具体性

统计指标的具体性是指统计指标不是抽象的概念和数字，而是一定的具体的社会经济现象的量的反映，是在质的基础上的量的集合。统计指标是客观现象在不同时间、地点、条件下的具体反映。

按照不同的研究目的、不同的角度可以对统计指标进行以下分类：

（1）按照作用和表现形式的不同，统计指标可分为总量指标、相对指标和平均指标

总量指标是反映社会经济现象总体规模和总水平的指标，它是各总体单位标志值直接汇总或直接计算的结果，用绝对数表示，也称绝对指标，其指标数值大小受总体规模大小影响。例如，某地区的人口总数、耕地面积、粮食总产量、国内生产总值等都是总量指标。相对指标是反映社会经济现象总体相对水平的统计指标，它是利用有联系的统计指标进行对比计算得到的相对数，其表现形式为无名数或复名数。例如，人口的年龄构成、人均国民生产总值、人口密度等指标都是相对指标。平均指标是反映社会经济现象某一方面一般水平的统计指标。例如平均分、平均亩产、平均年龄等都是平均指标。

（2）按照反映总体特征的不同，统计指标可分为数量指标和质量指标

数量指标是反映总体规模大小、水平高低的指标，一般用绝对数表示，如企业总数、工资总额、工业总产值、商品销售额等，数量指标的数值大小，随着总体范围的变化而变化，它是认识总体现象的基础指标。质量指标是指反映总体强度、密度、效果等的指标，一般用相对数、平均数表示，如产品合格率、固定资产的利用程度、劳动生产率、单位产品成本、平均工资等，其数值的大小与范围的变化没有直接关系。

（3）按照反映的时间、地点不同，统计指标可分为时点指标和时期指标

时点指标反映现象在某一时点上的数量表现，常用的是期末数字，如人口数、黄金储备量、库存量等；时期指标反映现象在某一时期的数量表现，如产量、产值等。一般来说，时期指标能够相加，而时点指标不能相加。

（4）按照计量单位的不同特点，统计指标可分为实物指标和价值指标

实物指标是以实物单位计量的统计指标，如千克、米等；价值指标是以货币单位计量的统计指标，如人民币、美元、欧元等。

1.4.2.3 统计指标与标志的关系

统计指标与标志之间存在着密切的关系。它们两者之间的区别有：①说明对象不同。统计指标是说明总体特征的，而标志是说明总体单位特征的；②表现形式不同。所有统计指标都能用数值表示：数量指标用绝对数表示，质量指标用相对数或平均数表示；而标志中的数量标志能用数值表示，品质标志却不能用数值表示。指标与标志的联系：①统计指标的数值多是由总体单位的数量标志值汇总而来的。例如工资总额是由各个职工的工资汇总而得，工业总产值是由各个工业企业的总产值汇总而得。②指标和数量标志之间存在着转化关系，由于研究目的的变化，原来的总体变成总体单位，则相对应的统计指标就变成数量标志；反之，则相对应的数量标志就变成了统计指标。

1.4.2.4 指标体系

在统计研究中，任何一个统计指标都只能反映总体某一方面的数量特征，为了全面系统地认识一个总体，需要同时使用许多指标。这种以共同的研究目的为纽带的相互制约、相互补充的一系列指标组合成的整体就称为指标体系。指标体系可以全方位、多侧面地反映现象总体的数量特征。例如，我们可以用由总人口数、男性人口数、女性人口数、男女性别比例、男性人口比重、女性人口比重等指标组成的指标体系来反映全国人口总体的基本状况和性别分布特征。

从指标数值、数量依存关系的角度出发，指标体系一般可用以下两种数学形式表示：

①指标体系数值 = 各个相关指标数值之和

例如，某产品的制造成本 = 原材料消耗 + 人工费用消耗 + 制造费用 + 其他支出

公共收入 = 税收收入 + 公共收费 + 公债 + 国有资产收益 + 其他收入。

②指标体系数值 = 各个相关指标数值之积

例如，原材料费用总额指数 = 产品产量指数 × 原材料单耗指数 × 原材料单价指数

企业的总产值指数 = 产量指数 × 价格指数。

1.4.3 变异与变量

统计中的可变标志的属性或数值表现在总体各单位之间存在的差异，称之为变异，变异又分为属性变异和数量变异两类。前者如性别标志，表现为男、女；后者如职工年龄，表现为25，30，35，38……变异是统计研究的前提，即如果没有变异，就不需要进行统计研究。

在统计中，说明现象某一数量特征的概念被称为变量，即可变的数量标志和所有的统计指标都称为变量。如"商品销售额""年龄""身高"等都是变量。变量的具体取值是变量值。比如商品销售额可以是20万元、30万元、50万元、90万元，等等，这些数字就是变量值。变量按其数值是否连续，可以分为连续变量与离散变量两种。连续变量是指变量的取值是连续不断的，相邻两个变量值之间可作无限分割，无法一一列举，例如工业产值、销售利润、职工体重、劳动生产率等。离散变量是指变

量的数值只能用自然数或整数表示，一般用计数的方法取得，可以一一列举，例如学生人数、设备台数、企业个数、高校总数等。

变量按其性质不同可以分为确定性变量与随机变量。确定性变量是指影响变量值变动的因素是确定的，也即影响变量值变化的因素是明确的、可解释的或可人为控制的，因而变量的变化方向和变动程度是可确定的。例如圆的面积 $S = \pi r^2$，当半径确定了，圆的面积就确定了。随机变量是指影响变量值变动的因素是随机的，也即影响变量值变化的因素是不确定的、偶然的，变量受随机因素影响的方向和程度是不确定的。随机变量在不同的条件下由于偶然因素影响，其可能取各种不同的值，具有不确定性和随机性。例如掷一颗骰子出现的点数，某一时间内公共汽车站等车乘客的人数，电话交换台在一定时间内收到的呼叫次数，等等，都是随机变量的实例。

本章小结

统计的含义有三种，即统计工作、统计资料、统计学。在统计学发展过程中形成的统计学派有国势学派、政治算术学派、数理统计学派、社会统计学派等四个学派。统计学的研究对象是社会经济现象总体的数量特征和数量关系，统计学研究对象具有以下特点：数量性、总体性、具体性、社会性。统计的研究方法有大量观察法、统计分组法、综合指标法、归纳推断法。

统计的基本职能有信息职能、咨询职能、监督职能。统计工作过程包括统计设计、统计调查、统计整理和统计分析四个阶段。

统计中常用的基本概念包括统计总体与总体单位，标志与统计指标，变异与变量。这也是本章的重点和难点。

思考与练习

一、判断题

1. 统计学是一门研究现象总体数量方面的方法论科学，所以它不关心也不考虑个别事物的数量特征。（   ）
2. 社会经济统计的研究对象是社会经济现象总体数量特征的各个方面。（   ）
3. 总体单位是标志的承担者，标志是依附于总体单位的。（   ）
4. 个人的工资水平和全部职工的工资水平，都可以称为统计指标。（   ）
5. 品质标志说明总体单位的属性特征，质量指标反映现象的相对水平或工作质量，二者都不能用数值表示。（   ）
6. 运用大量观察法，必须对研究对象的所有单位进行观察调查。（   ）

7. 某一职工的文化程度在标志的分类上属于品质标志，职工的平均工资在指标的分类上属于质量指标。（   ）

8. 总体和总体单位的概念不是固定不变的，任何一对总体和总体单位都可以互换。（   ）

9. 在全国工业普查中，全国企业数是统计总体，每个工业企业是总体单位。（   ）

10. 离散变量的数值包括整数和小数。（   ）

二、单项选择题

1. 对某城市工业企业未安装设备进行普查，总体单位是（   ）。
   A. 工业企业全部未安装设备　　B. 工业企业每一台未安装设备
   C. 每个工业企业的未安装设备　　D. 每一个工业企业

2. 要了解某市出租车公司的车辆保养情况，统计总体是（   ）。
   A. 该市的全部出租车公司　　B. 每一家出租车公司
   C. 该市的全部出租车　　D. 每一辆出租车

3. 几位学生的某门课成绩分别是 67 分、78 分、88 分、89 分、96 分，学生成绩是（   ）。
   A. 品质标志　　B. 数量标志　　C. 标志值　　D. 数量指标

4. 标志是说明总体单位特征的名称，（   ）。
   A. 它有品质标志值和数量标志值两大类
   B. 品质标志具有标志值
   C. 数量标志具有标志值
   D. 品质标志和数量标志都具有标志值

5. 统计指标按所反映的数量特点不同可以分为数量指标和质量指标两种，其中数量指标的表现形式是（   ）。
   A. 绝对数　　B. 相对数　　C. 平均数　　D. 百分数

6. 总体的变异性是指（   ）。
   A. 总体之间有差异
   B. 总体单位之间在某一标志表现上有差异
   C. 总体随时间变化而变化
   D. 总体单位之间有差异

7. 某地"国内生产总值"这一统计指标属于（   ）。
   A. 质量指标　　B. 相对指标　　C. 数量指标　　D. 平均指标

8. 一个统计总体（   ）。
   A. 只能有一个标志　　B. 只能有一个指标
   C. 可以有多个标志　　D. 可以有多个指标

9. 下列指标中，属于质量指标的是（   ）。
   A. 总产值　　B. 合格率　　C. 总成本　　D. 人口数

10. 政治算术学派的代表人物是（　　）。
    A. 威廉·配第　　　　　　　　　B. 阿道夫·凯特勒
    C. 恩格尔　　　　　　　　　　　D. 赫尔曼·康令

三、多项选择题

1. 统计总体的特征可以概括为（　　）。
   A. 大量性　　B. 同质性　　C. 差异性　　D. 客观性
   E. 数量性
2. "统计"一词的基本含义是（　　）。
   A. 统计方法　　B. 统计工作　　C. 统计学　　D. 统计资料
   E. 统计计算
3. 统计的主要职能包括（　　）。
   A. 信息职能　　B. 咨询职能　　C. 决策职能　　D. 监督职能
   E. 协调职能
4. 统计工作的过程只要包括（　　）。
   A. 统计设计　　B. 统计调查　　C. 统计整理　　D. 统计分析
   E. 统计咨询
5. 下列各项中属于连续型变量的有（　　）。
   A. 基本建设投资额　　　　　　B. 岛的个数
   C. 国民生产总值中三次产业比例　　D. 居民生活费用价格指数
   E. 就业人口数
6. 下列各项中属于离散型变量的有（　　）。
   A. 汽车台数　　B. 工人人数　　C. 厂房面积　　D. 工业总产值
   E. 工厂数
7. 统计研究运用的方法包括（　　）。
   A. 大量观察法　　B. 统计分组法　　C. 综合指标法　　D. 统计应用法
   E. 归纳推断法
8. 在人口普查中，（　　）。
   A. 全国人口数是统计总体　　　　B. 总体单位是每一个人
   C. 全部男性人口数是统计指标　　D. 人口的性别是数量标志
   E. 人的年龄是变量
9. 下列几对关系中哪些有对应关系（　　）。
   A. 标志与总体　　B. 总体与指标　　C. 指标与总体单位
   D. 总体单位与标志　　E. 指标与品质标志
10. 下列标志中，属于品质标志的有（　　）。
    A. 人口籍贯　　B. 产品等级　　C. 耕地面积
    D. 职工文化程度　　E. 企业经济成分

四、简答题

1. 如何理解统计的含义？统计工作、统计资料和统计学三者有何关系？
2. 统计的研究对象是什么？其特点有哪些？
3. 品质标志与数量标志有何不同？
4. 什么是数量指标和质量指标？二者关系如何？
5. 如何认识总体与总体单位的关系？
6. 统计指标与标志有何区别与联系？

第2章 统计调查

【开篇案例】

国家统计局关于2014年夏粮产量数据的公告

国家统计局

2014年7月14日

根据对全国26个夏粮生产省（区、市）的调查，2014年全国夏粮播种面积、单位面积产量、夏粮总产量如下（见表1）：

一、全国夏粮播种面积27603.6千公顷（41405.4万亩），比2013年增加15.5千公顷（23.2万亩），增长0.1%。其中谷物播种面积23929.6千公顷（35894.4万亩），比2013年减少58.6千公顷（87.9万亩），下降0.2%。

二、全国夏粮单位面积产量4948.5公斤/公顷（329.9公斤/亩），比2013年增加169.3公斤/公顷（11.3公斤/亩），提高3.5%。其中谷物单位面积产量5257.5公斤/公顷（350.5公斤/亩），比2013年增加195.8公斤/公顷（13.1公斤/亩），提高3.9%。

三、全国夏粮总产量13659.6万吨（2731.9亿斤），比2013年增产474.8万吨（94.9亿斤），增长3.6%。其中谷物总产量12580.9万吨（2516.2亿斤），比2013年增产438.8万吨（87.8亿斤），增长3.6%。

表1 2014年各地区夏粮产量

	播种面积（千公顷）	总产量（万吨）	每公顷产量（公斤）
全国总计	27603.6	13659.6	4948.5
北京	23.6	12.2	5174.5
天津	110.7	58.6	5297.3
河北	2365.0	1444.0	6105.6
山西	685.1	260.3	3799.1
辽宁	63.6	32.6	5130.6
上海	57.3	24.0	4188.9
江苏	2395.1	1254.7	5238.8
浙江	189.6	67.9	3579.1
安徽	2474.6	1400.0	5657.3

续表

	播种面积（千公顷）	总产量（万吨）	每公顷产量（公斤）
福 建	91.2	36.5	4005.2
江 西	63.1	9.8	1556.3
山 东	3741.4	2264.4	6052.2
河 南	5433.3	3338.8	6145.0
湖 北	1380.9	505.6	3661.9
湖 南	204.2	63.1	3090.4
广 东	230.7	108.7	4711.6
广 西	113.2	36.9	3258.2
海 南	75.0	31.5	4195.0
重 庆	488.4	146.4	2998.1
四 川	1795.3	590.6	3289.7
贵 州	1000.9	264.7	2644.6
云 南	1191.1	258.3	2168.6
陕 西	1223.1	451.3	3689.9
甘 肃	909.4	310.3	3412.1
宁 夏	145.4	41.2	2831.9
新 疆	1152.5	647.2	5615.9

注：①甘肃、宁夏、新疆部分地区小麦收获尚未完成，3省区的数据为预计数。
②本表未列入的内蒙古、吉林、黑龙江、西藏及青海等5省区没有夏粮作物。

关于夏粮产量调查的说明

国家统计局公布的夏粮产量数据，由夏粮主产区开展以省为总体抽样调查和非主产区重点调查两种调查方式得出。

（一）调查范围

北京、天津、河北、山西、江苏、安徽、山东、河南、湖北、重庆、四川、贵州、云南、陕西、甘肃、宁夏、新疆等17个省（区、市）的夏粮数据，由国家统计局各调查总队组织在抽中的400多个国家调查县（市）开展抽样调查，得出夏粮产量。

辽宁、上海、浙江、福建、江西、湖南、广东、广西、海南等9个省（区、市）的夏粮数据由国家统计局各调查总队根据重点调查测算得出。

（二）调查样本

夏粮产量抽样调查由播种面积和单位面积产量抽样调查组成。

夏粮播种面积抽样调查是在国家调查县（市）抽取的4000多个调查村、20多万农户中，开展小麦等粮食作物种植情况调查，省级调查总队根据调查基础数据推算得

出省级夏粮播种面积。

夏粮单位面积产量抽样调查是在国家调查县（市）抽取的 3000 多个调查村中抽取 4 万个样本地块，通过对夏收小麦实割实测推算得出。

（三）测产方法

小麦产量实割实测是指基层调查员在小麦收获前，按照《农产量抽样调查制度》在调查村民小组中，对小麦种植地块进行逐块踏田估产、排队，抽取一定数量的调查地块做出标记，在收割期时由各县级调查队员或者辅助调查员对抽中地块进行放样、实际割取样本，再通过脱粒、晾晒、验水和称重等环节测量地块单产。省级调查总队根据各抽中地块数据推算全省平均单产。

夏粮产量数据是以抽样调查的播种面积与单产相乘得出。

（四）其他

甘肃、宁夏、新疆地区由于春小麦成熟较晚，目前夏粮数据为初步预计数。

通过本案例，可以看到我国经济运行的相关数据都是通过统计调查来获取的。案例中用到的抽样调查是统计调查的组织方式之一，本章将介绍统计调查的相关知识。

2.1 统计调查概述

统计调查是指根据研究的目的和任务，运用科学的调查方法，有组织、有计划地向调查单位搜集原始资料的工作过程。统计调查主要的作用是收集信息，即直接对调查单位的情况进行登记或调查，或者对加工过的间接资料进行调查。统计调查是统计整理、统计分析、统计预测和统计决策的前提。因而收集的资料要求具有准确性、及时性、全面性和系统性。

2.1.1 统计调查的意义

2.1.1.1 统计调查是人们认识社会的基本方式

统计调查是人们认识社会的有力武器，而向社会做调查是正确认识社会的基本方式。人的认识是由社会存在决定的，离开社会实际，离开对实际情况的调查，人们不可能有正确的认识。"没有调查就没有发言权"，其含义就是强调统计调查是人们认识社会的基本方式。

2.1.1.2 统计调查是统计工作的基本环节

统计调查是统计工作的四个阶段之一，也是统计工作中的基础环节，通过统计调查能收集相关的数据，为进一步开展统计工作打下坚实的基础。

2.1.1.3 统计调查的理论和方法在统计学原理中占有重要的地位

统计调查的理论和方法包括了统计调查的意义、原则、要求，统计方案的制定，各类调查的特点、应用条件以及多种调查方法的结合运用等，这构成统计学原理的基础部分，它与整个统计理论观点是一致的。由于统计工作各个环节的衔接性，以及统计调查在统计工作中的重要作用，所以统计调查的理论和方法在统计学原理中也占有重要的地位。

2.1.2 统计调查工作的要求

为提高统计数据的质量，更好地完成统计调查工作，统计调查工作必须满足下面三点要求。

2.1.2.1 准确性

统计调查的准确性是指经由调查得来的统计资料符合实际情况，准确可靠。新的《中华人民共和国统计法》第三条规定：国家机关、社会团体、企业事业组织和个体工商户等统计调查对象，必须依照本法和国家规定，如实提供统计资料，不得虚报、瞒报、拒报、迟报，不得伪造、篡改。基层群众性自治组织和公民有义务如实提供国家统计调查所需要的情况。由此可以看出统计调查所获得的数据必须要准确可靠，任何单位或个人不能伪造、篡改数据。

2.1.2.2 及时性

统计调查的及时性，包括统计资料应能及时满足研究的需要和及时完成各项调查资料的上报任务，因为过时的资料往往起不了应有的作用。而且某项统计调查任务如果由许多单位共同完成，只要一个调查单位的资料上报不及时，就会影响到全面的汇总综合工作，所以统计资料的及时性也是一个关系到全局性的问题。

2.1.2.3 完整性

统计调查的完整性是指调查资料必须按照统计调查方案规定的单位和内容取齐取全，不能遗漏。这是反映大量社会经济现象总体数量特征的基础。若统计资料残缺不全，就不可能反映所研究对象的全貌和正确认识社会经济现象总体的特征，最终也就难以对社会经济现象的规律性做出准确的判断，甚至会得出以偏概全的错误结论。

综上所述，统计调查资料的准确性、及时性和完整性，是对统计工作的基本要求，它们之间存在着有机联系。准确性是统计调查工作的基础，要在准中求快、准中求全。

2.1.3 统计调查的分类

统计调查对象的复杂性和统计研究目的的多样性，决定了统计调查方法的多样性。进行统计调查，必须根据统计研究目的和调查对象的特点，选择合适的调查方法。按照不同的标准，可对统计调查进行如下分类。

2.1.3.1 按搜集资料的组织方式，可分为统计报表与专门调查

统计报表是指按照国家统一规定的表格方式，统一规定的指标内容，统一的报送程序和报送时间，由填报单位自下而上地逐级提供统计资料的一种统计调查组织形式。我国现行统计报表包括国民经济基本统计报表和专业统计报表两种形式。国民经济基本统计报表是由国家统计部门统一制定的用来搜集国民经济基本情况的统计报表，是宏观决策的基本数量依据。专业统计报表是由各专业部门制定的用来搜集各专

业部门业务技术资料的统计报表。负责编制和报送统计报表的组织机构是常设或固定的。

专门调查是根据某种特定目的和要求，由进行调查的单位专门组织的搜集统计资料的一种调查方式。这种调查的组织机构不是常设的，而是根据研究目的和任务临时设置的。专门调查大多是一次性调查，包括普查、重点调查、抽样调查和典型调查等。

2.1.3.2 按调查对象包括的范围，可分为全面调查与非全面调查

全面调查是指对构成调查对象的所有单位全部进行调查的统计调查方式。全面调查通常只有在需要查清重要的国情国力时才有必要采用，例如人口普查、工业普查、农业普查等。全面调查的特点是调查组织的规模广、搜集的资料全面。因此，它的工作量较大，耗资较多。

非全面调查是指对调查对象的部分单位进行登记调查的统计调查方式。例如抽样调查、重点调查、典型调查等。这种调查方式既适用于有限总体，也适用于无限总体。它所耗费的人力、物力及财力较少，涉及的单位也较少，因此在现实的社会调查中，非全面调查应用较多。

2.1.3.3 按调查时间连续性，可分为经常性调查与一次性调查

经常性调查是指将调查对象发生的变化连续不断地进行调查登记的统计调查方式。例如，要对某个工程的质量水平进行调查，就需要随着工程进度的延伸，连续不断地调查登记此项工程的质量情况和相关情况，直至工程全部竣工、验收。这种调查方式适用于时期现象，如工业品产量、商品销售额等。

一次性调查是指间隔一段时期对被研究对象某一时点上的状态进行调查的统计调查方式。例如，人口数、学校数、固定资产原值等指标，因为短时间内的变化不会太大，所以没有必要进行经常性调查，只需间隔一定时间了解现象在一定时点上的状况。这种调查方式适用于时点现象，如商品库存额、生产设备拥有量等。

2.2 统计调查的组织方式和方法

2.2.1 统计调查的组织方式

统计调查的组织方式，是指统计调查、搜集资料的方式。最主要和最常见的就是下面5种调查方法，它们分别是：统计报表、普查、重点调查、典型调查、抽样调查。

2.2.1.1 统计报表

表2-1是国家统计局编制的工业企业景气调查的统计报表，通过该例介绍统计报表的调查方式。

表2-1 国家统计局编制的工业企业景气调查统计报表

表号：N231表
制表机关：国家统计局
20　　年　　季度　　　　　　　　　　　　　　　　　　　文号：国统字〔2006〕185号

一、企业名称及代码

01 法人单位名称 ＿＿＿＿＿＿＿＿＿＿

02 法人单位代码 □□□□□□□ － □

请于下列各选项后的 □ 中打"√"

二、本行业景气状况判断

16 您对当前本行业总体运行状况的看法是	①乐观 □	②一般 □	③不乐观 □
17 您对下期本行业总体运行状况的看法是	①乐观 □	②一般 □	③不乐观 □
18 第二部分问卷计算机平衡项选择	选择①共□	选择②共□	选择③共□

三、企业生产经营状况判断

生产成本

19 本期本企业生产成本比上期	①下降 □	②持平 □	③上升 □
20 下期本企业生产成本预计比本期	①下降 □	②持平 □	③上升 □

生产总量

21 本期本企业生产总量比上期	①增加 □	②持平 □	③减少 □
22 下期本企业生产总量预计比本期	①增加 □	②持平 □	③减少 □

产品订货（没有订货的估计产品需求情况）

23 本期对本企业产品订货量是	①较多 □	②一般 □	③较少 □
24 下期对本企业产品订货量预计将	①增加 □	②不变 □	③减少 □

其中：国外订货

25 本期本企业来自国（境）外的订货量是	①较多 □	②一般/不常有 □	③较少 □
26 下期本企业来自国（境）外的订货量预计将	①增加 □	②不变/不常有 □	③减少 □

产品销售

27 本期本企业产品销售量比上期	①增加 □	②持平 □	③减少 □
28 下期本企业产品销售量预计比本期	①增加 □	②持平 □	③减少 □

产品销售价格

29 本期本企业产品平均销售价格比上期	①上升 □	②持平 □	③下降 □
30 下期本企业产品平均销售价格预计比本期	①上升 □	②持平 □	③下降 □

三、企业生产经营状况判断

产成品库存

31 本期本企业产成品库存是	①理想 □	②一般/不常有 □	③不理想 □
32 下期本企业产成品库存预计将	①下降 □	②不变/不常有 □	③上升 □

续表

三、企业生产经营状况判断			
盈利（亏损）变化			
33 本期本企业盈利（亏损）比上期	①增盈/减亏□	②盈亏不变□	③增亏/减盈□
34 下期本企业盈利（亏损）预计比本期	①增盈/减亏□	②盈亏不变□	③增亏/减盈□
流动资金			
35 本期本企业流动资金是	①充足 □	②一般 □	③紧张 □
36 下期本企业流动资金预计是	①充足 □	②一般 □	③紧张 □

……

填表人姓名：　　　　职务：　　　　电话：　　　　　　　　报出日期：20　年　月　日

说明：①本表由工业（包括采矿业、制造业、电力、燃气和水的生产和供应业）企业的主要负责人（厂长、总经理等）填报。

②填报时间为2007年3、6、9、12月13—15日，报送方式为传真、电子邮件或网上直报等。

该报表节选自珠海市统计局承担国家统计局的工业企业景气调查统计报表的一部分。从中我们可以看到统计报表的格式、填表单位、报送程序等内容。

统计报表是我国搜集统计资料的一种重要方式。统计报表是依据国家有关法规的规定，自上而下的统一布置，以一定的原始记录为依据，按照统一的表式、统一的指标、统一的报送时间和统一的报送程序，自下而上逐级提供基本统计资料的一种调查方式。统计报表所包含的范围比较全面，项目比较系统，分组比较齐全，指标的内容和调查周期相对稳定。因此，它也是我国统计调查体系中取得统计资料的一种重要的调查方式。

1. 统计报表的种类

按照不同角度，统计报表可进行以下分类：

（1）按调查范围不同，统计报表分为全面统计报表和非全面统计报表

全面统计报表是在全面调查中使用的，要求调查对象的全部单位填报；非全面调查统计报表是在非全面调查中使用的，要求调查对象中部分单位填报。目前，我国大多数统计报表是全面统计报表。上述的工业企业景气调查的统计报表是全面统计报表。

（2）按内容和实施的范围不同，统计报表分为国民经济基本统计报表和专业统计报表

国民经济基本统计报表在全国范围内实施，包括有关社会经济状况的基本项目，为各级政府领导部门制定政策、编制计划提供数字依据；专业统计报表是各有关部门为专业管理的需要在本系统内实施，搜集的专业统计资料，是基本报表的补充。表2-1的工业企业景气调查的统计报表是专业报表。

（3）按报送报表的周期不同，统计报表可分为定期报表和年报

定期报表包括日报、旬报、月报、季报和半年报。报告的周期长短不同，不仅表现在时间上的差别，而且它们在内容和作用方面也存在差异。通常，报送的周期越短，其指标项目亦应越简单。反之，指标项目就可以多些、细些。上述各种统计报

表，除年报外，一般称为定期报表。日报和旬报可称为进度报表。

（4）按填报单位的不同，统计报表分为基层报表和综合报表

基层报表即由基层企事业单位填报的报表，是统计调查的基本资料；综合报表是由主管部门或统计部门根据基层报表逐级汇总填报的报表。填报基层报表的单位称为基层填报单位，填报综合统计报表的单位称为综合填报单位。

2. 统计报表的特点

与其他统计调查的组织方式相比，统计报表主要有如下特点：

a. 由于统计报表的指标体系、表格形式、报送程序和时间都是国家统一规定的，这就保证了搜集资料的统一性和有效性。

b. 在进行调查前把报表布置到基层单位，基层单位可根据报表的要求，及时建立健全各种原始记录，使统计资料准确可靠、报送及时。

c. 统计报表是逐级上报、汇总，各级领导部门都能得到管辖范围内的统计报表资料，可以经常了解本地区、本部门经济和社会的发展情况。

d. 统计报表定期上报，内容稳定，便于经常搜集和积累资料，用来进行历史对比，较系统地分析社会经济现象发展变化的规律性。

2.2.1.2 普查

普查是根据统计任务的特定目的而专门组织的一次性全面调查。它主要用来搜集某些不能够或者不适宜用其他方式搜集的统计资料。普查一般用来调查属于一定时点的社会经济现象的总量，如全国人口数、科技人员总数、第三产业状况等。普查也可以用来反映一定时期内的现象的总量，如出生人口总数、死亡人口总数等。由此可以看到，普查有两个特点：一是普查是周期性的一次性调查。二是普查是专门组织的全面调查，它能全面、系统地掌握总体特征。我国的普查主要有全国人口普查、经济普查、工业普查、农业普查等。

普查的组织形式大体上有两种：一种是从上至下组织专门的普查机构和队伍，配备一定数量的普查人员，对调查单位直接进行登记；另一种是利用调查单位的原始资料与核算资料，或者结合清仓盘点，发放一系列调查表，由调查单位自行填报。

普查一般是在全国范围内进行，涉及的部门多，人员广，需要组织大量的人力、物力、财力。所以，组织普查必须遵循下面四项原则。

（1）统一规定调查资料所属的标准时点

统一规定调查资料所属的标准时点也叫标准时间，使所有普查资料都反映这一时点上的状况，避免重复和遗漏。例如人口普查，没有一个统一的标准时点，就会因人口的出生和死亡、迁入和迁出而得不到准确的统计数字。比如，全国第六次人口普查的标准时间为2010年11月1日零时。

（2）正确选择普查时期

普查时期就是普查登记在什么时期进行。普查时期应根据国家的需要选择在被调查现象最新的时期或是普查工作最方便的时期。例如，全国经济普查每10年进行两次，分别在逢3、8年份实施，这与国家编制五年计划的衔接更加紧密。同时，普查

时间的间隔应当尽可能保持一定的周期，以便进行动态分析，观察现象的发展变化情况及其规律性。

（3）同时调查

在普查范围内对各个调查单位或调查点应尽可能同时调查，并尽可能在最短期限内完成，以便在方法上、步调上保持一致，保证资料的真实性。为取得标准时间的有关资料，不可能在同一时间里同时登记完毕，必须在一段时间即调查时限内完成。调查时限应尽量紧挨标准时间，调查登记工作拖延太久，调查所取得的时点资料容易发生错误，还会影响汇总分析工作。

（4）不随意改变或增减调查项目

调查项目一经确定，不能随意改变或增减，以免影响汇总综合，降低资料质量。同类普查的内容在各次普查中要尽可能保持一致，以便将历次普查资料进行对比。

2.2.1.3 重点调查

重点调查是专门组织的、在调查对象中选择一部分重点单位进行调查，借以了解总体基本情况的一种非全面调查。其目的是为了了解总体的基本情况。

这里所说的重点单位，是指在总体中地位举足轻重的单位，这些单位虽然数目不多，但就调查的标志值来说，它们的标志总量占总体标志总量一个很大的比重。通过对这些单位的调查，能够反映出整个研究对象的基本情况。因此，当调查任务只要求对总体的基本情况进行了解，而部分重点单位又能集中反映所研究的问题时，便可采用重点调查的方式。例如，要了解全国钢铁生产的增长情况，只要对全国为数不多的大型钢铁企业的生产情况进行调查，就可以掌握我国钢铁生产的基本情况了。再如黑龙江省企业调查队在对全省近百家亏损企业进行的专项调查基础上，选择其中10家由亏转盈的企业所进行的"10家由亏转盈企业的调查"等。

重点调查的关键在于确定重点单位。根据调查目的、任务的不同，重点单位可以是一些企业、行业、部门、城市或地区等。此外，重点调查既可以组织一次性的专门调查，也可以通过向重点单位发放定期统计报表来进行。选取重点单位应遵循两个原则，一是要根据调查任务的要求和调查对象的基本情况而确定选取的重点单位及数量。一般来讲，要求重点单位应尽可能少，而其标志值在总体中所占的比重应尽可能大，以保证有足够的代表性；二是要注意选取那些管理比较健全、业务力量较强、统计工作基础较好的单位作为重点单位。

重点调查的应用条件是：总体中要有重点单位；调查的目的是了解总体的基本情况。和抽样调查不同的是，重点调查取得的数据只能反映总体的基本发展趋势，不能用以推断总体，因而这只是一种补充性的调查方法。

2.2.1.4 典型调查

典型调查是根据调查的目的和要求，在对调查对象进行全面分析的基础上，有意识地从中选取若干个具有代表性的单位进行调查研究，借以认识事物发展变化的规律性的一种非全面调查。例如，江苏省吴江县开展一次对县属镇中"农民工"的典型调查，来认识"农民工"是否有利于城镇建设等问题。在对全县7个县属镇进行粗略分析的基础上，最后选定了震泽镇作为典型调查对象，因为震泽镇在7个镇中算发展较快的一个镇，而且该镇农民工占职工总数的20.4%，超过全县15%的比例。通过调查分析得出的结论是：推动该镇发展的一个重要因素是该镇吸收了大量农民工。因此，通过典型分析，最后可以推论出农民工有利于城镇发展等结果。

典型调查适用于调查总体同质性比较大的情形。同时，它要求研究者有较丰富的经验，在划分类别、选择典型上有较大的把握。实施典型调查的主要步骤是：根据研究目的，通过多种途径了解研究对象的总体情况；从总体中初选出备选单位，加以比较，慎重选出有较大代表性的典型；进行典型调查，搜集具体资料；分析研究资料，得出结论。该种调查法较为细致，适用于对新情况、新问题的调研。运用典型调查法时需注意所选的对象要具有代表性，能够集中、有力地体现问题和情况的主要方面。典型调查法具有省时、省力的优点，但也有不够准确的缺点。典型调查一般用于调查样本太大，而调查者又对总体情况比较了解，同时又能比较准确地选择有代表性对象的情况。

典型调查有以下几个特征：①典型调查主要是定性调查。典型调查主要依靠调查者深入基层进行调查，直接剖析调查对象，取得第一手资料，能够透过事物的现象发现事物的本质和发展规律。它是一种定性研究，难以进行定量研究。②典型调查是根据调查者的主观判断，选择少数具有代表性的单位进行调查。因此，调查者对调查单位的情况了解、思想水平和判断能力对选择典型的代表性起着决定作用。③典型调查的方式是面对面的直接调查。它主要依靠调查者深入基层对调查对象进行直接接触与剖析，因此，对现象的内部机制和变化过程往往了解得比较清楚，资料比较全面、系统。④典型调查方便、灵活，可以节省时间、人力和经费。典型调查的对象少，调查时间快，反映情况快，调查内容系统周密，了解问题深，使用的调查工具不多，运用起来灵活方便，可以大量节省人力、财力。

在统计工作中，典型调查既可以作为统计搜集资料的一种调查方式，也可以进行分析研究。典型调查具有以下突出的作用：①研究尚未充分发展、处于萌芽状况的新生事物或某种倾向性的社会问题。通过对典型单位深入细致的调查，可以及时发现新情况、新问题，探测事物发展变化的趋势，形成科学的预见。②分析事物的不同类型，研究他们之间的差别和相互关系。例如，通过调查可以区别先进事物与落后事物，分别总结它们之间的经验教训，进一步进行对策研究，促进事物的转化与发展。此外，在总体内部差别不大，或分类后各类型内部差别不大的情况下，典型单位的代表性很显著，也可用典型调查资料来补充和验证全面调查的数字。

2.2.1.5 抽样调查

抽样调查是一种非全面调查，它是按照随机原则从调查对象中抽取一部分单位作为样本进行观察，再根据样本资料推断总体数量特征的一种调查方式。例如，从某地区全部职工当中随机抽取部分职工，以家庭为单位按月调查，取得有关收入、支出等方面的资料，并依据这些资料推断出全区职工的收支情况。

抽样调查主要应用于以下几个方面：①某些总体本身的性质决定了不能对其进行

全面调查而又要全面了解的情况，例如无限总体（连续生产产品的质量等）。②某些总体理论上虽然可以进行全面调查，但实际上不可能也不必要的情况，例如调查城市居民出行情况。③某些总体理论上虽然可以进行全面调查，但是实际上不可能的，例如破坏试验（灯泡寿命、炮弹的杀伤力等）。④某些特殊总体，要求具有相当资格的调查员才能进行，为此只能采用抽样调查，例如对科学技术方面的总体调查。⑤为了提高时效，要求在短时间内取得关于总体的情况。⑥利用抽样调查原理还可以对某总体的假设进行检验来判断这种假设的真伪，以决定行动取舍。

抽样调查数据之所以能用来代表和推算总体，主要是因为抽样调查本身具有其他非全面调查所不具备的特点，主要是：①调查样本是按随机的原则抽取的，在总体中每一个单位被抽取的机会是均等的，因此，能够保证被抽中的单位在总体中的均匀分布，不致出现倾向性误差，代表性强。②是以抽取的全部样本单位作为一个"代表团"，用整个"代表团"来代表总体。而不是用随意挑选的个别单位代表总体。③所抽选的调查样本数量是根据调查误差的要求，经过科学的计算确定的，在调查样本的数量上有可靠的保证。④抽样调查的误差是在调查前就可以根据调查样本数量和总体中各单位之间的差异程度进行计算，并控制在允许范围以内，调查结果的准确程度较高。

基于以上特点，抽样调查被公认为是非全面调查方法中用来推算和代表总体的最完善、最有科学根据的调查方法。

我们所介绍的 5 种调查方法各有所长，也各有所短，从而具有各自的应用条件和适用场合。

关于统计调查的组织方式的规定，《中华人民共和国统计法》第十条规定如下：统计调查应当以周期性普查为基础，以经常性抽样调查为主体，以必要的统计报表、重点调查、综合分析等为补充，搜集、整理基本统计资料。重大的国情国力普查，需要动员各方面力量进行的，由国务院和地方各级人民政府统一领导，组织统计机构和有关部门共同实施。进行经常性抽样调查，应当在调查前查明基本统计单位及其分布情况，按照经批准的抽样调查方案，建立科学的抽样框。发往基层单位的全面定期统计报表，必须严格限制。凡通过抽样调查、重点调查、行政记录能取得统计数据的，不得制发全面定期统计报表。

2.2.2 统计调查方法

统计调查方法是指在统计调查中搜集资料的具体方法和技术。常用的调查方法主要有以下 4 种。

2.2.2.1 直接观察法

直接观察法是指调查人员亲临现场亲自对调查单位进行观察或计量以取得第一手资料的方法，如调查人员对商品库存量的盘点、登记，对产品质量的现场检测等都属于直接观察法。这种方法的优点是可以获得比较准确的数据，缺点是花费的人力、物力、财力与时间较多。

2.2.2.2 采访法

采访法是指调查人员以调查表或有关材料为依据，逐项向被调查者询问有关情况，根据被调查者的回答来取得资料的一种方法，如人口普查中的人口登记就是采访法。常见的采访法包括面谈访问法和电话调查法。采访法的优点是可以获得较准确的数据，缺点是需要较多的人力、物力。

2.2.2.3 报告法

报告法是指由报告单位根据各种原始资料记录与核算统计资料，按照统一的表格及填报要求，在规定的时间内以一定程序向上级单位提供统计资料的方法。我国的统计报表制度就属于这类资料搜集方法。这种调查是各地方、部门、单位按照有关法规的规定必须对国家履行的一种义务。这种方法具有定期化、制度化的优点，缺点是当涉及被调查单位的各种利益时，容易出现虚报或瞒报现象。

2.2.2.4 实验法

实验法就是在所设定的特殊实验场所、特殊状态下，对调查对象进行实验以取得所需资料的一种调查方法。其目的是控制一个或多个自变量（如价格、广告等），研究在其他因素（如质量、服务等）不变或相同的情况下，这些自变量对因变量（如销售量）的影响。例如，若要了解饮料配方的改变对销售量的影响情况，需选定一个地区范围，将新旧两种配方的饮料投入市场进行试验对比，观察其销售量的变化和消费者的反应，获得的数据作为是否采用新配方的依据。

2.3 统计调查方案

统计调查是一项繁复复杂、高度统一和严格的科学工作，应该有计划、有组织、有系统地进行。在调查之前应该制定一个周密的调查方案，使得调查过程有统一内容、统一认识、统一方法、统一步调，以便顺利完成任务。所谓统计调查方案，是指在开始调查前对整个统计调查工作的通盘安排和周密计划。一个完整的统计调查方案设计应该包括以下几方面内容。

2.3.1 调查目的

调查目的是指进行统计研究活动所要解决的问题或所要达到的目的。确定调查目的是统计调查方案中的首要问题，因为调查目的决定了统计调查的调查内容、范围等。例如，我国于2004年和2013年分别进行了第一次和第三次全国经济普查，由于所处的社会历史背景不同，因此调查的目的有所不同，调查的内容也不同。第一次普查的目的主要是为了全面掌握我国第二产业和第三产业的发展规模、结构和效益等信息，建立健全覆盖国民经济各个行业的基本单位名录库（含编码）及其数据库系统。而2013年开展的第三次全国经济普查的目的，则是为了摸清我国各类单位的基本情况，全面调查我国第二产业和第三产业的发展规模及布局，系统了解我国产业组织、产业结构的现状以及各主要生产要素的构成，进一步查实服务业、战略性新兴产业、文化产业等相关产业以及微小企业的发展状况，全面更新覆盖国民经济各行业的基本单位名录库、基础信息数据库和统计电子地理信息系统，为加强和改善宏观调控，加快经济结构战略性调整，科学制定中长期发展规划，提供全面系统、真实可靠的统计信息支持。

2.3.2 调查对象和调查单位

2.3.2.1 调查对象

有了明确的调查目的，就可据以确定调查对象。所谓调查对象，就是调查研究的社会经济现象的总体。确定调查对象就是要划清总体界限，即确定统计调查的范围。调查对象是由调查目的决定的。例如在人口普查中，调查对象就是所有具有中华人民共和国国籍并在中华人民共和国境内居住的人。又如，调查目的是取得国有工业企业的产品质量、成本和利税等资料，调查对象就是全部的国有工业企业资料；要了解某企业的产品质量，调查对象就是该工厂的全部产品。

2.3.2.2 调查单位

调查对象是由许多性质相同的个体单位所组成的，这些个体单位就是调查单位。调查单位是取得统计调查资料的具体单位，也是调查标志的承担者。确定调查单位就是明确从哪里取得统计资料，例如，调查目的是了解某城市居民家庭收支情况，调查对象就是该城市居民家庭，调查单位是每一户居民家庭；又如，在人口普查中，每一个中华人民共和国的公民就是一个调查单位，每个人就是姓名、年龄、性别、工资和文化程度等标志的承担者。

2.3.2.3 报告单位

报告单位也称填报单位，它是报送或提交调查资料的单位，一般是基层企事业单位。要注意的是调查单位和报告单位（填报单位）是两个既相互联系又相互区别的概念。两者有时一致，有时不一致，如对每个国有工业企业进行调查，则每个国有工业企业既是调查单位也是报告单位；如果对每个国有工业企业的全部生产设备进行调查，则每台生产设备是调查单位，每个国有工业企业是报告单位。

2.3.3 调查项目和编制调查表

2.3.3.1 调查项目

调查目的、调查对象和调查单位确定之后，接下来所要做的工作就是要确定调查项目。调查项目就是调查纲要，就是依附于调查单位的基本标志。确定调查项目就是回答调查什么的问题，它完全由调查的目的、任务和调查对象的性质与特点决定，包括由品质标志和数量标志所构成的标志体系。通俗地说，调查项目就是一份在调查过程中应该获得答案的各种问题的清单。

调查项目的选择取决于调查目的和被研究对象的特点，在拟定时要注意以下几个问题：第一，只列入必需的调查项目。那些可有可无和备而无用的调查项目坚决不要，如果把不该列入的调查项目列进去了，不仅使调查内容显得很庞杂，而且会造成人力、物力、财力和时间的浪费。第二，本着需要和可能的原则，所列入的调查项目必须是能够取得确切资料的。对于不必要或者虽然需要但没有可能取得资料的项目，就应该加以限制，以便获得虽然数量不多但无疑是可靠的资料。第三，调查的每一个项目应该有确切的含义和统一的解释，以免调查人员或被调查者按照各自不同的理解进行回答，使调查结果无法汇总。第四，各个调查项目之间尽可能做到互相联系、彼此衔接，以便从整体上了解现象的相互联系，也便于有关项目相互核对，提高调查资料的质量；同时要注意的是，现行的调查项目同过去同类调查项目之间的衔接便于动态对比，研究现象的发展变化。

2.3.3.2 调查表

调查项目确定之后，就需要把这些项目登载在调查表格中，以便于调查登记资料的规范化、标准化。调查表就是把调查项目按一定顺序编排的纵横交错的统计表格。它是搜集原始资料的基本工具和表现统计资料的基本形式。

调查表一般有单一表和一览表两种形式。单一表是每个调查单位填写一份，可以容纳较多的项目。如新生入学时，学校要求每位学生填写的学生情况登记表就属于单一表。一览表是将许多个调查单位和相应的项目按次序登记在一张表上。在调查项目不多时较为简便，且便于合计和核对差错。比如一个学期期末，老师填写的某科学生成绩总表就属于一览表。一般来说，调查项目较多时采用单一表，调查单位较多时采用一览表。

为了正确填写调查表，必须附有简明扼要的填表说明和项目解释。填表说明用来提示填表时应注意的事项；项目解释则是为了说明调查表中某些指标的含义、范围、计算方法等。

2.3.4 调查时间和时限

2.3.4.1 调查时间

调查时间是调查资料所属的时间。如果调查的是时点现象，调查时间就是统一规定的标准时点，如第六次全国人口普查规定调查时点为2010年11月1日零时；如果调查的是时期现象，就要明确规定资料所反映的起讫时间，比如广州市某企业2013年总产值2亿元，调查时间为2013年一年时间。

2.3.4.2 调查时限

调查时限则是指进行调查工作的期限，包括从搜集资料到报送资料的整个工作过程所需的时间。如某管理局要求所属企业在2013年1月底上报2012年工业总产值资料，调查时间是一年，调查时限则是一个月。又如某管理局要求所属企业在2013年1月10日上报2012年产成品库存资料，调查时间是标准时间2012年12月31日，而调查时限则是10天。任何调查都应该尽可能缩短调查时限。

2.3.5 调查的组织实施

在调查方案中，还必须确定调查的组织工作计划，使调查工作的进行有组织和措施

的强有力保证。调查工作的组织包括以下内容：调查工作的组织领导机构、调查人员的配备和培训、调查的组织方式和调查方法、调查工作步骤安排、调查前准备工作的统一布置、宣传鼓动工作、调查经费以及物质准备、提供或者公布调查成果的时间等。

2.4 调查问卷的设计

2.4.1 调查问卷的类型

2.4.1.1 按照问卷填答者和调查方式的不同，调查问卷可分为自填式问卷调查和代填式问卷调查

自填式问卷调查是指由被调查者自己填写的调查问卷。采用这种问卷，被调查者可以不受其他影响，如实地表达自己的意见，尤其是敏感性问题的调查，自填式问卷往往可以获得较为可靠的资料；同时由于这种问卷使用了标准化词语，每个被调查者都面临相同的问题，因而不存在调查人员对问卷的主观随意解释和诱导，从而避免了调查人员的个人偏见。然而，如果被调查者拒绝回答某些问题或者回答时含混不清，事后很难补救，同时也无法获知被调查者回答问题时所处的环境，从而影响对问卷质量的判断。

代填式问卷调查，按照与被调查者交谈方式的不同，可分为访问问卷调查和电话问卷调查。其中，访问问卷调查就是调查者按照统一设计的问卷向被调查者当面提出问题，然后再由调查者根据被调查者的口头回答来填写问卷。电话问卷调查则是由调查员直接呼叫选择好的被调查者，按统一设计的问卷提问，将被调查者的回答实时录入采集的调查信息。

2.4.1.2 按照问卷问题的答案设置的不同，调查问卷可分为结构式问卷、开放式、半结构式问卷

结构式问卷通常也称为封闭式问卷。这种问卷的答案是研究者在问卷上已经确定好，由回卷者认真选择一个回答划上圈或打上钩就可以了。开放式问卷不设置固定的答案，让回卷者自由发挥。半结构式问卷介于结构式和开放式两者之间，问题的答案既有固定的、标准的，也有让回卷者自由发挥的，吸取了两者的长处。这类问卷在实际调查中的运用还是比较广泛的。

2.4.1.3 按照问卷传递方式的不同，调查问卷可分为报刊问卷、邮政问卷和送发问卷

报刊问卷调查，就是随报刊传递分发问卷，请报刊读者对问卷做出书面回答，然后按规定的时间将问卷通过邮局寄回报刊编辑部。

邮政问卷调查，就是调查者通过邮局向被选定的调查对象寄发问卷，请被调查者按照规定的要求和时间填答问卷，然后再通过邮局将问卷寄还给调查者。

送发问卷调查，就是调查者派人将问卷送给被规定的调查对象，等被调查者填答

完后再派人回收调查问卷。

2.4.2 调查问卷的结构

某品牌啤酒市场调查问卷节选

尊敬的女士/先生：

您好！我们是××啤酒有限公司。感谢您一直以来对我们公司××牌啤酒的喜爱，您的支持是我们不断前进的动力。

我们公司正在对××牌啤酒的市场认可程度进行问卷调查。调查的内容包括了企业产品的知名度，产品的市场占有率，用户对产品质量、口味、服务等方面的满意度进行评价。为此，我们特意设计了这张调查问卷，烦请阁下在百忙之中抽出时间完成该问卷，留下您的宝贵建议和意见，我们将不胜感激。

最后，我公司再次感谢您在百忙之中填写我们的问卷！

此致

敬礼

××啤酒公司市场研究部
2014 年 1 月 8 日

填表说明：
1. 请根据问题，在相应的□内打"√"。
2. 第29）和30）题请在空白的地方，填上问题的答案。

第一部分　个人信息

1）您的性别：□男　　□女
2）您的年龄：
　　□18 岁以下（终止访问）　□18～29 岁　□30～39 岁　□40～49 岁　□50 岁以上
……
6）您的月收入水平：
　　□几乎无收入　□2000 元以下　□2001～5000 元　□5001～10000 元　□10001 元以上　□不愿透露

第二部分　对啤酒的消费和评价

1）您的啤酒史：
　　□1 年以内　□2～5 年　□6～10 年　□10 年以上
2）您经常喝啤酒吗？
　　□从不饮酒（终止访问）
　　□每月 1～2 次　□每周 1～2 次　□2～3 天 1 次　□每天 1 次　□一天几次
（继续访问）

3）下列哪种口味的啤酒是您经常喝的：
　　□醇和　　□清爽　　□纯生
　　□小麦　　□全麦　　□果啤
　　□特啤　　□其他＿＿＿＿＿＿＿＿（请注明事项）
4）下列哪种牌子的啤酒是您经常喝的：
　　□青岛（Tsingtao）　　□燕京（Yanjing Beer）　　□喜力（Heineken）
　　□北京（Beijing）　　　□百威（Budweiser）　　　□蓝带（BlueRibbon）
　　□朝日（Asahi）　　　　□嘉仕伯（Carlsberg）
5）您为什么会选择这种或这些品牌：
　　□个人偏爱　　□口感好，味道香醇　　□著名品牌，品质保证
　　□包装精美，比较有档次　　□市场上常见，购买方便
　　□周围的人都喜欢这个品牌　　□其他原因＿＿＿＿＿＿＿＿（请注明原因）
6）您会对什么样的品牌印象深刻：
　　□口感好，味道香醇　　□品牌保证　　□广告宣传到位　　□价格适中
　　□经常搞促销活动，有抽奖活动　　□其他原因＿＿＿＿＿＿＿＿（请注明原因）
7）您认为啤酒瓶子的包装形式应突出：
　　□平实朴素　　□豪华精美　　□其他＿＿＿＿＿＿＿＿（请注明事项）
8）您家里平均每周用于购买啤酒的费用是：
　　□几乎不花钱　□少于30元　□31～50元　□51～100元　□超过100元
9）你对于每瓶××牌啤酒的接受的价格是：
　　□2元以下　□2～3元　□3～5元　□5～10元　□10元以上
……

29）您认为××牌啤酒的口感如何？

30）您对本公司进一步改进××牌啤酒的质量和口感有何建议？

　　通过本案例，我们可以知道调查问卷的基本框架和结构。一般来说，调查问卷由

以下几部分构成：开头部分、甄别部分、主体部分和背景部分。

2.4.2.1 开头部分

开头部分一般包括问卷的标题、问卷说明、指导语等内容。

1. 问卷的标题

每份问卷都有一个研究主题。研究主题应一目了然，增强填答者的兴趣和责任感。比如，"中国互联网发展状况及趋势调查"这个标题，把调查对象和调查中心内容和盘托出，十分鲜明。

2. 问卷说明

调查问卷前面应有一个说明。这个说明可以是一封告调查对象的信，也可以是指导语。它应该简明扼要地说明这个调查的目的意义、主要内容、调查的组织单位、调查结果的使用者、保密措施及填答问卷的要求和注意事项。下面同时填上调查单位名称和年月。问卷说明的目的在于引起受访者对填答问卷的重视和兴趣，使其对调查给予积极支持和合作。

问卷说明一般放在问卷的开头，篇幅宜小不宜大。访问式问卷的开头一般非常简短；自填式问卷的开头可以长一些，但一般以不超过两三百字为佳。

在上例中，开篇的短信就是封面信，其中包括了调查目的是对××牌啤酒的市场认可程度进行问卷调查；调查的内容包括了企业产品的知名度，产品的市场占有率，用户对产品质量、口味、服务等方面的满意度进行评价；调查者的身份是××啤酒有限公司；最后，包括了真诚的致谢。

3. 指导语

指导语是用来指导被调查者填写问卷的说明。它一般在封面信之后，并标有"填表说明"的标题，其内容应对填表方法、要求、注意事项等作简要说明。在上例中的"填表说明：1. 请根据问题，在相应的'□'内打'√'。2. 第292和302题请在空白的地方，填上问题的答案"，就是指导语。

2.4.2.2 甄别部分

甄别部分也称为过滤部分，它是先对被调查者进行过滤，筛选掉不符合要求的被调查者，然后针对特定的被调查者进行调查。

2.4.2.3 主体部分

调查问卷的主体内容是各类问题，主要由问题和答案组成。这是研究主题的具体化，是问卷的核心部分。调查资料的搜集主要通过这一部分来完成。这一部分的设计关系到调查能否取得满意的结果，关系到能否通过调查获得有价值的数据和结论。

2.4.2.4 背景部分

背景部分包括被调查者的一些主要特征。这部分内容主要包含年龄、性别、学历、职业、所属行业、个人月收入、家庭月收入等，主要是满足对调查资料进行分组研究的需要。但是由于背景资料涉及个人隐私问题，通常放在问卷的最后部分，同时根据项目调查目的进行取舍。

2.4.3 调查问卷中问题的类型

2.4.3.1 调查问卷的问题从形式上来分，可分为开放式问题和封闭式问题

开放式问题又称无结构的问答题。在采用开放式问题时，应答者可以用自己的语言自由发表意见，在问卷上没有已拟定的答案。开放式问题的优点是：设计相对比较简单；便于被调查者自由充分地表达自己的意见，可以反映被调查者之间的一些较细微的差异，有时还能使研究者获得始料未及的答案，因此特别适宜做探索性研究。其缺点是：资料的文字化首先对被调查者本身有一定的要求，其次会造成事后统计的困难。

封闭式问题又称有结构的问答题。封闭式问题与开放式问题相反，它规定了一组可供选择的答案和固定的回答格式。封闭式问题的优点是：答案是标准化的，对答案进行编码和分析都比较容易；回答者易于作答，有利于提高问卷的回收率；问题的含义比较清楚，因为所提供的答案有助于理解题意，这样就可以避免回答者由于不理解题意而拒绝回答。封闭式问题也存在一些缺点：回答者对题目不能正确理解的，难以被觉察出来；可能产生"顺序偏差"或"位置偏差"，即被调查者选择答案可能与该答案的排列位置有关。研究表明，对陈述性答案被调查者趋向于选第一个或最后一个答案，特别是第一个答案。而对一组数字（数量或价格）则趋向于取中间位置的。为了减少顺序偏差，可以准备几种形式的问卷，每种形式的问卷答案排列的顺序都不同。

2.4.3.2 调查问卷的问题从内容上来分，可分为事实性问题和态度性问题

事实性问题是只要调查了解客观存在或已经发生的行为事实，包括存在性事实和行为性事实两个方面。存在性事实问题适用于调查"是否有"和"有多少"这方面的事实；行为性事实问题是用于调查曾经发生过的行为，包括发生行为的时间、地点、行为方式等方面的内容。事实性问题的主要目的在于求取事实资料，因此问题中的字眼定义必须清楚，让被调查者了解后能够正确回答。

态度是人对某种现象的相对稳定的心理倾向。对人的态度无法直接测量，只能从人的语言、行为以及其他方面加以间接推断。态度性问题可以从情感、评价、认同、认识等侧面了解被调查者的意见，从而获取被调查者的意见倾向。

2.4.4 调查问卷中答案的设计

开放式问题由于不需要列出答案，所以其格式很简单。在设计时，只需要提出问题，然后在该问题下面留出一定的空白即可。封闭式问题的格式则不同，需要留出问题和答案两部分，在设计中，其主要的格式有下面几种。

1. 填空式

即在问题后面画一条横线，让回答者填写。例如：

①请问您家有几口人？_____口。

②您家的住房面积有多大？_____平方米。

2. 二项式或者否定式

即问题可供选择的答案只有两个,被调查者只能填其中一个答案。例如:

您的性别:

①男_____ ②女_____

3. 多项式

即问题可供选择的答案在两个以上,根据问卷的要求,被调查者只能选填其中的一个答案或者几个答案。

格式一:

您的职业:

①工人_____ ②农民_____

③军人_____ ④干部_____

⑤科研人员_____ ⑤其他_____

格式二:

你认为团委的各种活动应采用哪些方式以让同学们了解,便于同学们参加?(可多选)

A. 在宿舍楼下张贴海报　B. 在楼道里挂横幅　C. 手机短信

D. 发放传单　E. 其他_____ (请注明原因)

4. 矩阵式

即把两个或两个以上的问题集中起来,用一个矩阵来表示,如表2-2所示。

表2-2　矩阵式格式

	满意	无所谓	不满意
您对本市的物价管理			
您对本市的交通状况			
您对本市的环境绿化			

5. 直线式

主观态度方面的问题常常不容易一格一格地挑选,态度的两端构成是一个连续体。对于这种问题可以用直线式,让被调查者在直线的任何一点上做出回答。如图2-1所示。

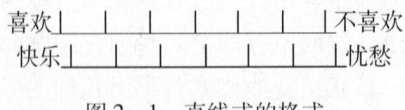

图2-1　直线式的格式

6. 序列式

有些问题是需要被调查者对所给出的全部答案做出反应,并区分出重要程度。对于这类问题,可以采用序列式。序列式有许多不同的格式,下面列出其中两种。

格式一：

从几个答案类别中挑选一个最重要的。例如：

您认为我国目前最需要解决的问题是：（限填一个）

1）工业_____   2）农业_____   3）土地_____
4）科技_____   5）教育_____   6）生态环境_____
7）人口_____   8）其他（请说明）_____

格式二：

从一系列答案类别中挑选出最重要的几个。例如：

您认为我国目前最需要解决的问题是：（可选多个）

1）工业_____   2）农业_____   3）土地_____
4）科技_____   5）教育_____   6）生态环境_____
7）人口_____   8）其他（请说明）_____

2.4.5 问卷设计的注意事项

1. 先易后难，先简后繁

调查问卷最先几个问题的设置必须谨慎，措辞要亲切、真诚，要比较容易回答，以免对接下来的问题回答造成困难。

2. 提出的问题要具体，避免提一般性的问题

一般性的问题对实际调研工作无指导意义。例如，"你认为食堂的饭菜供应怎么样？"这样的问题就很不具体，很难达到想了解被调查者对饭堂的饭菜供应状况的总体影响的预期调研效果。应该将这一类问题细化为更具体的问题，比如询问关于饭菜的价格、外观、卫生、服务质量等方面的问题。

3. 一个问题只能有一个问题点

一个问题若有若干问题点，不仅会使被调查者难以回答，其结果的统计也会很不方便。在调查问卷中要特别注意连接性词语及符号的使用。例如，"你为何不在学校饭堂吃饭而选择在校外吃饭？"这个问题包含了"你为何不在学校饭堂吃饭？""你为何选择在校外吃饭？"和"什么原因使你改在校外吃饭？"这几个问题。防止出现这类问题的最好方法，就是分离语句，使得一个问题只问一个要点。

4. 要避免带有倾向性或暗示性的问题

例如，"你是否和大多数人一样认为××饭堂的菜口味最好？"这一问题带有明显的暗示性和引导性。"大多数人认为"这种暗示结论的提问会带来两种后果：一是被调查者会不假思索地同意引导问题中暗示的结论；二是使被调查者产生反感，既然大多数人都这样认为，那调查还有什么意义，被调查者会拒绝回答或是给予相反的答案。

5. 要考虑问题的相关性

同质问题应集中在一起，以利于被调查者统一思考，否则容易引起思考的混乱；还要注意问题之间内在的逻辑性。

6. 提问中使用的概念要明确

提问中使用的概念要明确，避免使用有多种解释而没有明确界定的概念，调查问卷中不得有蓄意考到被调查者的问题。

本章小结

统计调查是指根据研究的目的和任务，运用科学的调查方法，有组织、有计划地向调查单位搜集原始资料的工作过程。按搜集资料的组织形式，可分为统计报表调查与专门调查；按调查对象包括的范围，可分为全面调查与非全面调查；按调查时间连续性，可分为经常性调查与一次性调查。统计调查要求准确和及时。

统计调查方案，是指在开始调查前对整个统计调查工作的通盘安排和周密计划。它包括了确定调查目的、确定调查对象和调查单位、确定调查内容、确定调查时间和调查期限、制订调查工作的组织实施计划。

问卷设计是统计调查的重要环节，要掌握问卷设计的结构、原则和需要注意的问题。

统计调查的组织方式包括了统计报表、普查、重点调查、典型调查、抽样调查这5种。表2-3给出了五种统计调查方式的特点。

表2-3　五种统计调查方式的特点

	调查范围	调查时间	组织形式
统计报表	全面或非全面	经常	报表制度
普查	全面	一时	专门调查
重点调查	非全面	经常或一时	报表制度或专门调查
典型调查	非全面	一时	专门调查
抽样调查	非全面	经常或一时	专门调查

思考与练习

一、单项选择题

1. 重点调查中的重点单位是按（　　）选择的。
   A. 这些单位数量占全部单位总量的很大比重
   B. 这些单位的标志总量占总体标志总量的很大比重
   C. 这些单位有典型意义，是工作的重点
   D. 这些单位能用以推算总体标志总量

2. 有意识地选择三个农村点调查农民的收入情况，这种调查方式属于（　　）。
   A. 典型调查　　　　　　　　　B. 重点调查
   C. 抽样调查　　　　　　　　　D. 普查

3. 2007年12月31日的全国第一次污染源普查是（　　）
   A. 典型调查　　　　　　　　　B. 重点调查
   C. 一次性调查　　　　　　　　D. 经常性调查

4. 通过调查大庆、胜利等几个主要油田来了解我国石油生产的基本情况，这种调查属于（　　）。
   A. 普查　　　　　　　　　　　B. 重点调查
   C. 典型调查　　　　　　　　　D. 抽样调查

5. 工人对生产的一批零件进行检查，一般采用（　　）。
   A. 普查　　　　　　　　　　　B. 重点调查
   C. 典型调查　　　　　　　　　D. 抽样调查

6. 若要对某市工业生产设备情况进行调查，则填表单位是（　　）。
   A. 每一个工业企业　　　　　　B. 每一台设备
   C. 每一台生产设备　　　　　　D. 每一台工业生产设备

7. 在对总体现象进行分析的基础上，有意识地选择若干调查单位进行调查，这种调查方式是（　　）。
   A. 抽样调查　　　　　　　　　B. 典型调查
   C. 重点调查　　　　　　　　　D. 普查

8. 对某市全部商业企业职工的生活状况进行调查，调查对象是（　　）。
   A. 该市全部商业企业　　　　　B. 该市全部商业企业职工
   C. 该市每一个商业企业　　　　D. 该市商业企业的每一名职工

9. 某市规定2014年工业经济活动成果呈报时间为2015年1月31日，则调查期限为（　　）。
   A. 一天　　　　　　　　　　　B. 一个月
   C. 一年　　　　　　　　　　　D. 一年零一个月

10. 人口普查规定标准时点是为了（　　）。
    A. 避免登记的重复和遗漏　　　B. 确定调查对象的范围
    C. 确定调查单位　　　　　　　D. 确定调查时限

11. 为了解全国煤炭企业的生产安全状况，找出安全隐患，专家根据经验选择10个有代表性的企业进行深入细致的调查。这类调查方法属于（　　）。
    A. 专家调查　　　　　　　　　B. 重点调查
    C. 系统调查　　　　　　　　　D. 典型调查

12. 填报单位是（　　）。
    A. 调查标志的承担者　　　　　B. 负责提交调查结果的单位
    C. 构成调查对象的每一个单位　D. 汇总单位

13. 对一部分农村家庭的收支状况通过询问的方式进行调查，这种调查方式属于（　　）。
   A. 直接观察法　　　　　　　　　B. 采访法
   C. 报告法　　　　　　　　　　　D. 问卷法
14. 对全国产棉大省山东、河南、新疆、湖南等进行调查，这种调查方式是（　　）。
   A. 典型调查　　　　　　　　　　B. 重点调查
   C. 抽样调查　　　　　　　　　　D. 普查
15. 下述调查中，不属于一次性调查的是（　　）。
   A. 2010 年全国第六次人口普查
   B. 某省对全省农民 2013 年收入情况进行调查
   C. 某企业开展的广告信息反馈调查
   D. 我国对大型骨干企业产品产量的调查

二、多项选择题

1. 在各种调查中，调查结果不能推断总体数量特征的调查方式有（　　）。
   A. 重点调查　　　　　　　　　　B. 典型调查
   C. 抽样调查　　　　　　　　　　D. 普查
   E. 统计报表
2. 与抽样调查相比，普查的特点有（　　）。
   A. 时效性强　　　　　　　　　　B. 使用范围比较窄
   C. 通常是一次性或周期性的　　　D. 规定统一的标准调查时间
   E. 经济性
3. 为了更好地完成统计工作的任务，发挥统计调查的作用，在统计调查过程中，必须达到的基本要求包括（　　）。
   A. 准确性　　　　　　　　　　　B. 及时性
   C. 完整性　　　　　　　　　　　D. 实在性
   E. 原则性
4. 普查是（　　）。
   A. 专门组织的调查　　　　　　　B. 一次性调查
   C. 经常性的调查　　　　　　　　D. 全面调查
   E. 非全面调查
5. 下列有关抽样调查的描述，正确的是（　　）。
   A. 是一种非全面调查　　　　　　B. 按随机原则抽取调查单位
   C. 抽样误差可以计算和控制　　　D. 是一种定期进行的调查
   E. 可推断总体
6. 典型调查的作用主要表现在（　　）。
   A. 可以弥补全面调查和其他非全面调查方式的不足

B. 可以用来研究新事物

C. 在一定条件下，可利用某些资料，结合基本统计数字估计总体指标数值

D. 可以用来反映总体的标志总量

E. 可以取得代表性高的资料

7. 我国第六次人口普查规定的标准时间是 2010 年 11 月 1 日零时，下列情况不应计算人口数的有（　　）。

A. 2010 年 11 月 2 日出生的婴儿

B. 2010 年 10 月 29 日 21 时出生，11 月 1 日 8 时死亡的婴儿

C. 2010 年 10 月 29 日 23 时死亡的人

D. 2010 年 10 月 29 日 8 时出生，20 时死亡的婴儿

E. 2010 年 11 月 1 日 1 时死亡的人

8. 在某企业设备调查中，（　　）。

A. 某企业是调查对象　　　　　B. 每台设备是填报单位

C. 每台设备是调查单位　　　　D. 某企业是填报单位

E. 企业所有设备是调查单位

三、简答题

1. 简述统计调查的含义和作用。

2. 简述统计调查方案的内容。

3. 常见的统计调查组织方式有哪些？它们各有什么特点？

四、分析题

随着因特网的日益普及与完善，网络以其简捷、信息新颖量大的优势，越来越成为人们信息消费的重要选择。大学生是对信息技术最为敏感，也是接纳和吸收最快的社会前沿群体，大学生已经成为网络信息消费的重要生力军。研究和分析他们的网络消费行为，有助于认识青年一代乃至整个社会的网络消费趋势，有助于高校了解并引导大学生树立正确的消费观念、价值取向、行为模式和生活习惯等。同时，网络消费已逐渐成为大学生的消费新理念和新时尚。面对网络上多姿多彩的诱惑，能否合理支配金钱，有没有合理的消费观念是当代大学生走向成熟、挑战竞争、学会生存的重要标志，也是学校德育的一个重点。

基于上述背景拟对大学生的网络消费行为展开一次调查，请设计统计调查方案并设计调查问卷。

第3章 统计数据整理

【开篇案例】

《2014年广东消费品市场发展情况分析》节选

2014年,在国家"促内需、稳增长、惠民生"系列政策的作用下,广东消费品市场规模进一步扩大。全年实现社会消费品零售总额28471.15亿元,增长11.9%,扣除物价因素,实际增长10.3%(见图1)。

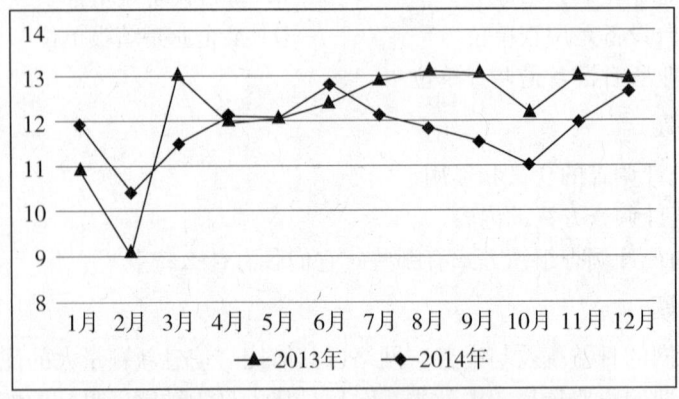

图1　2014年各月广东社会消费品零售总额增长情况(%)

从全国范围看,2014年广东社会消费品零售总额继续领先各省市,占全国社会消费品零售总额的10.9%;增速比全国平均低0.1个百分点,比上海高3.2个百分点,比北京高3.3个百分点,比江苏、山东分别低0.5个百分点和0.7个百分点。

表1　2014年全国主要省市社会消费品零售总额及增速

地　区	总额(亿元)	增长(%)
全国	262394.1	12.0
北京	9098.1	8.6
上海	8718.7	8.7
江苏	23209.0	12.4
浙江	16905.0	11.7
山东	24492.0	12.6
广东	28471.2	11.9

广东消费品市场的主要特点体现在以下几个方面：

（一）城镇消费品市场增长放缓，农村消费品市场日益活跃

2014年，全省城镇消费品市场零售额24925.31亿元，增长11.9%，增速比上年回落0.5个百分点；占全省社会消费品零售总额的87.5%，拉动全省社会消费品零售总额增长10.4个百分点。随着农村居民消费结构稳步升级和农村商品流通网络建设不断完善，农村消费品市场日益活跃，全年实现社会消费品零售额3545.83亿元，增长11.8%，增幅比上年提高0.9个百分点，占全省社会消费品零售总额的12.5%，如图2所示。

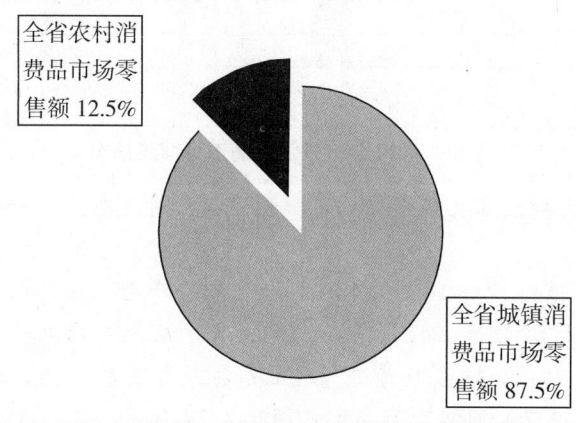

图2　2014年广东城镇和农村社会消费品零售总额占比情况（%）

（二）各区域消费品市场保持平稳运行，粤北地区消费品市场增长较缓

2014年，珠三角9市实现社会消费品零售总额21047.18亿元，增长11.9%。其中，广州实现社会消费品零售总额7697.85亿元、深圳实现社会消费品零售总额4844.00亿元、佛山实现社会消费品零售总额2560.58亿元，分别增长12.5%，9.3%和13.1%。

粤东4市实现社会消费品零售总额2960.93亿元，增长12.0%。其中揭阳实现社会消费品零售总额759.02亿元，增长15.4%，增速领先21个地级市。粤北山区5市实现社会消费品零售总额2086.43亿元，增长11.4%，增速比全省平均低0.5个百分点。粤西3市实现社会消费品零售总额2857.90亿元，增长11.7%。

（三）批发零售业销售稳步增长，住宿餐饮业经营持续好转

2014年，全省批发业销售额73933.82亿元，增长17.4%。其中，限额以上批发业销售额60769.41亿元，增长18.8%，占全省批发业销售额的82.2%。全省零售业零售额22738.32亿元，增长12.9%。其中，限额以上零售业零售额10056.03亿元，增长17.1%，占全省零售业零售额的44.2%，比重比上年提高1.4个百分点。

全省住宿业营业额764.11亿元，增长7.2%，增幅比上半年加快1.4个百分点。其中，限额以上住宿业营业额520.04亿元，增长6.2%，增幅比上半年加快2.5个百分点。全省餐饮业营业额3073.60亿元，增长10.1%。其中，限额以上餐饮业营业额

940.35亿元，增长9.7%。2014年广东消费品市场增速情况见图3。

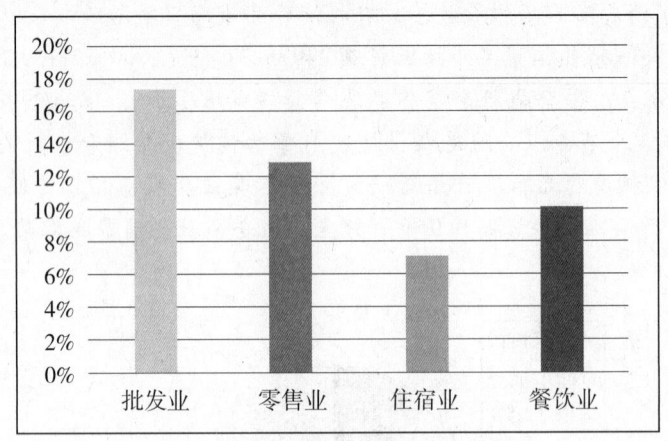

图3　2014年广东消费品市场增速情况

（四）限额以上批发零售业网上销售增长迅猛，对消费品市场的拉动作用进一步增强

2014年，省财政继续安排"广货网上行"专项资金，扶持电商企业，支持传统实体商业参与实施"广货网上行"活动。传统实体商业顺应电子商务发展潮流，积极搭建网上销售平台，加快转型升级，网上销售业务发展迅猛。2014年，全省限额以上批发零售业通过互联网实现商品零售额642.27亿元，比上年增长70.7%，增速明显高于传统实体经营；占全省社会消费品零售总额的2.3%，拉动全省社会消费品零售总额增长1.1个百分点。

（五）汽车、通信器材、居家建材销售增长较快，石油及制品销售增长乏力，金银珠宝等奢侈品销售下滑

2014年，全省限额以上批发零售业吃、穿、日用等基本生活品销售平稳。其中：粮油食品、饮料烟酒类零售额1045.34亿元，增长10.5%；服装、鞋帽、针纺织品类零售额1253.55亿元，增长12.6%；日用品类零售额482.20亿元，增长20.4%。

限额以上批发零售业居家、建材类商品销售增长较快。其中：家用电器和音像器材类商品零售额666.09亿元，增长17.5%；家具类零售额123.28亿元，增长18.0%；建筑及装潢材料类零售额172.88亿元、五金电料类零售额105.71亿元，分别增长17.3%和28.1%。

受公务用车改革启动、汽车消费促销力度加大等因素带动，汽车类商品销售保持较快增长。2014年，全省限额以上批发零售业汽车类商品零售额3657.59亿元，增长19.2%，增幅比上年提高3.0个百分点，拉动全省社会消费品零售总额增长2.6个百分点。

随着手机升级换代加快和国家倡导信息消费力度加大，通信器材类商品销售畅旺。2014年，全省限额以上批发零售业通信器材类商品零售额336.47亿元，增长22.0%，增幅比上年提高12.2个百分点。

受油价连续下调的影响,石油及制品类商品零售额增长进一步放缓。2014年,全省限额以上批发零售业石油及制品类零售额2222.31亿元,增长4.8%,增幅比上年下降5.5个百分点;拉动全省社会消费品零售总额增长0.5个百分点,增幅比上年下降0.6个百分点。

随着金价下跌和居民消费、投资热情的下降,金银珠宝类销售疲软。2014年,全省限额以上批发零售业金银珠宝类商品零售额236.47亿元,增长1.7%,增幅较上年下降20.0个百分点。

限额以上批发零售业其他主要大类商品销售中,文化办公用品类零售额增长17.5%、书报杂志类零售额增长19.8%,增速均高于限额以上批发零售业整体;化妆品类零售额增长0.7%、体育娱乐用品类零售额增长3.2%、电子出版物及音像制品类零售额增长4.9%,增速均比上年明显回落。

图4所示为2014年广东全省限额以上批发零售业各类商品零售额增速情况。

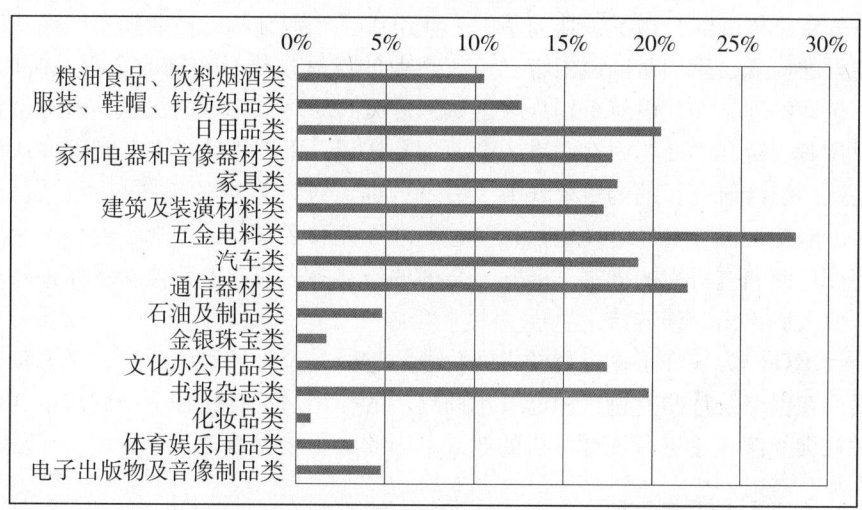

图4　2014年广东全省限额以上批发零售业各类商品零售额增速

本章案例节选自广东统计信息网《2014年广东消费品市场发展情况分析》的统计分析报告。文章分析了2014年广东消费品市场运行的基本情况和主要特点,并运用了统计表和统计图予以详细说明。案例中的统计分组、编制统计表和统计图是统计整理的主要过程。

(案例资料来源:http://www.gdstats.gov.cn/tjzl/tjfx/201507/t20150702_308951.html)

3.1　统计整理概述

3.1.1　统计整理的概念和意义

统计资料整理(Statistical Data Processing),简称统计整理(以下简称统计整理），是指根据统计研究的目的任务，对统计调查所取得的原始资料进行科学的分类和汇总；或对已初步加工的次级资料进行再加工，使其系统化、条理化、科学化，以反映所研究的现象总体特征的工作过程。

统计整理在统计研究工作中具有十分重要的意义。一方面，统计调查搜集到的大量的、零散的、不系统的资料，只能表明各个被调查单位的具体情况，反映事物的表面现象或一个侧面，不能说明事物的全貌、总体情况，必须进行加工整理。统计整理的任务就是根据统计研究的目的和要求，借助综合指标，有组织、有计划地对统计调查中搜集到的资料进行加工处理，使其成为系统化、条理化的综合资料，对总体内部的规律性、相互联系、结构关系做出概括的说明。例如，经济普查中搜集到的经济资料只能说明每一个企业的具体情况，诸如每个企业的单位基本属性、从业人员、财务状况、生产经营情况、生产能力、原材料和能源消耗、科技活动情况等。必须通过对经济普查总体中每个企业的资料进行整理、分组、汇总等加工处理后，才能得到区域内经济普查总体的综合情况，从而了解产业组织、产业结构、产业技术的现状以及各生产要素的构成，达到对区域内第二、三产业的发展规模及布局的全面系统的认识。因此，统计整理是实现由对个别现象的认识过渡到对总体现象的认识，由对事物表象的认识过渡到对其本质与内在联系的全面深刻认识，由感性认识上升到理性认识的过程，是达到统计研究目的的重要环节。另一方面，统计整理的正确与否、质量好坏，将直接影响统计对社会经济现象数量描述的准确性和数量分析的真实性。不恰当的加工整理往往使调查得来的丰富、准确、全面的资料失去应有的价值，从而歪曲事情的真相，使人们得出错误的结论。

统计整理作为统计工作过程的中间阶段，它既是统计调查的延续，又是统计分析的前提，在整个统计研究过程中起着承前启后的作用。统计整理工作的质量，会直接影响对社会经济现象进行统计分析的效果，因此必须十分重视统计整理工作。

3.1.2 统计整理的步骤

统计整理的全过程包括了设计统计整理方案，对统计数据进行预处理、分组、汇总、编制统计表、画出统计图等几个环节。

3.1.2.1 设计统计整理方案

统计整理方案是对统计整理工作的各个环节做出具体的安排和规定，拟定好工作计划，以保证统计整理工作的顺利进行。科学地制订整理方案是保证统计整理有计划、有组织进行的首要步骤，是保证统计整理保质保量、按时完成的指导性文件，是统计设计在统计整理阶段的具体化。整理方案的好坏直接关系到统计整理工作的质量。

一般统计整理方案应包括：明确规定分组标志、分类目录和各项汇总的统计指标；科学地设计各种整理表格；确定分组方法；选择资料汇总的形式；确定统计资料的审查内容；确定与历史资料的衔接方法等。

3.1.2.2 对统计数据进行预处理

统计数据的预处理是统计整理的最初步骤，它包括了数据的审核、筛选和排序等环节，通过对数据的初步加工，为进一步整理奠定基础。

1. 数据审核

数据审核就是检查数据是否有错误，对于通过调查取得的原始数据，主要从完整性和准确性两个方面去审核。对于通过其他渠道取得的二手数据，应着重审核数据的适用性和时效性。数据审核是统计整理的第一步，包括以下内容：

（1）审核资料的完整性和及时性

审核资料的完整性就是看调查单位或填报单位是否填制齐全，规定的项目是否都有答案，所有被调查单位的资料是否完整，报送单位、日期等是否全部正确无误；审核资料的及时性是看填报单位是否按时报送有关资料，有不报、漏报或迟报的现象都要及时查清。

（2）审核资料的正确性

审核资料的正确性是检查所填报的资料是否准确可靠。常用的审核方法有：一是逻辑检查，也就是从理论上或常识上检查资料是否有悖常理，有无不切实际或不符合逻辑的地方，如人口调查中，少年儿童年龄段的居民不应有婚姻情况，文化程度不应是大学毕业以上，职务不应是工程师以上等，如果出现已婚、高级工程师，显然在逻辑上是不可能的，要进一步查实、更正；二是计算检查，就是检查各项指标的计算口径、计算单位是否符合规定，并通过各种计算方法检查各指标间的数字是否相互衔接。

（3）历史资料的审核

在利用历史资料时应审核资料的可靠程度、指标的含义、所属时间与空间范围、计算方法分组条件与规定的要求是否一致。一般可以从调查资料的历史背景、调查者搜集资料的目的以及资料来源等来判断资料的可靠程度，也可以从指标间的相互关系以及指标的变动趋势来检查它的正确性。对不能满足要求、有缺漏或有疑问的资料要进行有科学根据的推算、弥补和订正。

（4）资料审核后的订正

通过以上审核，如发现有缺报、缺份和缺项等情况，应及时催报、补报，如有不正确之处，应分不同情况作如下处理：对于可以肯定的一般错误，应及时代为更正，并通知原报告单位；对于可疑之数或无法代为更正的错误应要求原单位复查、更正；如果所发现的差错在其他单位也可能发生时，应将错误的情况通报所有单位，以免发生类似的错误；对于严重的错误应发还原单位重新填报，并查明发生错误的原因，若属于违法行为，应依法严肃处理。

2. 数据筛选

数据筛选包括了两方面的内容：一是将某些不符合要求的数据或有明显错误的数据予以剔除；二是将符合某种特定条件的数据筛选出来，对不符合特定条件的数据予以剔除。数据筛选能够根据需要找出符合特定条件的某类数据，可以借助统计工具软件完成。

【例3.1】某事业单位通过考试实行内部岗位选拔，有 10 名员工参加选拔考试，这10名员工的具体资料见表 3－1。筛选条件是：年龄在 45 岁以下（不含 45 岁），工龄在 8 年以上（不含 8 年），学历是本科或本科以上（含本科），职称是工程师或工程师以上（含工程师），是党员，面试成绩和笔试成绩都在 75 分以上（不含 75 分）。

表 3－1　10 名员工的相关资料

姓名	年龄	学历	职称	工龄	是否党员	面试成绩	笔试成绩
付春香	38	硕士	工程师	12	是	79	52
陈青松	37	硕士	工程师	11	是	83	80
吴珊	42	硕士	助理工程师	10	否	69	59
方朝霞	38	本科	工程师	16	是	71	67
马晓梅	25	专科	助理工程师	3	否	70	70
杨静	55	本科	高级工程师	25	是	65	80
张静	50	博士	高级工程师	22	否	78	76
何艳春	38	本科	助理工程师	15	是	77	60
徐佳馨	26	专科	助理工程师	3	否	50	82
陈柯睿	33	专科	助理工程师	13	是	81	56

筛选的结果见表 3－2。

表 3－2　筛选的结果

姓名	年龄	学历	职称	工龄	是否党员	面试成绩	笔试成绩
陈青松	37	硕士	工程师	11	是	83	80

上述筛选过程可运用 Excel 或 SPSS 软件进行。

3．数据排序

数据排序便于研究者通过浏览数据发现一些明显的特征或趋势，找出解决问题的线索。通过对数据进行预处理，还有助于对数据进行检查纠错，为重新归类或分组等提供方便。排序有两种，一种是升序排列，另一种是降序排列。升序排列，是指各行数据按照某一个标志值或指标值（通称为变量值）从小到大的顺序排列。降序排列，是指各行数据按照变量值从大到小顺序排列。当需要整理大量数据时，排序带来的帮助是极为有限的，这时就需要采用统计分组的方法。

【例3.2】大江汽车销售公司 2015 年 1 月份销售记录如表 3－3 所示。根据销售金额进行排序，请思考一下通过排序结果可以发现什么问题？

表3-3　大江汽车销售公司2015年1月份销售记录

序号	车辆型号	销售分公司	市场价格（万元）	销售台次	销售金额（万元）
1	桑塔纳	北京	5.98	480	2870.4
2	捷达	北京	29.8	160	4768
3	上海大众	北京	13.9	230	3197
4	长安	北京	5.4	50	2700
5	桑塔纳	成都	5.98	800	4784
6	捷达	成都	29.8	500	14900
7	上海大众	成都	13.9	680	9452
8	长安	成都	5.4	200	10800
9	桑塔纳	重庆	5.98	300	1794
10	捷达	重庆	29.8	268	7986.4
11	上海大众	重庆	13.9	500	6950
12	长安	重庆	5.4	160	8640

表3-4是表3-3的排序结果。

表3-4　表3-3的排序结果

序号	车辆型号	销售分公司	市场价格（万元）	销售台次	销售金额（万元）
6	捷达	成都	29.8	500	14900
8	长安	成都	5.4	200	10800
7	上海大众	成都	13.9	680	9452
12	长安	重庆	5.4	160	8640
10	捷达	重庆	29.8	268	7986.4
11	上海大众	重庆	13.9	500	6950
5	桑塔纳	成都	5.98	800	4784
2	捷达	北京	29.8	160	4768
3	上海大众	北京	13.9	230	3197
1	桑塔纳	北京	5.98	480	2870.4
4	长安	北京	5.4	50	2700
9	桑塔纳	重庆	5.98	300	1794

上述筛选过程可运用 Excel 或 SPSS 等软件进行。

3.1.2.3　对统计资料进行分组和汇总

分组和汇总是根据研究的目的和统计分组的需要，按照分组标志或分类目录、汇总组织形式和具体方法,将全部调查资料进行分组汇总,计算各组的单位数和总体的单位总数,并计算各组的标志值及总体的综合指标。统计分组是统计整理的核心工作,正确的分组有助于形成具有科学价值的综合指标,进而揭示社会经济现象内在的数量关系。

3.1.2.4 编制统计表和画出统计图

统计图表是表现统计整理成果最常用的一种形式。统计图表可以将整理出来的资料简明扼要、系统有序地显示出来,更加生动形象地表达社会经济现象在数量方面的内在联系。

3.1.2.5 统计资料的保管与积累

将汇总结果按需要整理成册或存入数据库,有条件的可将原始资料一并存入数据库,进行统计资料的汇编,系统地积累历史资料,以备需要时查用。

3.1.3 统计整理技术

统计资料经过审核无误后就要进行汇总。选用合适的汇总技术,可以提高汇总工作的效率和质量。在统计汇总实践中,统计整理技术分为两种:手工汇总和计算机汇总。

3.1.3.1 手工汇总

手工汇总是指以算盘、计算器、卡片等工具为手段,通过手工操作对统计资料进行汇总。实际工作中有划记法、过录法、折叠法和卡片法。由于手工汇总的速度慢,易出差错,随着电子计算机等信息化工具的出现和普及,其逐渐被淘汰,取而代之的是计算机汇总。

3.1.3.2 计算机汇总

随着科学技术的不断进步,使用计算机进行统计资料的汇总,具有速度快、精确度高、存储数据多、有强大的逻辑运算能力和便于联网实现信息资源共享等优点。应用计算机汇总主要有下面几个步骤:

1. 选择计算机软件或编程

选择汇总的工具可以选择已有的统计工具软件或者选择自编程序。目前常用的统计分析软件包括 Excel、SPSS、SAS 等,这些软件虽然都有数据处理的功能,但是要根据统计整理的要求和原始资料的情况进行选择。对于特殊的统计整理要求,要根据不同的统计整理任务或汇总方案来编制计算机运行程序。

2. 编码

编码是根据计算机程序和规定,把表示信息的某种符号体系转换成便于计算机识别和处理的另一种符号体系的过程,如对需要进行汇总、分组的标志、指标名称用适

当的代码表示。编码的质量不仅影响数据录入的速度和质量，而且影响数据处理的最终结果，是一项繁重而细致的工作，需要大量的人力和时间，同时进行严密组织。

3. 数据录入

数据录入就是将原始的统计数据通过录入设备（如键盘、光电扫描仪等）录入计算机的存储介质（如磁带、硬盘、光盘）中，供计算机操作时调用。

4. 数据编辑

数据编辑也称逻辑编辑，即按事先规定的一套逻辑检验规则对输入电子计算机的原始数据进行分析、比较、筛选和整理。

5. 计算与制表

计算与制表就是按规定的程序，完成各项综合指标的计算，尤其是各种分组、复合分组的计算，然后将运算的结果按事先规定的汇总层次进行制表，并通过输出设备把结果打印出来。

3.2 统计分组

统计分组是统计整理中最重要的一个环节，可以帮助人们认识统计总体内各单位在质量和数量上存在的差异以及统计总体内部结构，同时它也是后续综合指标计算的基础。

3.2.1 统计分组的概念与作用

统计分组是根据统计研究的目的，将总体按一定标志区分为不同类型或不同性质的组，使组与组之间有比较明显的差别，而在同一组内的单位具有相对的同质性，即同一组内各单位之间具有某些共同的特征。统计分组对总体而言是"分"，将总体划分成若干组成部分，对各个单位而言则是"合"，将性质基本相同的单位合并为一组，统计分组具有以下重要作用。

3.2.1.1 区分社会经济现象的不同类型

社会经济现象是一个复杂整体，存在着多种多样的类型，各种不同类型的现象在规模、水平、速度、结构、比例关系等方面又表现出不同的性质和特征。通过统计分组，可以将不同类型现象的性质和特征区分开来，以研究各类现象的数量差异、特征及相互关系，从而揭示各类现象的本质及其规律。例如，我国的经济单位主要分为国有经济单位、城镇集体经济单位和其他各种经济单位三种类型。通过分类比较分析，可以充分揭示出各县（市）区年末在网职工工资总额及平均工资的构成情况，更好地了解社会普遍收入状况的本质及规律，见表3-5。

表3-5 广东各县（市）区年末在岗职工工资总额及平均工资（2013年）

县（市）区	合计		国有经济单位		城镇集体经济单位		其他各种经济单位	
	工资总额（万元）	平均工资（元）	工资总额（万元）	平均工资（元）	工资总额（万元）	平均工资（元）	工资总额（万元）	平均工资（元）
广州市	—							
市　区	20062723	71068	5127712	87479	396338	40961	14538673	68058
从化市	337894	47656	158261	49636	3400	26295	176233	38188
增城市	707166	52461	250352	60259	8572	29796	448241	49597
深圳市	28135080	62619	4310481	90393	125999	30207	23698600	59627
珠海市	3985022	55985	760702	77504	81916	48112	3142405	52670
汕头市	—							
市　区	2209171	42694	1025104	49685	83124	25998	1100943	39440
南澳县	18259	37470	15453	38642	763	34826	2044	31202
佛山市	8588605	50356	1370990	67968	129869	46528	7087747	48021
韶关市								
市　区	922312	49228	412289	60796	29879	50850	480143	42242
乐昌市	97395	40082	64526	44850	9016	41416	23852	30836
南雄市	113093	39765	55481	42800	17949	26365	39663	45752
仁化县	76368	43852	37511	42679	2112	37388	36744	45583
始兴县	75343	33277	32397	43364	1954	34530	40991	28068
翁源县	73628	41894	54646	45832	1536	31471	17447	33785
新丰县	51263	34479	32294	36610	6563	30341	12406	31942
乳源县	68329	41324	40725	45779	10753	43569	16852	32588
河源市								
市　区	581457	46409	178243	59791	7689	39817	395525	42280
东源县	77530	35318	48131	35737	2102	29352	27297	35140
和平县	76271	35554	55658	41274	3196	27600	17417	25580
龙川县	125637	35253	85429	39028	3994	26896	36215	29527
紫金县	103455	37100	75145	39535	1190	27236	27119	32128
连平县	58909	35144	44392	37311	968	21420	13549	30709
梅州市						—		
市　区	548294	51449	332584	62183	10002	36772	205708	40843
兴宁市	160082	29840	104232	31492	6602	29085	49248	26944
平远县	53439	35695	38303	36926	3912	27090	11224	35587
蕉岭县	51366	35276	36604	37090	1927	25729	12835	32550
大埔县	56955	34564	44933	35574	4717	34279	7305	29563
丰顺县	118260	39211	56112	38759	8896	23342	53252	44855
五华县	124164	29164	79335	31014	8224	23743	36605	27055

(续表)

县(市)区	合计		国有经济单位		城镇集体经济单位		其他各种经济单位	
	工资总额（万元）	平均工资（元）	工资总额（万元）	平均工资（元）	工资总额（万元）	平均工资（元）	工资总额（万元）	平均工资（元）
惠州市	—							
市　区	3060436	49297	736154	72633	47734	36231	2276547	44959
惠东县	229855	40946	136267	45407	6577	38104	87011	35660
博罗县	641354	41978	165777	55412	9704	29877	465873	38946
龙门县	69341	36001	54699	39958	3802	31843	10841	24762
汕尾市	—							
市　区	381022	46173	101842	45657	46798	35076	232382	49578
陆丰市	268823	35085	102042	35205	30781	29228	136000	36653
海丰县	262807	35458	93468	35302	7611	34394	161728	35602
陆河县	37257	31722	31906	32323	1397	26399	3955	29402
东莞市	10499782	42870	1138596	75846	218818	38409	9142369	40776
中山市	4356112	48449	629917	83424	85534	35269	3640661	45545
江门市	—							
市　区	1409049	47291	365169	63419	33546	66717	1010334	42930
台山市	247772	32865	89817	36871	34303	32678	123653	30507
开平市	330384	42349	111906	60460	8284	45166	210194	36447
鹤山市	315815	40763	71111	53017	6150	31653	238553	38402
恩平市	137659	33795	55906	39867	1915	18612	79837	31088

资料来源：《广东省统计年鉴2014》。

3.2.1.2　研究总体的内部结构

统计总体经过统计分组后，被划分为若干组成部分，计算出各组成部分的总量在总体中所占的比重，就能揭示总体的内部构成情况，反映出部分与总体、部分与部分之间的关系。同时，对现象内部结构的变化进行动态分析研究，还可以反映总体发展变化的过程、趋势和规律。表3-6给出的是我国2014年国内生产总值构成，从表中可以知道国民经济内部的结构以及各部分的对比情况。

表3-6　2014年我国国内生产总值构成

	绝对额（亿元）	比重（%）
国内生产总值	636517	100.00
第一产业	58332	9.16
第二产业	271392	42.64
第三产业	306793	48.20

资料来源：《中国统计年鉴2014》。

3.2.1.3 揭示现象之间的依存关系

社会经济现象是一个复杂的整体，事物与事物之间往往存在相互联系、相互制约的关系。将所有关联现象的分组资料进行对照分析就能显示互相影响的方向、程度和变动的趋势。例如：流通费用率与商品流转规模有关，其一般规律是流通费用率随商品流转规模的扩大而降低，具体情况见表3-7。

表3-7 商品销售额与流通费用率的关系

企业按商品销售额分组（万元）	企业数（家）	流通费用率（%）
100以下	32	11.2
100～300	90	10.6
300～500	160	9.9
500～700	95	8.7
700～900	60	7.8
900～1200	26	7.0
1200以上	15	6.3

3.2.2 统计分组的要求

统计分组的关键在于分组标志的选择。分组标志是统计分组的依据。正确选择分组标志，充分发挥分组作用，是统计研究获得正确结论的前提。正确选择分组标志，需考虑以下四点。

3.2.2.1 根据研究的目的选择分组

任何统计个体都有许多标志，标志选择不当，分组结果必然不能正确反映总体的内部性质和特征。例如，对工业企业的盈利能力进行研究，目的是了解工业企业的盈利情况，统计人员应以工业企业的利润额、成本利润率等指标作为标志；如果目的是要了解工业企业的内部运作情况，统计人员就应以企业的各部门作为分组标志。

3.2.2.2 要选择反映研究对象本质或主要特征的标志

例如，在研究国民经济的现状、发展和平衡关系时，像按所有制的分组、按国民经济部门的分类等都是最基本的分组或分类。

3.2.2.3 严格遵守分组的穷举性和互斥性原则

穷举性又称完备性，是指各组单位数之和刚好等于总体单位数，总体中的每一个单位都可归入其中一组，且只可归入一组，即归一性。互斥性，是指按同一标志的分组，各组的性质必须不同，各级互不相容，互不交叉，同一组的各总体单位的标志表现应在同一层次上。为了便于统计资料的重复利用和积累，应保持统计分组的稳定性和标准化，避免数据的遗漏或重复。

3.2.2.4 要结合现象所处的具体历史条件或经济条件来选择

社会经济现象随着时间、地点、条件的变化而变化；历史条件或经济条件不同，事物特征也会有变化。因此，随着历史条件的变化，分组标志应有相应的改变。

3.2.3 统计分组的种类

3.2.3.1 根据分组标志的性质，可分为品质标志分组和数量标志分组

由于标志有品质标志和数量标志两种，统计分组有按品质标志分组和按数量标志分组这两种。

1. 按品质标志分组，也就是按照事物的品质特征进行分组

一般来说，按品质标志分组的操作比较容易，分组也相对稳定，例如人口按性别、民族、文化程度和职业进行分组，国民经济按部门进行分组，企业按所有制类型分组等。在统计实践中，一般对重要的品质标志分组往往要编制分类目录，如"工业产品目录"等。

2. 按数量标志分组，也就是按照事物的数量特征进行分组

例如人口按年龄、企业按总产值、企业按职工人数分组等。按数量标志分组不仅在于反映事物的量变情况，而且能够通过事物的数量变化指示出事物的质量特征。按数量标志分组，关键在于决定事物质量的数量界限。

3.2.3.2 根据每组分组标志的多少，可分为简单分组和复合分组

1. 简单分组

简单分组就是只按单一标志对总体进行分组，例如，人口只按年龄分组，工人只按工种分组等。

2. 复合分组

复合分组是按两个或两个以上的标志对总体进行分组。用一个标志分组只能表明总体内部现象的某种区别，而用两个或两个以上的分组标志来对总体各单位进行分组可深入地反映事物多方面的区别与联系（见表3-8），以说明那些简单分组所不能反映的问题。进行复合分组时，注意分组标志的先后顺序应当与统计研究目的保持一致。

表3-8 某企业职工统计分组

按部门和性别分组		职工人数（人）
生产部门	男	800
	女	200
管理部门	男	50
	女	35
销售部门	男	600
	女	32
供应部门	男	100
	女	46
其他部门	男	80
	女	21
合　计		1964

3.2.3.3 根据各组标志值的多少，可分为单项式分组和组距式分组

1. 单项式分组

单项式分组是指在进行统计分组时，一个变量值为一组，有多少个变量值就有多少组，见表3-9。

表3-9 某社区居民家庭分组

按家庭人口数分组（人）	居民户数
1	4
2	27
3	508
4	129
5	57
合　计	725

2. 组距式分组

组距式分组就是把全部变量值划分为若干个区间，每一区间的变量值作为一个组，即用变量值的一个变动范围作为一组。例如，某企业装配车间的工人按其日产量进行分组，见表3-10。

表3-10 某企业职工统计分组

按工人日产量分组（件）	职工人数（人）
50～60	7
60～70	25
70～80	76
80～90	32
90～100	9
合　计	149

无论是单项式分组还是组距式分组，均应按数量标志进行分组。对离散变量，如果变量值的变动范围小，并且变量值数量较少，就可以使一个变量值对应一组，即采用单项式分组。如果变量值的取值范围大，变量值的个数又很多，就不宜进行单项式分组，应把整个变量值依次划分为几个区间，对各个变量值按其大小确定所归属的区间距离称为组距。对连续变量，由于不能一一列举其变量值，只能采用组距式的分组方式。

组距式分组情况较为复杂，涉及的几个概念如下：

组限是指划分各组之间界限的变量值。其中，每一组的两个组限中，较大者为上限，较小者为下限。

组距为每组下限与上限之间的距离。其计算公式为

$$组距 = 上限 - 下限$$

组数指分组的个数。在所研究总体一定的情况下,组数的多少和组距的大小是紧密联系的。一般说来,组数和组距成反比关系。

组中值是每组下限与上限之间的中点数值,是各组标志值平均水平的数值。在计算平均指标时,如果没有原始资料而只有组距分组资料,就需要利用组中值进行计算。

组中值的常用计算公式为

$$组中值 = \frac{上限 + 下限}{2}$$

根据组距、组限的表现形式不同又分为:重叠式分组与间断式分组;闭口式分组和开口式分组;等距分组和不等距分组。

①重叠式分组与间断式分组

重叠式分组是指相邻两组中,前一组的上限和后一组的下限数值重叠,一般适用于按连接变量进行的分组,但有时也用于按离散变量进行的分组。至于统计中与上限和下限相同的数值分配在哪一个组,统计上一般是按照"上限不在内"的原则进行处理。

间断式分组是指相邻两组中,前一组的上限和后一组的下限是间断的,数值紧密相连而不重叠,一般适用于按离散变量进行的分组。间断式分组的组距和组中值的计算公式如下:

$$间断式分组的组距 = 后一组下限 - 本组下限$$

$$间断式分组的组中值 = \frac{本组下限 + 后一组下限}{2}$$

②闭口式分组和开口式分组

闭口式分组是指在组距式分组中,每一个组都有明确的上限和下限,即各组的组限都齐全。开口式分组是指在组距式分组中,不是每一组的组限都具备,一般是最小组缺下限或最大组缺上限。当出现个别变量值远离其他较集中的变量值时,为了不出现空白组,又能使分组包含所有的变量值,可以使用开口组。对于开口组组中值的计算方式可以利用如下公式:

$$缺下限组的组中值 = 该组上限 - \frac{邻组组距}{2}$$

$$缺上限组的组中值 = 该组下限 + \frac{邻组组距}{2}$$

③等距分组和不等距分组

等距分组即变量值在各组保持相等的组距,即各变量值都限于相同的范围。当变量值分布比较均匀,没有突然的大起大落时,均可采用等距分组。等距分组便于计算和绘制统计图,见表3-10。

当变量值变动很不均匀时,如出现大幅度的上升或下降,或者出于研究问题的特殊考虑,都可以采用不等组距分组。不等组距分组即变量值在各组分布的组距不相等。例如，对某证券交易所的投资者按投资额分组，各投资者的投资额相差很大，如果采用等距分组，级数就会过多，很难表现其分布规律。对此，我们可以考虑采用不等距分组，其分组如下：0～5万元、5万～20万元、20万～50万元、50万～500万元、500万～5000万元、5000万元以上。

3.3 次数分布

3.3.1 次数分布的概念和种类

在统计分组的基础上，把总体的所有单位按组归类并排列，形成总体各个单位在各组间的分布，称为次数分布。分布在各组的单位数叫次数，又称为频数。例如，对企业职工按工龄分组，各组的职工人数就是次数；对某地区企业按规模进行分组，各组的企业数就是次数。各组次数与总体单位数（总次数）之比，叫频率，它是次数的相对形式。例如，大型企业在该地区所占比重为12%，该处的12%就是频率。

将分组标志表现和对应的各组次数按一定顺序排列，所形成的数列叫次数分布数列，也叫分配数列。分配数列包括两个要素，即总体按某标志所分的组和各组所占有的单位数。根据分组标志的不同，分配数列可以分为品质分配数列和变量分配数列。变量分配数列又有单项式数列和组距式数列之分，这与变量分组分为单项式分组和组距式分组是一致的。根据分组标志数量的不同，分配数列分为简单数列和复合数列。

品质分配数列主要取决于品质标志的多少，因为品质标志数决定组数。由于变量分配数列又分为单项式数列和组距式数列。单项式数列的组数取决于数量标志所包含的变量值的个数；组距式数列的组数取决于组数、组距、组限等。

需要说明的是，在变量数列中，由标志值构成的数列表示标志值的变动幅度，而由频数构成的数列则表示相应标志值的作用程度。将各组单位数和总体单位数相比求得的频率表明各组标志值对总体相对作用程度的大小，也可以表明各组标志值出现频率的大小。由此可见，变量分配数列是由各组名称（由单个变量值或变量值形成的一个区间）和频率组成。在变量数列中，各组的名称通常用符号 X 表示，各组单位数即次数或频率数通常用符号 f 表示，而如果用频率表示，则表示符号为 $\dfrac{f}{\sum f}$。

3.3.2 次数分配数列的编制方法

次数分配数列的组数、组距、全距、组限、组中值的概念和计算方法与统计分组中所介绍的相同，这里不再赘述。由于品质分配数列和单项式数列的编制方法非常简单，这里不做介绍。组距数列编制牵涉的问题较多，不仅取决于分组标志的选择，而且要看分组界限的确定是否合理，现以组距式分布数列为例，研究组距数列的编制方法。

下面以数值型数据为例,讲授统计分组的方法和由此产生的相关概念。

【例3.3】对广州某高校在校大学生的月生活费情况进行抽样调查,得到70名大学生月生活费平均支出额,如表3-11所示。

表3-11 广州某高校在校大学生月生活费支出调查表

单位:元/月

760	1030	1180	1300	1380	1580	1800	800	1050	1220
1300	1390	1590	1850	850	1080	1220	1320	1420	1650
1900	890	1100	1250	1320	1450	1650	1950	900	1100
1260	1330	1460	1680	1980	930	1120	1260	1350	1460
1680	2000	980	1150	1270	1350	1470	1690	2150	990
1150	1290	1370	1480	1730	2180	990	1160	1300	1370
1550	1750	2350	1000	1180	1300	1380	1580	1800	2380

观察上表中在校大学生月生活费支出额的数字,没有规律可循,我们需要对原始资料进行整理,编制相等组距分布数列。其方法和步骤如下:

3.3.2.1 将数据按由小到大的顺序排序

只有把得到的原始资料按其数值大小重新排列顺序,才能看出变量分布的趋势和特点,为计算全距、组距和组数做准备(见表3-12)。

表3-12 广州某高校在校大学生月生活费支出整理表

单位:元/月

760	800	850	890	900	930	980	990	990	1000
1030	1050	1080	1100	1100	1120	1150	1150	1160	1180
1180	1220	1220	1250	1260	1260	1270	1290	1300	1300
1300	1300	1320	1320	1330	1350	1350	1370	1370	1380
1380	1390	1420	1450	1460	1460	1470	1480	1550	1580
1580	1590	1650	1650	1680	1680	1690	1730	1750	1800
1800	1850	1900	1950	1980	2000	2150	2180	2350	2380

上述筛选过程可运用Excel或SPSS等软件进行。

经过初步整理,我们可以看出该校大学生生活费支出的分布规律,月生活费支出最高额(最大值)为2380元,最低额(最小值)为760元,月生活费支出分布较集中的区域为1000~1500元,小于1000元的比较少,大于1500元的稍多一些。这些数字的分布特征与当今大学生的生活费支出比较接近。

3.3.2.2 确定全距

全距是变量值中最大值和最小值的差。全距是确定变量值变动范围和变动幅度的尺度。

全距 = 2380 - 760 = 1620

由于全距变量幅度较大，因此，编制组距式变量数列较合适。

3.3.2.3 确定组距、组数和组限

前面已经介绍过组距数列有等距和不等距之分，应视研究对象的特点和研究目的而定。组距的大小和组数的多少是互为条件和互相制约的。当全距一定时，组距大，组数就少；组距小，组数就多。在本例中，可考虑组距分别为100和200时的情况，编制等组距分布数列，组距与组数存在以下关系"组数 = 全距 ÷ 组距"。

（1）当组距 = 100 时，组数 = 1620 ÷ 100 = 16.2，取整数17。

（2）当组距 = 200 时，组数 = 1620 ÷ 200 = 8.1，取整数9。

组限要根据变量的性质来确定。如果变量值相对集中，无特大或特小的极端数值时，应采用闭口式分组。采用闭口式分组时，应做到最小组的下限小于或等于最小变量值，最大组的上限大于最大变量值，但不要过于悬殊。确定组限的具体方法为：①用原始资料中的最小变量值作为最小组的下限；②用与原始资料中的最小变量值接近并且小于或等于最小变量值的5或10的倍数作为最小组的下限。考虑到组数的适宜性，本例下限确定为700元，组距为200。

3.3.2.4 编制变量数列

经过统计初步整理，明确了全距、组距、组数和组限以后，就可以把变量值归类排列，最后把各组单位数填入相应的各组次数栏中，就形成了变量数列。

从表3-13中可以看出，采用200元组距编制分布数列，不同的在校大学生月生活费支出分布规律明显。

表3-13 广州某高校在校大学生月生活费支出次数分布表（组距=200）

月生活费支出（元）	人数（人）	频率（%）
600～800	1	1.43
800～1000	8	11.43
1000～1200	12	17.14
1200～1400	21	30
1400～1600	10	14.29
1600～1800	7	10
1800～2000	6	8.57
2000～2200	3	4.29
2200～2400	2	2.85
合　计	70	100

图 3-1 所示为广州某高校在校大学生月生活费支出情况。

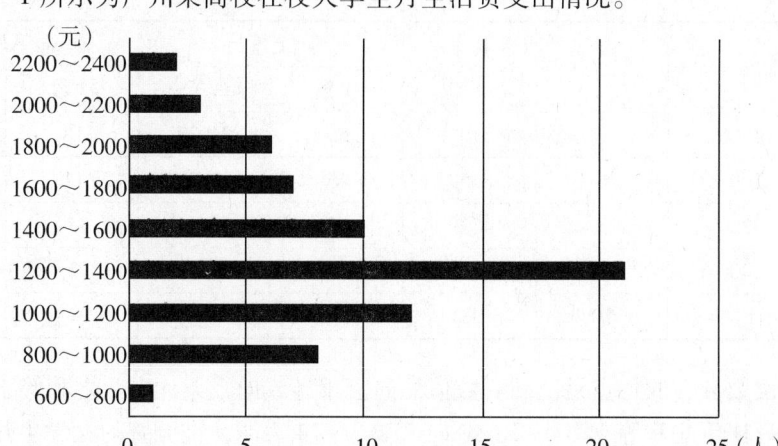

图 3-1　广州某高校在校大学生月生活费支出情况

3.3.3　累计次数分布

将变量数列各组的次数或比重逐组累计相加而呈累计次数分布。它表明总体在某一标志值的某一水平上下总共包含的总体次数和比重。累计次数有以下两种计算方法。

3.3.3.1　向上累计

向上累计，又称以下累计，或称较小制累计，是将各级次数或比重由数列中变量值高的组向变量值低的组逐组累计。组距数列中的向上累计，可表明各组上限以下总共包含的总体次数或比重有多少。

3.3.3.2　向下累计

向下累计，又称以上累计，或称较大制累计，是将各级次数或比重由数列中变量值低的组向变量值高的组逐组累计。组距数列中的向下累计，可表明各组下限以上总共包含的总体次数或比重有多少。

例如：将表 3-13 所列的在校大学生月生活费支出做累计次数分布，见表 3-14。

表 3-14　广州某高校在校大学生月生活费支出累计次数分布表（组距=200）

月生活费支出（元）	人数（人）	频率（%）	向上累计		向下累计	
			次数	频率（%）	次数	频率（%）
600～800	1	1.43	1	1.43	70	100
800～1000	8	11.43	9	12.86	69	98.57
1000～1200	12	17.14	21	30	61	87.14
1200～1400	21	30	42	60	49	70
1400～1600	10	14.29	52	74.29	28	40

续表

月生活费支出（元）	人数（人）	频率（%）	向上累计		向下累计	
			次数	频率（%）	次数	频率（%）
1600～1800	7	10	59	84.29	18	25.71
1800～2000	6	8.57	65	92.86	11	15.71
2000～2200	3	4.29	68	97.14	5	7.14
2200～2400	2	2.85	70	100	2	2.86
合　计	70	100	—	—	—	—

累计次数分布的特点是：同一数值的向上累计或向下累计次数之和等于总体总次数，而累计比重之和等于100%（或1）。表3-14表明，被调查的大学生月生活费支出在1400元以下累计42人，比重为60%；1400元以上累计28人，比重为40%；两个累计次数之和等于被调查的70人，两个累计比重之和等于100%。累计次数分布是确定各种位置平均数的依据。

3.4　统计数据的图表展示

3.4.1　统计表

3.4.1.1　统计表的概念和作用

统计表是由纵横交叉的线条组成的，能集中而有序地表现统计资料的一种表格形式。广义的统计表包括统计工作各阶段所使用的一切表格。统计表和统计图是显示统计数据的两种形式。在数据的搜集、整理、描述和分析过程中，都要使用统计表。

将统计资料、整理结果体现在统计表上，有如下几方面的作用：

a. 便于资料条理化、系统化，使读者一目了然。

b. 便于比较分析，检查数字的完整性和标准性。

c. 便于积累资料。

3.4.1.2　统计表的结构

1. 从形式上看

统计表由总标题（表头）、横行标题（行标题）、纵栏标题（列标题）和指标数值（数字资料）组成。总标题是统计表的名称，它简明扼要地说明全表的内容，一般位于表的上端中央。横行标题是各横行的名称，一般在表的左边，用以列示总体或各组的名称。纵栏标题是各纵栏的名称，一般在表的上方，用以说明总体各组的各项数字资料名称。数字资料是统计指标的数值，一般位于表的右下方，列在各横行标题和纵栏标题的交叉处。

2. 从内容上看

统计表包括主词和宾词两部分。主词就是统计表要说明的总体或总体单位或各组的名称,通常列在统计表的左边;宾词是用来说明主词的各种指标,包括指标的名称和指标数值,通常列在统计表的右边,如图3-2所示。

统计表还应注明时间和空间限制,列出必要的计量单位,如果全表的计量单位一致,一般列在表的右上方,如不一致,要列在纵栏标题旁。为了阅读方便,统计表各栏可以编号。

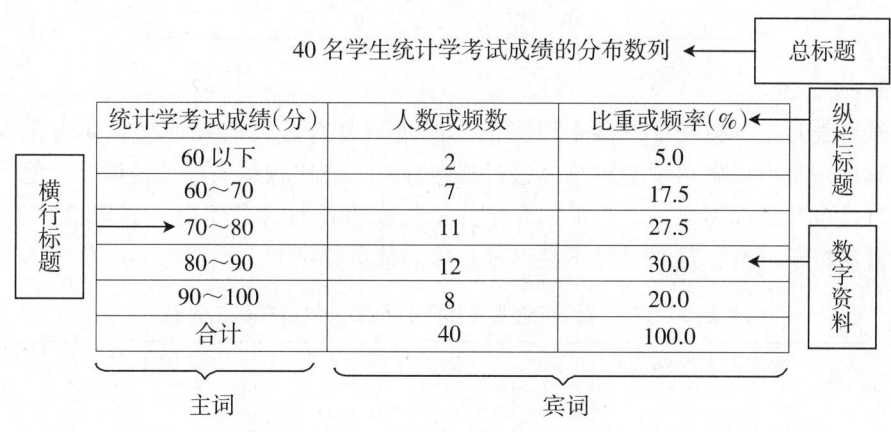

图3-2 40名学生统计学考试成绩的分布数列

3.4.1.3 统计表的种类

统计表按主词是否分组的程度不同可分为简单表、分组表、复合表3种类型。

1. 简单表

简单表是主词未经任何分组的统计表,其主词栏仅罗列总体单位的名称或按时间先后顺序排列。统计表主词按时间先后顺序排列的简单列,如表3-15所示。

表3-15 某国有企业2010—2014年销售情况

年份	销售收入（万元）
2010	5000
2011	5500
2012	6500
2013	7600
2014	9000

2. 分组表（简单分组表）

分组表是指主词只按一个标志进行分组的统计表,如表3-16所示。利用分组表可以揭示不同类型现象的特征,说明现象内部的结构,分析现象之间的相互关系等。

表 3-16　某社区居民家庭分组

按家庭人口数分组（人）	居民户数
1	4
2	27
3	508
4	129
5	57
合　　计	725

3. 复合表

复合表是主词按两个或两个以上的标志进行复合分组的统计表，如表 3-17 所示。其作用是可以多角度地对总体进行观察分析，能比较深入细致地说明问题。但是其局限性也是显而易见的，当采用 3 个以上标志进行复合分组时，其表格过于庞杂，数字资料过于分散，这时反而不易显示总体的数量特征和分布规律。

表 3-17　某国有企业各部门的职工人数和在职工人数

按部门和性别分组		职工人数（人）	在职工人（人）
生产部门	男	800	628
	女	200	125
管理部门	男	50	42
	女	35	27
销售部门	男	600	584
	女	32	29
供应部门	男	100	72
	女	46	39
其他部门	男	80	69
	女	21	17
合　　计		1964	1632

3.4.1.4　编制统计表应注意的问题

为了使统计表的设计能够达到合理、科学、实用、简明、美观的要求，编制时应具体注意以下七点：

a. 统计表的各种标题，特别是总标题的表述应简明确切地概括表明的内容，总标题内或标题下还应写明资料所属的地点和时间。

b. 统计表中主词各行和宾词各栏的排列应有一个合理的顺序。一般应按先局部后整体的原则进行排列，即先列各分组，后列总计。当没有必要列出所有各组时，可以先列总计，而后列其中一部分分组。

c. 统计表的栏数较多时，通常加以编号，并说明其相互关系，主词和计量单位等栏目用甲、乙等作序编栏；宾词用1、2、3等数字编号。

d. 统计表的表式，一般是左右两端不封闭，表的上下端为画粗线或双线；同一表内如有两个以上内容，也要用粗线或双线隔开。

e. 统计表数字应填写整齐，位数对准，应确定同等的精度。如有相同数字必须全部填写，不得填写"同上""同左"等字样；如没有内容的空格应用"—"填充；当缺少资料时，用"……"表示，表明并非漏填。

f. 统计表中，数字采用统一计量单位，可在表的右上方注明。若计量单位不统一，横行可设计单位栏的计量单位，与纵标题写在一起，用括号括起来。

g. 必要时，统计表应加以注解，连同数字的资料来源等在表的下端注明。编制完毕经审核后，单位主管负责人和填表人应分别签名盖章，以示负责。

3.4.2 统计图

3.4.2.1 统计图的概念和作用

统计图是采用几何图形、事物的具体形象等形式来反映现象数量特征和数量关系的图形。利用统计图来表现和分析统计数据的方法叫统计图示法。它具有直观、形象、鲜明和具体的特点，在现实生活中被广泛使用，它的主要作用有：

a. 利用统计图可以将复杂现象的数量特征和数量关系清晰而简明地显示出来。

b. 利用统计图可以有效地进行科学管理，通过统计图可以及时了解生产经营状况和工作进度，掌握计划的执行情况，科学有效地指挥生产经营。

c. 统计图有艺术作品的意味，能把统计数字资料表现得生动有趣，特别是对社会上文化程度较低的群体更具有吸引力和宣传效果。

3.4.2.2 统计图的种类

统计图按图尺的数字性质分类，有实数图、累积数图、百分数图、对数图、指数图等。统计图结构包括图号、图名、图目（图中的标题）、图尺（坐标单位）、各种图线（基线、轮廓线、指导线等）、图注（图例说明、资料来源等）等。

统计图按形态可分为线形图和形象图。线形图包括：直方图、折线图、曲线图和累计曲线图。形象图包括：物形图、饼形图、柱形图。下面介绍几种常用的统计图。

1. 条形图

条形图是条形或柱形表示的统计图，即根据统计数据的大小，绘制相应成比例、长短不同的直条，并按一定的顺序排列起来。从条形统计图中，容易看出各种指标数量的大小，且绘制较简单。条形统计图的特点是：①能够显示每组中的具体数据；②易于比较数据之间的差别。如图3-3所示。

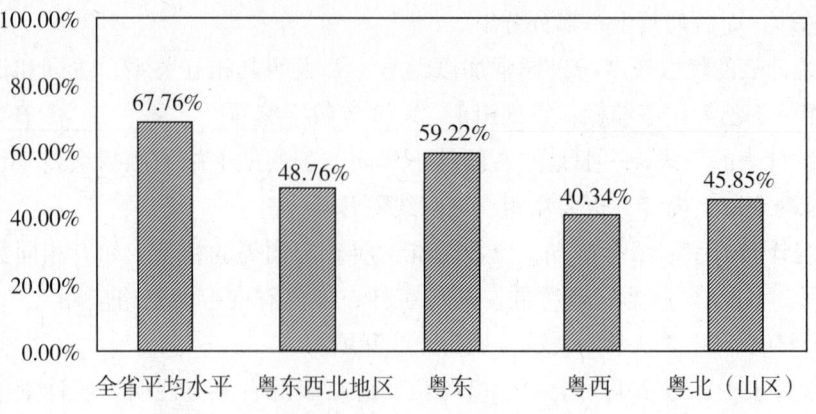

图3-3 2013年广东省常住人口城镇化率的区域化差异

条形统计图按照排列方式的不同，可分为纵式条形图和横式条形图；按分析作用的不同，可分为条形比较图和条形结构图；按指标数量的不同，可分为单式条形统计图和复式条形统计图。前者只表示1个项目的数据，后者可以同时表示多个项目的数据，如图3-4所示。

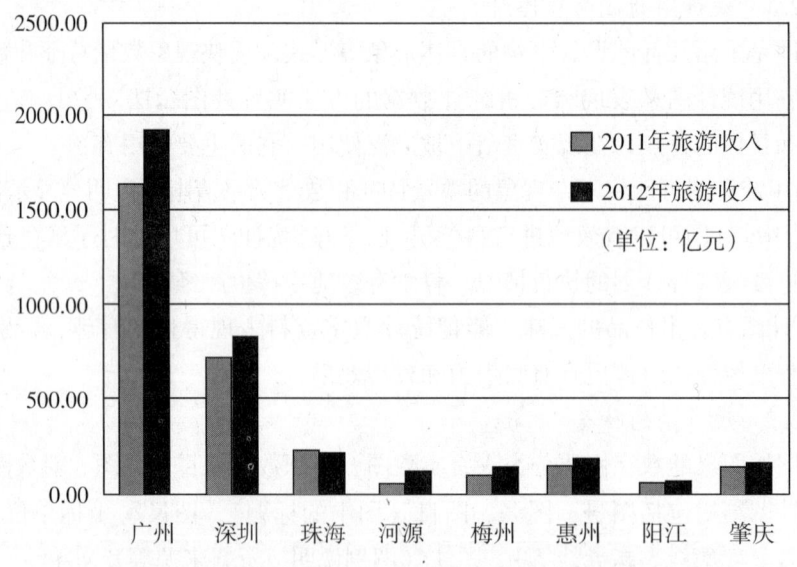

图3-4 2011年和2012年广东省主要旅游城市旅游收入情况

2. 扇形图

扇形统计图，又叫饼形统计图，是用整个圆的面积表示总体，用圆内各个扇形面积表示总体各部分占总体的百分数。扇形统计图可以很清楚地表示出研究对象各部分指标同总体指标之间的关系，即清晰地反映出研究对象的内部结构特征（如图3-5所示）。扇形统计图的特点是：①用扇形面积表示部分在总体中所占的百分比；②易于显示每组数据相对于总数的大小。

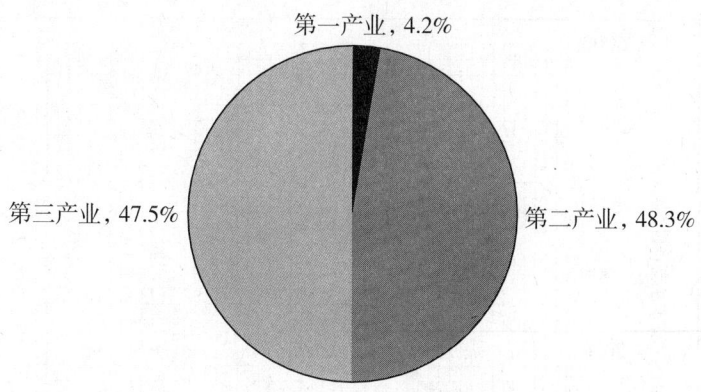

图 3-5　2014 年上半年广东省三次产业结构图

3. 折线图

折线统计图是用一个单位长度表示一定的数量，根据指标数量的大小在坐标系中描出各点，然后将各点用线段顺次连接起来，以折线的上升或下降来表示统计数量增减变化的统计图（如图 3-6 所示）。折线图不但可以表示出指标数量的大小，而且还能够清楚地表示出指标数量增减变化的情况。折线统计图分单式折线图和复式折线图。

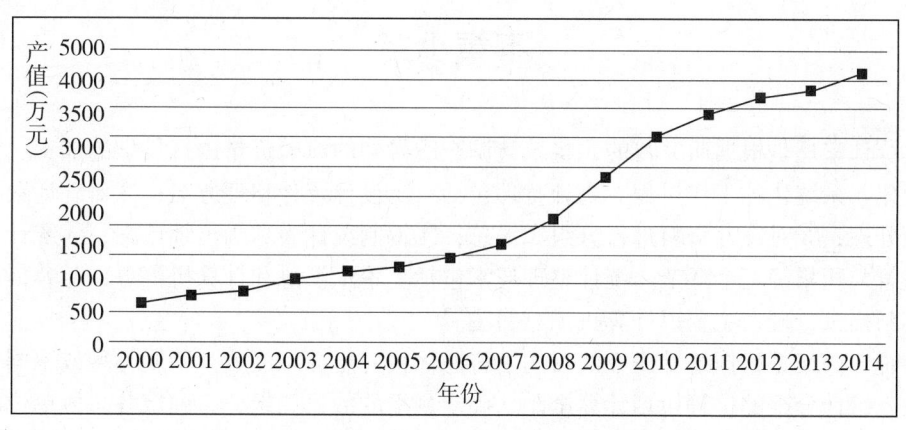

图 3-6　某企业 2000—2014 年产值变化情况

4. 散点图

散点图表示因变量随自变量变化而变化的大致趋势，据此可以选择合适的函数对数据点进行拟合。散点图的表示是用两组数据构成多个坐标点，考察坐标点的分布，判断两变量之间是否存在某种关联或总结坐标点的分布模式。散点图通常用于比较跨类别的聚合数据，是进行相关分析、回归分析等推断统计分析的基础（如图 3-7 所示）。

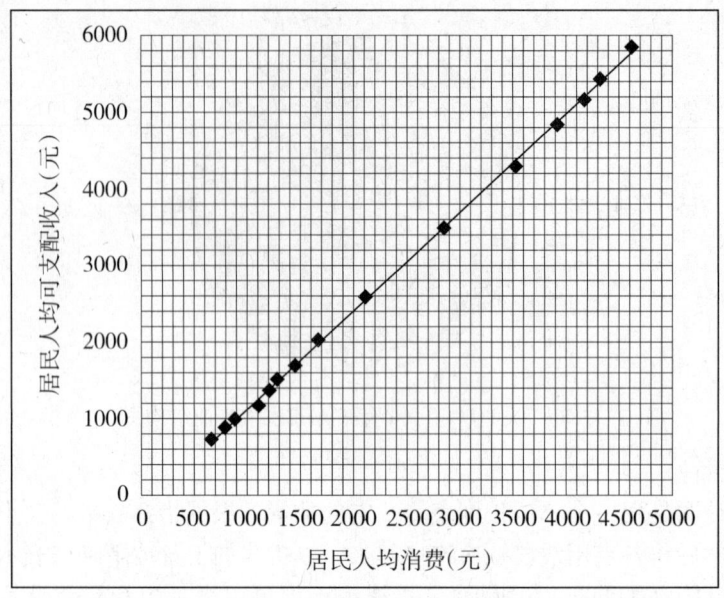

图 3-7 某城市 2000—2014 年居民收入和支出情况变动图

本章小结

统计整理是根据研究目的，将统计调查所得到的原始资料进行科学的加工，使之条理化、系统化的工作过程。统计整理包括：①设计统计整理方案；②对统计数据进行预处理；③对统计资料进行分组和汇总；④编制统计表和画出统计图；⑤统计资料的保管与积累等五个环节。统计整理技术包括了手工汇总和计算机汇总，随着信息化的不断推进，现在主要以计算机汇总为主。

统计分组是根据统计研究的目的，将总体按一定标志区分为不同类型或不同性质的组。统计分组的过程包括计算全距、确定分组的数目和组距、确定各总体单位的归属这三个步骤。在分组过程中要注意"不重不漏原则"和"上限不在内原则"。在统计分组的基础上，将总体的所有单位按组归类整理，并按一定的顺序排列，形成总体中各单位在各组间的分布，我们将该数列称为分布数列，或称为次数分配或分配数列。分布数列包括两个基本要素：一是组别；二是分布在各组的单位数，即分布次数。根据不同的分组方法，分布数列可以分为品质数列和变量数列，其中变量数列又包括了单项数列和组距数列。本章要求掌握与统计分组相关的概念：全距、组距、组限、组数、组中值、频数、频率、向上累计频数（频率）、向下累计频数（频率），并能熟练运用。

统计数据的图表方法具体包含统计表和统计图。常用的统计表包括简单表、分组表、复合表 3 种类型；常用的统计图包括条形图、扇形图、折线图和散点图等。

思考与练习

一、单项选择题

1. 统计资料整理的最初环节是（　　）。
   A. 编制统计报表　　　　　　B. 审核汇总资料
   C. 审核原始资料　　　　　　D. 设计整理方案
2. 按数量标志分组时，确定组距的基本原则是（　　）。
   A. 各组的组距应当相近或相等　　B. 各组的组距应当有明显的差别
   C. 要尽可能保持各组内的同质性和组间的差异性
   D. 要尽可能分出组与组之间数量上的差异
3. 对职工家庭的生活水平状况进行分组研究，正确地选择分组标志应当根据（　　）。
   A. 职工月工资总额的多少
   B. 职工人均月收入额的多少
   C. 职工家庭成员平均月收入额的多少
   D. 职工人均月岗位津贴及奖金的多少
4. 以下哪种情况适宜编制单项式数列（　　）。
   A. 变动较小的连续变量　　　　B. 变动幅度较大的连续变量
   C. 变动较小的离散变量　　　　D. 离散变量和连续变量皆可
5. 下列分组中，哪个是按品质标志分组的（　　）。
   A. 企业按年产量能力分组　　　B. 产品按品种分组
   C. 家庭按收入水平分组　　　　D. 人口按年龄分组
6. 一个变量数列的构成要素有（　　）。
   A. 分组标志和指标　　　　　　B. 数量分组标志值和次数
   C. 品质标志和频数　　　　　　D. 指标名称和指标数值
7. 简单分组和复合分组的区别在于（　　）。
   A. 选择分组标志的性质不同　　B. 组数的多少不同
   C. 选择分组标志的多少不同　　D. 总体的复杂程度不同
8. 某连续变量数列，其末组为 400 以上。又如其邻近组的组中值为 380，则末组的组中值为（　　）。
   A. 410　　　　B. 420　　　　C. 430　　　　D. 440
9. 某小区居民人均收入最高为 5500 元，最低为 2500 元，据此分为 6 组，形成等距数列，其组距应为（　　）。
   A. 500　　　　B. 600　　　　C. 550　　　　D. 650
10. 某年收入变量数列，其分组依次为 10 万元以下，10 万~20 万元，20 万~30

万元，30 万元以上，则有（　　）。
　　A. 10 万元应归入第一组　　　　　B. 20 万元应归入第二组
　　C. 20 万元应归入第三组　　　　　D. 30 万元应归入第三组

11. 如果要研究第一产业的产值占国内生产总值的比重情况，应用下面哪个统计图最合适？（　　）
　　A. 扇形图　　　B. 条形图　　　C. 折线图　　　D. 散点图

12. 如果要研究学生的考试成绩分布规律，哪一个统计图最合适？（　　）
　　A. 扇形图　　　B. 条形图　　　C. 折线图　　　D. 散点图

13. 在全距一定的情况下，组距的大小与组数的多少（　　）。
　　A. 成正比　　　B. 成反比　　　C. 不成比例　　　D. 无联系

14. 划分连续型变量的组限时，相邻组的组限必须（　　）。
　　A. 交叉　　　B. 不等　　　C. 重叠　　　D. 间断

15. 次数分配数列是（　　）。
　　A. 按数量标志分组形成的数列
　　B. 按品质标志分组形成的数列
　　C. 按数量标志或品质标志分组形成的数列
　　D. 按总体单位数分组形成的数列

16. 将统计表分为总标题、横行标题、纵栏标题和指标数值四部分是（　　）。
　　A. 从构成要素上看　　　　　B. 从内容上看
　　C. 从作用上看　　　　　　　D. 从性质上看

17. 在一个分配数列中，某组频数越大，意味着（　　）。
　　A. 该组频率越大　　　　　B. 该组频率越小
　　C. 该组标志值越大　　　　D. 该组标志值越小

18. 累计次数或累计频率中的"向上累计"是指（　　）。
　　A. 将各组变量值由大到小依次相加
　　B. 将各组变量值由小到大依次相加
　　C. 将各组次数或频率从变量值最低的一组向变量值最高的一组依次累计
　　D. 将各组次数或频率从变量值最高的一组向变量值最低的一组依次累计

19. 有 20 个工人看管机器台数资料如下：
　　3 4 5 4 2 4 3 4 3 4
　　2 4 3 2 2 6 4 5 5 4
如按以上资料编制分配数列，应采用（　　）。
　　A. 单项式分组　　　　　B. 等距分组
　　C. 不等距分组　　　　　D. 以上几种分组均可以

20. 品质数列和变量数列的区别在于（　　）。
　　A. 数列的质量　　　　　B. 数列的组数
　　C. 各组次数分布的性质　D. 分组标志的性质

二、计算题

1. 在某校高三年级 1~4 班随机抽取 40 名学生的考试成绩如表 3-18 所示：

表 3-18 学生考试成绩表

班级	编号	语文	数学	英语	政治	历史	物理	化学	各科平均分
1	1	121	137	132	95	85	86	74	104.3
2	2	112	64	75	95	59	66	92	80.4
1	3	109	123	111	95	85	96	69	98.3
3	4	127	132	124	95	74	86	76	102
2	5	120	140	120	95	77	81	69	100.3
4	6	116	137	116	95	70	84	59	96.7
1	7	81	39	65	95	65	78	90	73.3
2	8	120	132	122	95	84	87	77	102.4
4	9	107	39	53	94	76	66	93	75.4
3	10	110	112	126	93	80	94	74	98.4
1	11	122	144	123	93	80	85	68	102.1
1	12	115	107	120	93	72	81	66	93.4
2	13	114	93	117	93	22	25	64	75.4
3	14	126	111	117	93	81	86	85	99.9
2	15	126	140	130	93	84	84	80	105.3
3	16	105	108	73	93	72	80	73	86.3
4	17	119	130	107	93	73	78	74	96.3
4	18	119	106	106	93	80	79	99	97.4
1	19	108	71	88	93	67	82	92	85.9
4	20	95	53	120	93	61	81	91	84.9
3	21	115	133	121	93	74	96	88	102.9
1	22	118	139	130	93	81	82	79	103.1
2	23	103	102	84	93	72	82	79	87.9
2	24	121	116	108	93	72	93	26	89.9
1	25	116	81	90	93	26	35	64	72.1
3	26	104	96	120	93	71	78	93	93.6
1	27	132	137	120	93	88	88	86	106.3
4	28	116	134	51	93	74	80	77	89.3
4	29	122	94	89	93	69	65	72	86.3

续表

班级	编号	语文	数学	英语	政治	历史	物理	化学	各科平均分
2	30	130	128	130	93	81	87	69	102.6
1	31	118	132	112	93	34	55	64	86.9
2	32	104	71	49	93	64	67	92	77.1
3	33	114	129	74	93	76	80	87	93.3
3	34	107	72	85	92	66	64	91	82.4
2	35	114	141	119	92	85	89	85	103.6
3	36	121	110	93	92	73	78	78	92.1
4	37	92	87	64	92	74	94	73	82.3
4	38	124	57	122	92	85	81	75	90.9
4	39	100	90	91	92	76	86	71	86.6
3	40	117	133	100	91	78	96	92	101

要求：(1) 请根据上面的数据进行适当的分组，编制各科平均分频数分布表，并计算出累计频数和累计频率。

(2) 绘制直方图。

(3) 尝试通过分布表和直方图对学生的考试情况进行简单的描述性分析。

2. 某企业某班组工人日产量资料如表3-19所示：

表3-19　工人日产量

日产量分组（件）	工人数（人）
50～60	6
60～70	12
70～80	18
80～90	10
90～100	7
合　计	53

要求根据上表指出：

(1) 上表变量数列属于哪一种变量数列。

(2) 上表中的变量、变量值、上限、下限、次数。

(3) 计算组距、组中值、频率。

3. 某商品价格和需求量数据如表3-20所示，请绘制散点图和折线图。

表 3-20　商品价格和需求量表

价格（元）	13	12	11	10	9	8	7	6	5	4	3	2
需求量（万件）	24	37	48	56	67	76	84	96	105	117	126	138

4. 上海市 2000 年、2010 年、2011 年地方财政收入结构数据（%）如表 3-21 所示：

表 3-21　上海市地方财政收入结构数据表（%）

地方财政收入结构	2000 年	2010 年	2011 年
增值税	18.8	13.5	12.1
营业税	30.9	32.5	30.4
企业所得税	20.7	21.1	21.3
个人所得税	12.1	9.1	9.2
其他地方税种	17.5	23.8	27
合计	100	100	100

要求：（1）根据上表数据，分别绘制 2000 年、2010 年上海市地方财政收入结构的饼图，从图中可以反映 10 年间上海市地方财政收入结构的哪些变化？

（2）绘制 2010 年、2011 年上海市地方财政收入结构的对比条形图，从图中可以反映出这两年间上海市地方财政收入结构的哪些变化？

第4章 综合指标

【开篇案例】

中华人民共和国2014年国民经济和社会发展统计公报节选

2014年末全国内地总人口为136782万人，比上年末增加710万人，其中城镇常住人口为74916万人，占总人口比重为54.77%。全年出生人口1687万人，出生率为12.37‰；死亡人口977万人，死亡率为7.16‰；自然增长率为5.21‰。全国人户分离的人口为2.98亿人，其中流动人口为2.53亿人。

国民经济稳定增长。初步核算，全年国内生产总值636463亿元，比上年增长7.4%。其中，第一产业增加值58332亿元，增长4.1%；第二产业增加值271392亿元，增长7.3%；第三产业增加值306739亿元，增长8.1%。第一产业增加值占国内生产总值的比重为9.2%，第二产业增加值比重为42.6%，第三产业增加值比重为48.2%。

就业继续增加。年末全国就业人员77253万人，其中城镇就业人员39310万人。全年城镇新增就业1322万人。年末城镇登记失业率为4.09%。全国农民工总量为27395万人，比上年增长1.9%。其中，外出农民工16821万人，增长1.3%；本地农民工10574万人，增长2.8%。

价格水平涨幅较低。全年居民消费价格比上年上涨2.0%，其中食品价格上涨3.1%，固定资产投资价格上涨0.5%，工业生产者出厂价格下降1.9%，工业生产者购进价格下降2.2%，农产品生产者价格下降0.2%。

城乡居民收入继续增加。全年全国居民人均可支配收入20167元，比上年增长10.1%，扣除价格因素，实际增长8.0%。按常住地分，城镇居民人均可支配收入28844元，比上年增长9.0%，扣除价格因素，实际增长6.8%；城镇居民人均可支配收入中位数为26635元，增长10.3%。农村居民人均可支配收入10489元，比上年增长11.2%，扣除价格因素，实际增长9.2%；农村居民人均可支配收入中位数为9497元，增长12.7%。全年农村居民人均纯收入为9892元。全国居民人均消费支出14491元，比上年增长9.6%，扣除价格因素，实际增长7.5%。按常住地分，城镇居民人均消费支出19968元，增长8.0%，扣除价格因素，实际增长5.8%；农村居民人均消费支出8383元，增长12.0%，扣除价格因素，实际增长10.0%。

（资料来源：中华人民共和国国家统计局，2015年2月26日）

以上统计数字从各方面表明了我国当前社会经济发展和深化改革的基本情况，可

以看出，统计指标是统计分析的基础。从广义上说，所有的统计指标都可以称为综合指标。根据综合指标数字的表现形式，可将综合指标分为四大类，即总量指标、相对指标、平均指标和变异指标。其中平均指标可以描述数据分布的集中趋势，反映各数据向其中心值靠拢或聚集的程度；变异指标可以描述数据分布的离散程度，反映各数据远离其中心值的趋势。本章对这四种基本的综合指标作了详细的介绍。通过本章的学习，要求了解各种综合指标的概念、作用及种类，并熟练掌握其计算方法，能适当地运用。

4.1 总量指标

4.1.1 总量指标的概念和作用

4.1.1.1 总量指标的概念

总量指标（Gross Indicator）是反映社会经济现象在一定时间、地点、条件下的总规模或总水平的统计指标，表现为绝对数，又称绝对指标。例如：2013 年国内生产总值 568845 亿元，年末全国就业人员 76977 万人等，这些都是属于总量指标。另外，一个国家或地区一定时期的土地面积、财政收入、进出口总额、年末总人口数、固定资产投资总额等也都是总量指标。

总量指标的数值大小受总体范围的制约，总体范围越大时，总量指标的数值通常也越大，反之总量指标的数值则越小。如广东省的进出口总额应高于广州市的进出口总额。

4.1.1.2 总量指标的作用

总量指标是统计指标中最基本的指标，它在社会经济生活中起着重要的作用，主要表现在以下几个方面。

1. 总量指标是认识社会经济现象的起点

总量指标可以反映一个国家的基本国情和国力，反映某地区、某单位的人、财、物的基本情况。例如，掌握了一个国家或地区在一定时间的土地面积、人口总数、年末就业总人数、国内生产总值、国民生产总值、钢铁产量、粮食产量等总量指标，就能对这个国家或地区有一个基本的认识。

2. 总量指标是实行经济管理的基本依据

一方面总量指标能反映宏观经济与微观经济的运行条件、成果等数量状况，另一方面宏观和微观经济管理中的许多计划指标与考核指标也常常以总量指标的形式表示，所以它是经济管理的依据。

3. 总量指标是计算相对指标和平均指标的基础

相对指标、平均指标以及其他分析指标都是总量指标的派对指标。例如：人口性别比例是男性人口与女性人口之比。

4.1.2 总量指标的分类

4.1.2.1 总量指标按反映内容不同，分为总体单位总量和总体标志总量

总体单位总量也叫总体单位数，表示一个总体内所包括的总体单位的总数，说明总体规模的大小。总体标志总量也叫标志总量，是指总体中各单位某一标志值的总和。例如，对某公司的全体职工进行调查，则该公司的职工总人数就是总体单位总量；而职工的工资总额是总体标志总量。再如，对某市工业企业的经营状况进行调查，该市工业企业的总数就是总体单位总量，该市的工业总产值是总体标志总量。

对于一个特定统计总体而言，总体单位总量只有一个，而总体标志总量指标可以有多个。例如，对某学校的学生进行调查时，学生人数是总体单位总量，而学生的总成绩、总身高、总体重等都是总体标志总量。

需要注意的是，一个总量指标到底属于总体单位总量还是总体标志总量，并不是固定不变的，它随着研究目的的不同而变化。如果研究目的变了，总体和总体单位、总体单位总量和总体标志总量也会随之改变。例如：当以某企业的职工为总体进行调查时，该企业的职工人数是总体单位总量；如果对全市的企业进行调查时，职工总人数是由各企业的职工人数加总得来的，此时职工总人数为总体标志总量。

4.1.2.2 总量指标按反映的时间状况不同，分为时期指标和时点指标

1. 时期指标

时期指标反映某种现象在一段时间内积累的总量。例如，一定时期内的总产量、商品销售量、工业增加值等都属于时期指标。

时期指标具有以下特点：

第一，时期指标具有可加性。如全月内每天的产品产量相加即是一个月的产量，把每个月的产量加起来就是全年的产量。

第二，时期指标数值的大小与时期长短有直接关系。时期越长，指标数值越大；反之则越小。如全年的产量必然大于当年每月的产量。

第三，时期指标的数值一般通过连续登记加总获得。如一个月的总产量是该月每天产量的总和。

2. 时点指标

时点指标反映现象在某一时点上所处状况的总量。例如：某个时刻的人口总数、商品库存量、牲畜存栏数等都属于时点指标。

时点指标具有以下特点：

第一，时点指标不具有可加性。例如某企业 5 月月末职工人数为 200 人，指的是 5 月 31 日登记在册的职工人数，而不是 5 月每天职工人数的总和。

第二，时点指标数值的大小与时间间隔长短没有直接关系。例如某年末的人口总量不一定大于某个月末的人口总量。

第三，时点指标的数值一般通过间断登记获得。即对某一时刻的数据进行登记、汇总而得到。

4.1.3 计算和应用总量指标的原则

4.1.3.1 必须明确每项统计指标的含义

统计指标的含义、界限和计算方法都有明确的规定。例如，只有明确规定工业总产值、净产值和增加值的概念、统计范围及彼此之间的界限，才能准确地统计出这些总量指标。

4.1.3.2 必须注意现象的同类性

同类物质产品反映产品同样的使用价值和经济内容，可以相加计算，但不同类现象的总量指标不能汇总。

4.1.3.3 必须做到计量单位一致

同类现象的总量指标的数值，其计量单位必须一致才能汇总。否则，在统计汇总时，先要换算成统一的计量单位。

4.2 相对指标

4.2.1 相对指标的概念和作用

相对指标（Relative Indicator），也叫相对数，是由两个相互联系的指标数值对比得到的指标数值，反映现象总体的结构、比例、程度、发展速度等对比关系。例如：第六次全国人口普查显示，我国男性人口占 51.27%，女性人口占 48.73%，男女性别比例为 105.20:100，这些指标都是相对指标。

相对指标的主要作用如下。

（1）相对指标便于进行比较分析

相对指标把有关指标联系起来进行比较分析，从而反映出问题的实质和全貌。例如，2013 年江苏省全年实现地区生产总值 59161.8 亿元，比上年增长 9.6%。其中，第一产业增加值 3646.1 亿元，增长 3.1%；第二产业增加值 29094.0 亿元，增长 10.0%；第三产业增加值 26421.7 亿元，增长 9.8%。全省人均生产总值 74607 元，比上年增长 9.3%。如果单看总量指标，很难说明该省 2013 年生产业绩的好坏，但是如果将相对指标与总量指标相结合，通过对比分析，不仅表明了该省的生产业绩，还具体反映了第一、二、三产业之间的比例关系。因此相对指标是进行经济管理与考核企业经济成果的主要指标。

（2）相对指标能将社会经济现象的绝对差异抽象化

相对指标能将社会经济现象的绝对差异抽象化，使原来不能直接对比的现象可以进行对比。例如甲、乙两家企业，甲企业生产服装，乙企业生产化妆品，我们无法用总产值等总量指标来比较企业经营管理的好坏。但是，通过产值计划的完成程度、产值利润率、产值发展速度等相对指标，就有了共同对比的基础，可以对这两家企业进行对比。

4.2.2 相对指标的表现形式

4.2.2.1 无名数

无名数是一种抽象化的数值,常用倍数、系数、成数、百分数、千分数等来表示。

倍数与系数是将对比的基数作为1而计算出来的相对数。当对比的两个数字相差很大时,一般用倍数表示。例如,某企业的工业产值是去年的4倍。当对比的两个数字相差不多时,一般用系数表示。例如,工资等级系数、固定资产磨损系数等。

成数是将对比的基数作为10而计算出来的相对数。例如某地区粮食产量比上年增长一成,即增长了1/10。

百分数是将对比的基数作为100而计算出来的相对数。这是相对指标中最常用的一种表现形式。当分子数值与分母数值较为接近时,常采用百分数。1/100常用1%表示。在实际工作中,还常用百分点表示,比如存款利率提高了2个百分点,表示银行存款利率提高了2%。

千分数是将对比的基数作为1000而计算出来的相对数。适用于对比的分子数值比分母数值小得多的情况(1/1000表示为1‰)。常用千分数表示的指标有人口出生率、自然增长率等。

4.2.2.2 有名数

有名数主要用来表示强度相对指标的计量单位,也称为复名数。一般是将进行对比的分子指标与分母指标的计量单位结合起来,以双重计量单位表示。例如:人均国民生产总值的单位用"元/人",人口密度的单位用"人/平方公里"等。

4.2.3 相对指标的种类

相对指标根据研究目的、对比基数不同,可以分为:结构相对指标、比例相对指标、比较相对指标、强度相对指标、动态相对指标和计划完成程度相对指标等六种。除动态相对指标外,其余五种都属于静态相对指标。现将六种相对指标的计算方法介绍如下。

4.2.3.1 结构相对指标

1. 结构相对指标的含义与计算

结构相对指标又称为结构相对数、比重,是同一总体各部分的数值与总体的数值之比,表明各部分在总体中所占的比重。其计算公式为:

$$结构相对指标 = \frac{各组(或部分)总量}{总体总量} \times 100\%$$

公式中总体总量可以是总体单位总量,也可以是总体标志总量。式中分子、分母必须属于同一总体,二者为从属关系,因此分子、分母不可互换。结构相对数一般用百分数或成数表示,各组的比重之和等于100%。

【例 4.1】 2013 年,我国全年进出口总额 41603 亿美元,其中,出口 22100 亿美元,进口 19503 亿美元。则:

$$进口总额占进出口总额的比重 = \frac{19503}{41603} \times 100\% = 46.88\%$$

2. 结构相对指标的作用

(1) 结构相对指标可以反映总体内部结构的特征,在静态上分析总体的构成

例如,2006 年我国国内生产总值中,第一、第二、第三产业增加值占国内生产总值的比重分别是 11.7%,48.9%,39.4%。

(2) 通过不同时期相对数的变动,可以从动态上研究现象发展变化、趋势及规律性

例如,表 4 – 1 反映了新中国成立以来,我国大、中、小学生占在校大、中、小学学生总数中比重的变化趋势。

表 4 – 1 新中国成立以来,我国大、中、小学学生构成

	1978 年	1985 年	1990 年	1996 年	2002 年
大学生(%)	0.4	0.9	1.2	1.5	4.0
中学生(%)	31.1	27.3	29.1	32.3	42.0
小学生(%)	68.5	71.8	69.7	66.2	54.0

资料来源:《中国统计摘要》,中国统计出版社,2003:176.

(3) 结构相对指标可以反映总体质量、工作质量以及人、财、物的利用程度

例如,产品的合格率、废品率等可以表明工业生产的工作质量,从业人口的各种文化程度的比重可以反映我国劳动力的质量。

4.2.3.2 比例相对指标

比例相对指标又称为比例相对数,是同一总体中各组成部分之间数量对比的指标,用来表明总体中各组成部分之间的比例关系。其计算公式为:

$$比例相对指标 = \frac{总体中某一部分数量}{总体中另一部分数量}$$

公式中分子、分母属于同一总体,二者是一种并列关系,因而分子、分母可以互换。比例相对指标可表示为百分数,也可以表示为一比几或几比几或连比等形式。

【例 4.2】 我国第六次人口普查表明,大陆 31 个省、自治区、直辖市和现役军人的人口中,总人口数为 133972 万,其中:男性 68685 万人,女性 65287 万人。则:

$$男女人口的性别比 = 68685:65287 = 105.2:100$$

数据说明我国男性人口与女性人口的比例为 105.2:100 或 1.052:1。

比例相对指标的计算,对于分析研究国民经济的平衡比例关系、保持国民经济稳定协调发展具有重要的意义。例如固定资产和流动资产的比例关系、物质生产和非物质生产部门的比例关系等。

4.2.3.3 比较相对指标

比较相对指标又称为比较相对数、类比相对数,是同类现象在相同时期内不同空

间条件下的数量对比关系。它反映某种现象在不同国家、不同地区或不同单位之间的差异程度。其计算公式为：

$$比较相对指标 = \frac{甲单位某指标值}{乙单位同类指标值}$$

公式中分子、分母属于不同总体，因此可以互换，但应注意分子、分母指标的含义、口径、计算范围和单位必须一致。比较相对指标一般用百分数或倍数表示。

【例4.3】某年，甲、乙两家企业生产同一性能的产品，甲企业总产值为15000万元，乙企业为20000万元，则

$$两企业总产值之比 = \frac{15000}{20000} = 75\%$$

结果表明：甲企业总产值比乙企业低25%，也可以用乙企业除以甲企业，即20000÷15000 = 133%（表明乙企业的总产值是甲的1.33倍）。

进行比较的指标，可以是总量指标（绝对数），也可以是相对指标（相对数）或平均指标（平均数）。在实际工作中，还经常将某地区、某单位的经济指标与国家规定的水平，或与同行业的先进水平，或与国际先进水平相比较，从中找出差距，挖掘潜力，弥补不足。

比例相对指标与比较相对指标是两个比较容易混淆的指标，二者的共同点是分子、分母都可以互换。二者的根本区别在于对比指标的分子、分母是否属于同一个总体。比较相对指标的分子、分母属于两个不同的总体，比例相对指标的分子、分母属于同一个总体。对于比例相对指标来说，通常有一个比较客观的标准，各部分的比例应协调，如果不符合这个比例的标准，则会造成经济上的损失或破坏；而比较相对指标只是反映现象的真实情况，不存在比例关系是否协调的问题，因此没有客观的标准。

4.2.3.4 强度相对指标

1. 强度相对指标的含义与计算

强度相对指标又称为强度相对数，是两个性质不同但有一定联系的总量指标数值之比，用以说明现象的强度、密度和普遍程度。例如将全国国内生产总值与全国人口数对比，计算出来的人均国内生产总值；将医院床位数与人口数进行对比，得出的每千人拥有的医院床位数等指标都是属于强度相对指标。其计算公式为：

$$强度相对指标 = \frac{某现象总量指标}{另一个有联系而性质不同的现象总量指标}$$

【例4.4】2010年全国总人口为137054万人，国土面积按960万平方公里计算，则

$$人口密度 = \frac{137054\text{ 万人}}{960\text{ 万平方公里}} = 142.76（人/平方公里）$$

强度相对指标常用复合单位表示，是一种复名数，如"人/平方公里"。少数情况下，强度相对指标也可用百分数或千分数表示，例如：成本利润率用百分数表示，人口自然增长率用千分数表示等。

2. 强度相对指标的正逆指标

强度相对指标是反映两个性质不同但有联系的指标间的对比关系，因此，分子、分母可以互换，这就产生了正指标和逆指标两种。对正指标而言，数值越大，表明强度越大、密度越大、普遍程度越高。而逆指标的数值越小，表明强度越大、密度越大、普遍程度越高。

【例 4.5】某城市人口 500 万人，零售商业机构 40000 个，则

$$商业网点密度的正指标 = \frac{零售商业机构数（个）}{人口总数（万人）} = \frac{40000 \text{ 个}}{500 \text{ 万人}} = 80（个/万人）$$

$$商业网点密度的逆指标 = \frac{人口总数（万人）}{零售商业机构数（个）} = \frac{500 \text{ 万人}}{40000 \text{ 个}} = 0.0125（万人/个）$$

每万人拥有的商业机构数，其数值的大小与商业的发展水平成正比，因而为正指标。而每个商业机构负担的人口数，其数值的大小与商业发展水平成反比，因而为逆指标。

4.2.3.5 动态相对指标

动态相对指标又称为动态相对数、发展速度指标，是指同类现象指标数值在不同时期的数量对比，用来反映现象的发展速度。通常，作为对比的标准时期叫作基期，同基期比较的时期叫报告期。其计算公式为：

$$动态相对指标 = \frac{报告期指标数值}{基期指标数值} \times 100\%$$

上式中分子、分母属于同一总体，但由于时间上有先后顺序，因而不可互换。动态相对指标一般用百分数或倍数表示。

【例 4.6】某镇农林牧渔业总产值 2013 年为 9500 万元，2012 年为 9130 万元，则

$$动态相对指标 = \frac{9500}{9130} \times 100\% = 104.05\%$$

结果表明 2013 年该镇农林牧渔业总产值为 2012 年的 104.05%，增长了 4.05%。

4.2.3.6 计划完成程度相对指标

计划完成程度相对指标又称为计划完成相对数、计划完成百分比，是某一时期某一社会经济现象的实际完成数与计划数对比的结果。它是用来检查、监督计划执行情况的相对指标。其计算公式为：

$$计划完成程度相对指标 = \frac{实际完成数}{计划完成数} \times 100\%$$

计划完成程度相对指标是根据一定现象计算的，因此实际完成数值和计划数值的指标含义、计算范围、口径、方法、计量单位以及时间长度都要求一致。由于计划指标是衡量计划完成程度的标准，所以分子、分母不可互换。

判断计划完成程度的好坏应根据指标的性质来确定。当指标为正指标时，如产品产量、国内生产总值、产品销售量等属于成果收入性质的指标，计划完成百分比以等于或大于 100% 为完成计划，超过 100% 的部分表示超额完成计划的程度，不足 100% 的部分表示未完成计划的程度。当指标为逆指标时，如单位产品成本、原材料消耗、

商品流通费用率等属于消耗支出性质的指标,计划完成百分比以小于或等于100%为完成计划,小于100%的部分为超额完成计划的程度,大于100%的部分表示未完成计划的程度。

计划完成程度相对指标的基数是计划任务数,由于基数的表现形式有绝对数、相对数和平均数三种,因而计划完成程度相对指标在计算方法上略有不同。

1. 计划数为总量指标

$$计划完成程度相对指标 = \frac{实际总量}{计划总量} \times 100\%$$

【例4.7】某地区2013年计划造林800亩,实际造林840亩,则

$$计划完成程度相对指标 = \frac{840}{800} \times 100\% = 105\%$$

计算结果表明,该地区在2013年超额5%完成计划。

2. 计划数为相对指标

$$计划完成程度相对指标 = \frac{100\% + 实际提高率\%(或-实际降低率\%)}{100\% + 计划提高率\%(或-计划降低率\%)} \times 100\%$$

当计划数为相对指标时,计划完成程度相对指标不能用实际提高率(或降低率)除以计划提高率(或降低率)求得,而应包括原有的100%的基数在内,这样才符合计划完成程度相对指标计算的基本公式。

【例4.8】某企业2013年劳动生产率计划增长10%,实际增长14%;单位产品原材料消耗计划降低6%,实际降低9%。

$$劳动生产率计划完成程度相对指标 = \frac{100\% + 14\%}{100\% + 10\%} \times 100\% = 103.64\%$$

$$单位产品原材料消耗计划完成程度相对指标 = \frac{100\% - 9\%}{100\% - 6\%} \times 100\% = 96.81\%$$

计算结果表明,该企业劳动生产率计划完成程度103.64%,超额3.64%。由于单位产品原材料消耗为逆指标,故计划完成百分比以小于或等于100%为好,因此总成本计划完成了96.81%,超额3.19%完成计划。

3. 计划数为平均指标

$$计划完成程度相对指标 = \frac{实际平均水平}{计划平均水平} \times 100\%$$

该公式一般用于考核以平均水平表示的经济指标的计划完成程度,如单位成本、平均工资等计划完成情况。

【例4.9】某工厂计划产品单位成本为120元/件,实际单位成本100元/件,则

$$计划完成程度相对指标 = \frac{100}{120} \times 100\% = 83.33\%$$

计算结果表明该工厂产品单位成本实际为计划的83.33%,由于单位成本为逆指标,因此该工厂超额16.67%完成计划。

4.2.4 计算和运用相对指标的原则

4.2.4.1 正确选择基数指标

相对指标是两个有联系的指标对比得到的数值，基数指标即分母是对比的标准和基础。基数选择的合理性直接关系到相对指标是否有实际意义。因此，基数的选择必须从研究的目的出发，结合研究对象的性质、特点来确定。

4.2.4.2 保持两个对比指标数值的可比性

相对指标是两个相关指标数值之比，可比性是计算相对指标的重要条件。可比性主要是指对比的两个指标（即分子与分母）所表明的经济内容、总体范围、计算方法、口径、计量单位要求一致或相适应，否则不能进行对比。再如，当对比的时间不同时，统计指标因行政区划、组织机构、隶属关系的变更，或因统计制度方法的改变而不能直接对比，这就必须进行调整和换算。

4.2.4.3 相对指标与相应的总量指标应结合运用

相对指标表明现象之间的联系和变动程度，掩盖了现象间绝对量的差额，具有抽象化的特点。因此，在应用相对指标时，要与该相对指标相对应的总量指标相结合，这样才能使我们对这些数据有正确的认识。

4.2.4.4 各种相对指标结合运用

每种相对指标只反映现象某一个方面的情况，因此，要想对现象进行全面的了解，就需要将各种相对指标结合起来。例如，为了研究某企业的生产情况，既要计算生产计划的完成情况指标，又要计算生产发展的动态相对数和强度相对数。只有将这些相对指标结合起来运用，才能较全面地说明该企业的生产情况。

4.3 平均指标

4.3.1 平均指标的概述

4.3.1.1 平均指标的概念与特点

1. 平均指标的概念

平均指标（Mean）又称为平均数，是最常用的统计指标之一。平均指标反映同质总体中某一数量标志在具体时间、地点条件下，各单位相互差异的标志值的一般水平。同时，它也是反映统计分布集中趋势的指标。例如，平均成绩、平均年龄、平均工资、平均亩产、平均价格等都是常见的平均指标。

总体的大量性决定了总体必定是由许多个总体单位构成，对于同一个标志而言，每个总体单位可能会表现出不同的标志值，这些不同的数值使我们无法概括出总体的特征。但如果我们能从整体上去观察这些标志值，便能发现总体内的各个总体单位之间具有一种共同的倾向，即各单位的次数分布从两边向中间进行集中，这种倾向就是集中趋势，一般用平均指标来反映。

2．平均指标的特点

（1）抽象性

平均指标是在同质总体内，将各单位的数量差异抽象化，用某一概括性的指标综合反映现象的一般水平。例如职工的平均工资是将各个职工之间不同工资的差异抽象化，以此来说明职工工资的一般水平，并不是各职工的具体工资。

（2）代表性

平均指标用一般水平代表总体各单位数量标志的具体水平。例如，用平均身高代表身高的一般水平，平均日产量代表日产量的一般水平等。需注意的是，平均指标的数值不一定是某个个体的真实标志值。例如，某专业 120 名学生的平均成绩为 75 分，这代表的是 120 名学生成绩的一般水平，其中并不一定有某位学生的成绩刚好为 75 分。

（3）同质性

平均指标只能计算同类现象，这是计算平均数的前提条件。它意味着只有同质总体计算平均指标，才有经济意义。如果将不同现象混合起来计算平均数，则无法反映现象的真实情况。例如计算职工的平均工资时，不能把农民收入、个体经营者收入等包括在内，否则得出的数据无法说明职工工资的真实情况。

3．平均指标和强度相对指标的区别

平均指标与强度相对指标虽然都有"平均"的含义，但两者有明显的区别。例如人均粮食产量、人均国内生产总值等，这些指标都是强度相对指标，而不是平均指标。

判断强度相对指标与平均指标的方法在于：首先，强度相对指标的分子与分母属于不同总体，平均指标的分子与分母属于同一总体。例如，人均粮食产量 = $\dfrac{粮食总产量}{总人口}$，式中的分子（粮食总产量）是按耕地面积统计的，而分母（总人口）是按人口数进行统计的，二者统计的口径不同，因此这个指标属于强度相对指标。而人均粮食消费量 = $\dfrac{粮食总消费量}{总人口}$，分子（粮食总消费量）是按每人的消费量统计的，与分母同一统计口径，故这个指标是属于平均指标。其次，平均指标的分母是分子的直接承担者，分子的标志值个数和分母的单位数存在着对应关系，而强度相对指标对比的分子、分母在数量上没有对应关系。另外，强度相对指标反映现象的强度、密度和普遍程度，平均指标反映现象总体某种数量特征的一般水平。

4.3.1.2　平均指标的作用

平均指标在统计分析和研究中的应用非常广泛，其主要作用有：

（1）消除总体数量差异，使其具有可比性

平均指标反映了社会经济现象某一数量特征的一般水平，并将总体各单位标志值的差异抽象化，此时计算出的平均指标不受总体单位数多少的影响，便于对不同总体之间的一般水平进行比较，尤其便于对规模大小不一样的总体水平进行比较。

（2）反映现象总体的发展变化的趋势

平均指标可用于同一总体指标在不同时间的对比。现象总体的各个单位在不同时期的数量表现往往会受到时间因素和偶然因素的影响，表现出差异性，利用平均指标可以将总体各单位之间的数量差异抽象化，从而反映出现象的发展趋势和规律。

（3）分析现象之间的依存关系

运用平均指标可以在统计分组的基础上，研究现象之间的依存关系。例如按技术级别对职工进行分组，再计算各组工人的劳动生产率，就可以得出技术级别高低与劳动生产率之间的依存关系。

（4）进行数量上的推算和预测

平均指标是统计推断中应用最为广泛的指标之一。例如：在进行抽样调查时，可以利用样本平均指标来推断总体的平均指标，进而推算总体的总量指标。

4.3.1.3　平均指标的种类

平均指标根据计算方法的不同，可以分为数值平均数和位置平均数。数值平均数是根据分布数列中各单位的标志值计算出来的，包括算术平均数、调和平均数和几何平均数。位置平均数是根据分布数列中某些处于特殊位置的标志值计算出来的，包括众数和中位数等。各种平均指标的含义不同、计算方法不同，应用的场合也各不相同，但都是用于反映现象某一数量标志值的一般水平。

4.3.2　算术平均数

4.3.2.1　算术平均数的概念及其基本形式

算术平均数（Arithmetic Mean）也称均值，是一种应用最广泛、最基本的平均指标。通常表示为 $\bar{x}$，其基本计算公式为：

$$\text{算术平均数} = \frac{\text{总体标志总量}}{\text{总体单位总量}}$$

公式中，分子总体标志总量与分母总体单位总量在总体范围上应该是一致的，并且所包含的内容和计算的口径也应该完全一致，即分母是分子的直接承担者，否则计算的平均指标没有意义。这也是平均指标与强度相对指标的根本区别。

根据所收集的资料是否分组，算术平均数又可分为简单算术平均数和加权算术平均数两种。

4.3.2.2　简单算术平均数

当掌握的资料未经分组，而且掌握了总体单位总量和各单位标志值或者总体标志总量时，可利用简单算术平均数来计算。其计算公式为：

$$\bar{x} = \frac{\sum_{i=1}^{n} x_i}{n} = \frac{x_1 + x_2 + x_3 + \cdots + x_n}{n}$$

上式中：$\bar{x}$——简单算术平均数

x_i——第 i 个单位的标志值

n——总体单位数

$\sum$——求和符号

【例 4.10】6 个人的考试成绩如下：70，78，82，85，90，98，则平均成绩为：

$$\bar{x} = \frac{\sum_{i=1}^{n} x_i}{n} = \frac{70+78+82+85+90+98}{6} = 83.83(分)$$

4.3.2.3　加权算术平均数

当总体的资料按某一数量标志分组，形成变量数列，则用加权算术平均数计算。在计算算术平均数时，即将各组的标志值乘以相应的单位数得出各组的标志总量，然后将各组的标志总量相加得到总体标志总量，同时，将各组的单位数相加得出总体单位总量，最后用总体标志总量除以总体单位总量。其计算公式为：

$$\bar{x} = \frac{\sum_{i=1}^{n} x_i f_i}{\sum_{i=1}^{n} f_i} = \frac{x_1 f_1 + x_2 f_2 + x_3 f_3 + \cdots + x_n f_n}{f_1 + f_2 + f_3 + \cdots + f_n}$$

上式中：$\bar{x}$——加权算术平均数

x_i——第 i 组的标志值（单项式分组）或组中值（组距式分组）

f_i——第 i 组的频数

n——组数

$\sum$——求和符号

1. 单项式分组计算加权算术平均数

【例 4.11】某车间 20 名工人日产量资料如表 4-2 所示。

表 4-2　某车间工人生产情况表

按日产量分组（件）	人数（人）
10	1
11	3
12	4
13	6
14	4
15	2
合　计	20

则每人平均日产量为：

$$\bar{x} = \frac{\sum_{i=1}^{n} x_i f_i}{\sum_{i=1}^{n} f_i} = \frac{10\times1 + 11\times3 + 12\times4 + 13\times6 + 14\times4 + 15\times2}{1+3+4+6+4+2} = 12.75(件)$$

从上例计算可以看出，工人平均日产量的大小，除受到每组工人日产量多少的影响外，还受到各组人数多少的影响。由此可知，加权算术平均数 $\bar{x}$ 不但受各组标志值 x_i 大小的影响，还受到各组次数 f_i 多少的影响。其中，各组的标志值决定了算术平均数的变动范围，而各组的次数则起着权衡轻重的作用，因此，各组的次数 f_i 也称"权数"。权数越大的组，对平均数的影响就越大，反之，权数越小的组，对平均数的影响也越小。

当各组的权数完全相同时，表明各组变量对平均指标的影响相同，此时，加权算术平均数等于简单算术平均数。

即：当 $f_1 = f_2 = f_3 = \cdots = f_n = a$ 时

$$\bar{x} = \frac{\sum_{i=1}^{n} x_i f_i}{\sum_{i=1}^{n} f_i} = \frac{x_1 a + x_2 a + x_3 a + \cdots + x_n a}{na} = \frac{a \sum x_i}{na} = \frac{\sum x_i}{n}$$

简单算术平均数实际上是加权算术平均数在各组的权数相等时的一种特殊情况。

2. 组距式分组计算加权算术平均数

【例 4.12】某班 40 名学生统计学考试成绩资料如表 4-3 所示，试计算 40 名学生的平均考试成绩。

表 4-3　某班 40 名学生统计学考试成绩情况表

分数（分）	组中值 x_i（分）	人数 f_i（人）
60 以下	55	3
60～70	65	9
70～80	75	12
80～90	85	10
90～100	95	6
合　计	—	40

则平均考试成绩为：

$$\bar{x} = \frac{\sum_{i=1}^{n} x_i f_i}{\sum_{i=1}^{n} f_i} = \frac{55 \times 3 + 65 \times 9 + 75 \times 12 + 85 \times 10 + 95 \times 6}{40} = 76.75 (\text{分})$$

有必要说明，对组距式分组来说，应该用各组实际平均数作为代表标志值 x_i 与各组对应的频数 f_i 相乘来计算。但在实际计算时，很少计算组平均数，而用组中值来代表。因此，计算出来的算术平均数只是个近似值。

对于加权平均数的权数形式除了可以用绝对数形式的频数 f_i 表示外，还可以用相

对数形式的频率,即各组单位数在全部总体单位数中所占的比重 $\dfrac{f_i}{\sum f_i}$ 表示。则有:

绝对数权数公式:$\bar{x} = \dfrac{\sum\limits_{i=1}^{n} x_i f_i}{\sum\limits_{i=1}^{n} f_i} = \dfrac{x_1 f_1 + x_2 f_2 + x_3 f_3 + \cdots + x_n f_n}{f_1 + f_2 + f_3 + \cdots + f_n}$

相对数权数公式:$\bar{x} = \sum\limits_{i=1}^{n} x_i \left(\dfrac{f_i}{\sum f_i}\right) = x_1 \left(\dfrac{f_1}{\sum f_i}\right) + x_2 \left(\dfrac{f_2}{\sum f_i}\right) + \cdots + x_n \left(\dfrac{f_n}{\sum f_i}\right)$

【例4.13】 某公司所属10个企业产值情况的资料如表4-4所示。

表4-4 某公司所属企业产值情况

按产值分组(万元)	组中值 x_i(万元)	企业数 f_i(个)	频率 $\dfrac{f_i}{\sum f_i}$
70~80	75	2	0.2
80~90	85	5	0.5
90~100	95	3	0.3
合 计	—	10	1.0

各企业平均产值按绝对数权数公式计算为

$$\bar{x} = \dfrac{\sum\limits_{i=1}^{n} x_i f_i}{\sum\limits_{i=1}^{n} f_i} = \dfrac{75 \times 2 + 85 \times 5 + 95 \times 3}{10} = 86(万元)$$

各企业平均产值按相对数权数公式计算为

$$\bar{x} = \sum\limits_{i=1}^{n} x_i \dfrac{f_i}{\sum f_i} = 75 \times \dfrac{2}{10} + 85 \times \dfrac{5}{10} + 95 \times \dfrac{3}{10} = 86(万元)$$

由此可见,按相对数权数计算的结果与绝对数权数计算的结果是完全一致的。

计算加权算术平均数时,在总体某一数量标志值不变的前提下,若总体单位数相同,而各组权数比重不同,计算出来的平均指标是不相同的;若总体单位数不同,但各组权数比重相同,计算出来的平均指标相同。

计算加权算术平均数还会遇到权数的选择问题。一般来说,各组的次数往往就是权数。但也有例外的情况,特别是从相对数和平均数求算术平均数时,尤其要注意权数的选择。

【例4.14】 对企业和工人按劳动生产率分组情况如表4-5所示。

表4-5　按劳动生产率分组表

按劳动生产率分组（件/人）	组中值 x_i（件/人）	企业数（个）	各组工人数（人）
60以下	55	4	12
60～70	65	8	30
70～80	75	5	78
80～90	85	2	54
90～100	95	1	26
合　计	—	20	200

因要计算的是工人的平均劳动生产率，因此就遇到了权数的选择问题，是用企业数作为权数还是用各组工人数作为权数？对本例来说，由于企业数与劳动生产率二者相乘没有实际意义，因此应该选择各组工人数作为权数来进行计算。也就是说，选择权数时应注意权数首先必须是标志的直接承担者，其次，权数与标志值相乘应该具有实际意义。

4.3.3　调和平均数

4.3.3.1　调和平均数的概念

调和平均数（Harmonic Mean）又称倒数平均数，表示为 $\bar{x}_H$。它是各个标志值倒数的算术平均数的倒数，常用于不掌握总体单位总量的情况。

根据收集到的资料是否分组，调和平均数也可分为简单调和平均数和加权调和平均数两种。

4.3.3.2　简单调和平均数

简单调和平均数适用于总体资料为未经分组的情况，即只知道每个个体的标志值时。其计算公式为：

$$\bar{x}_H = \frac{n}{\sum_{i=1}^{n} \frac{1}{x_i}} = \frac{n}{\frac{1}{x_1} + \frac{1}{x_2} + \cdots + \frac{1}{x_n}}$$

上式中：x_H——简单调和平均数

x_i——第 i 个单位的标志值

n——标志值的个数

$\sum$——求和符号

【例4.15】 市场某种商品的价格为甲级每千克1.0元，乙级每千克0.8元。现各花1元购买各级商品，则平均价格是多少？

则平均价格为 $\bar{x}_H = \dfrac{n}{\sum_{i=1}^{n} \dfrac{1}{x_i}} = \dfrac{2}{\dfrac{1}{1.0} + \dfrac{1}{0.8}} = 0.89（元/千克）$

计算结果表明，该商品平均价格为0.89元/千克。

4.3.3.3 加权调和平均数

当总体资料经过分组整理，则用加权调和平均数计算，其计算公式为：

$$\bar{x}_H = \frac{\sum_{i=1}^{n} m_i}{\sum_{i=1}^{n} \frac{m_i}{x_i}} = \frac{m_1 + m_2 + \cdots + m_n}{\frac{m_1}{x_1} + \frac{m_2}{x_2} + \cdots + \frac{m_n}{x_n}}$$

上式中：$\bar{x}_H$——加权调和平均数

x_i——第 i 组的标志值（单项式分组）或组中值（组距式分组）

m_i——第 i 组的标志总量

n——组数

$\sum$——求和符号

1. 单项式分组计算加权调和平均数

【例 4.16】某公司购买三批商品，资料如表 4-6 所示。

表 4-6　商品价格表

商品	价格 x_i（元/件）	购进总额 m_i（元）
第一批	18	3600
第二批	15	7500
第三批	12	1200
合　计	—	12300

$$\bar{x}_H = \frac{\sum_{i=1}^{n} m_i}{\sum_{i=1}^{n} \frac{m_i}{x_i}} = \frac{3600 + 750 + 1200}{\frac{3600}{18} + \frac{7500}{15} + \frac{1200}{12}} = 15.38（元/件）$$

计算结果表明，该公司购买三批商品的平均价格为 15.38 元/件。

2. 组距式分组计算加权调和平均数

【例 4.17】某企业工人按劳动生产率分组，资料如表 4-7 所示。

表 4-7　工人劳动生产率表

劳动生产率（件/人）	组中值 x_i（件/人）	产量 m_i（件）
60 以下	55	660
60～70	65	1950
70～80	75	5850
80～90	85	4590
90～100	95	2470
合　计	—	15520

第4章 综合指标

$$\bar{x}_H = \frac{\sum_{i=1}^{n} m_i}{\sum_{i=1}^{n} \frac{m_i}{x_i}} = \frac{660 + 1950 + 5850 + 4590 + 2470}{\frac{660}{55} + \frac{1950}{65} + \frac{5850}{75} + \frac{4590}{85} + \frac{2470}{95}} = 77.6(件／人)$$

计算结果表明，该企业工人平均劳动生产率为 77.6 件/人。

4.3.3.4 调和平均数与算术平均数的关系

【例4.18】 如果【例4.17】中没有给出产量，而是给出工人数，如表 4-8 所示。

表 4-8 工人劳动生产率表

劳动生产率（件/人）	组中值 x_i（件/人）	工人数（人）
60 以下	55	12
60～70	65	30
70～80	75	78
80～90	85	54
90～100	95	26
合　　计	—	200

则平均劳动生产率

$$\bar{x} = \frac{\sum_{i=1}^{n} x_i f_i}{\sum_{i=1}^{n} f_i} = \frac{55 \times 12 + 65 \times 30 + 75 \times 78 + 85 \times 54 + 95 \times 26}{200} = 77.6（件／人）$$

4.3.4 几何平均数

4.3.4.1 几何平均数的概念

几何平均数（Geometric Mean）又称对数平均数，是若干个单位的标志值的连乘积的项数次方根，通常表示为 $\bar{x}_G$。一般用于计算平均比率和平均发展速度。

根据收集到的资料的不同，几何平均数也可分为简单几何平均数和加权几何平均数两种。

4.3.4.2 简单几何平均数

简单几何平均数适用于总体资料为未经分组整理的原始数据资料时，常用于计算平均比率。其计算公式为：

$$\bar{x}_G = \sqrt[n]{x_1 \cdot x_2 \cdot x_3 \cdots x_n} = \sqrt[n]{\prod x_i}$$

上式中：$\bar{x}_G$——简单几何平均数

x_i——第 i 个单位的标志值

n——总体单位数

∏——连乘符号

【例4.19】 三个车间连续生产某种产品，合格率分别为95%，90%，98%。则平均合格率

$$\bar{x}_G = \sqrt[n]{\prod x_i} = \sqrt[3]{95\% \times 90\% \times 98\%} = 94.28\%$$

4.3.4.3 加权几何平均数

加权几何平均数适用于分组数列，常用于计算平均利率。其计算公式为：

$$\bar{x}_G = \sum f \sqrt{\prod x_i^{f_i}} = \sqrt[f_1+f_2+\cdots+f_n]{x_1^{f_1} \cdot x_2^{f_2} \cdot x_3^{f_3} \cdots x_n^{f_n}}$$

上式中：$\bar{x}_G$——加权几何平均数

x_i——第i组的标志值（单项式分组）或组中值（组距式分组）

f_i——第i组的次数

∏——连乘符号

$\sum$——求和符号

【例4.20】 某商业银行，存款存期10年，复利计息，年利率分配如下：1～3年为5%，4～6年为6%，7～10年为6.4%。试计算平均年利率。

平均年利率为

$$\bar{x}_G = \sum f \sqrt{\prod x_i^{f_i}} = \sqrt[10]{(1+0.05)^3 \times (1+0.06)^3 \times (1+0.064)^4} = 1.0586$$

则平均年利率为 $1.0586 - 1 = 0.0586 = 5.86\%$

4.3.5 众数

4.3.5.1 众数的概念

众数（Mode）是总体中出现次数最多的标志值，它能直观地说明客观现象分配中的集中趋势。众数是位置平均数，不受极端值的影响，通常表示为Mo。

在实际工作中，当总体单位数多，而且有明显集中趋势或最高峰点的情况下，有时用众数代表算术平均数来说明社会经济现象的一般水平。

如果一个总体中出现次数最多的标志值有两个，则众数就有两个，称为复众数。而当单位数不多，或者没有一个明显的集中分布趋势的情况下，众数的测定是没有意义的。

4.3.5.2 众数的计算

1. 未分组的数据

对于未分组的数据确定众数，无需计算，只需将所有标志值按大小顺序排列，出现次数最多的标志值即为众数。

【例4.21】 10个人日产量资料如下：4，5，6，6，6，6，6，6，7，8，则众数$M_O = 6$件。

2. 单项式数列

对于单项式数列确定众数，也无需计算，只要比较各组的频数，频数最大的那个组所对应的标志值就是众数。

【例 4.22】某车间工人日产量资料统计如表 4-9 所示。

表 4-9 某车间工人日产量资料统计表

日产量（件）	人数（人）
7	2
8	8
9	30
10	10
总　计	50

由上表可知，最多的一组人数为 30，其对应的标志值为 9，则众数 $M_O = 9$ 件。

3. 组距式数列

众数所在的组简称为众数组，即出现次数最多的组别。众数在众数组的确定用插值的方法，具体公式如下所示：

$$下限公式：M_O = L + \frac{f_m - f_{m-1}}{(f_m - f_{m-1}) + (f_m - f_{m+1})} \times d$$

$$上限公式：M_O = U - \frac{f_m - f_{m+1}}{(f_m - f_{m-1}) + (f_m - f_{m+1})} \times d$$

上式中：M_O——众数

L——众数组的下限

U——众数组的上限

f_m——众数组的频数

f_{m-1}——众数组前一组的频数

f_{m+1}——众数组后一组的频数

d——众数所在组的组距

【例 4.23】某工厂工人加工某种机器零件所需时间统计资料如表 4-10 所示。

表 4-10 某工厂工人加工某种机器零件所需时间统计表

时间（分）	工人人数（人）
30 以下	2
30～35	4
35～40	7
40～45	13
45～50	5
50 以上	3
合　计	34

首先确定众数所在组：通过观察得知，工人人数最多为 13 人，对应的分组为 40～

45，则众数在 40～45 这一组中，即众数的取值范围在 40～45。

用下限公式计算众数：

$$M_O = L + \frac{f_m - f_{m-1}}{(f_m - f_{m-1}) + (f_m - f_{m+1})} \times d$$

$$= 40 + \frac{13 - 7}{(13 - 7) + (13 - 5)} \times (45 - 40) = 42.14（分）$$

用上限公式计算众数：

$$M_O = U - \frac{f_m - f_{m+1}}{(f_m - f_{m-1}) + (f_m - f_{m+1})} \times d$$

$$= 45 - \frac{13 - 5}{(13 - 7) + (13 - 5)} \times (45 - 40) = 42.14（分）$$

通过计算发现，用上限公式与下限公式计算众数，结果是完全相同的，因此只需用一个公式计算即可。实际工作中，常用下限公式计算。

4.3.6 中位数

4.3.6.1 中位数的概念

中位数（Median）是将统计总体各单位某一标志值按大小顺序排列后，处于中央位置的标志值，通常表示为 M_e。中位数位于数列的正中间，有一半的标志值比其小，有一半的标志值比其大。

中位数也是属于位置平均数，不受极端值的影响，当总体中各单位标志值相关很大时，常用中位数来代表数列的一般水平，例如年龄中位数和收入中位数等。

4.3.6.2 中位数的计算

1. 未分组的数据

对于未分组的数据研究其中位数，首先将标志值按大小顺序排列（从大至小或从小至大均可），然后再确定中位数的位置。

当变量值的个数为奇数时，中位数的计算公式为

$$M_e = x_{\frac{n+1}{2}} \quad (n \text{ 为变量值的个数})$$

【例 4.24】11 个工人生产某种产品的件数如下：18，19，20，21，22，23，24，25，26，27，28。则中位数位于 $\frac{n+1}{2} = \frac{11+1}{2} = 6$

这表明第 6 个标志值 23 为中位数，

即 $M_e = x_6 = 23$（件）

当变量值的个数为偶数时，中位数是居于数列中间位置的两项数值的算术平均数，其计算公式为

$$M_e = \frac{x_{\frac{n}{2}} + x_{\frac{n}{2}+1}}{2} \quad (n \text{ 为变量值的个数})$$

【例 4.25】12 个工人生产某种产品的件数如下：16，18，19，20，21，22，23，

24, 25, 26, 27, 28。则中位数位于 $\frac{n+1}{2} = \frac{12+1}{2} = 6.5$

中位数为第 6 个与第 7 个标志值的算术平均数

即 $M_e = \frac{22+23}{2} = 22.5$（件）

2. 单项式数列

由单项式数列确定中位数时，按以下步骤进行：

首先进行向上累计，得出各组的累计频数 S_i；再计算 $\frac{\sum f+1}{2}$；比较各组的累计频数与 $\frac{\sum f+1}{2}$，确定中位数所在组，即中位数组，从而得出中位数。

【例 4.26】 20 名工人的月工资资料如表 4-11 所示。

表 4-11　工人的月工资资料情况

按月工资分组（元）	工人数 f（人）	向上累计 S_i
2200	3	3
2300	5	8
2360	8	16
2400	3	19
2500	1	20
合　计	20	—

先进行向上累计，得出各组的累计频数 S_i。

计算：$\frac{\sum f+1}{2} = \frac{20+1}{2} = 10.5$

比较各组的累计频数 S_i 与 10.5，得出中位数在累计频数为 16 的组，

即中位数 $M_e = 2360$（元）

3. 组距式数列

组距式数列计算中位数，按以下步骤进行：

首先进行向上累计，得出各组的累计频数 S_i；再计算 $\frac{\sum f+1}{2}$；比较各组的累计频数与 $\frac{\sum f+1}{2}$，确定中位数所在组；然后根据下列公式计算中位数。

下限公式：$M_e = L + \dfrac{\dfrac{\sum f}{2} - S_{m-1}}{f_m} \times d$

上限公式：$M_e = U - \dfrac{\dfrac{\sum f}{2} - S_{m+1}}{f_m} \times d$

上式中：M_e——中位数

L——中位数组下限

U——中位数组上限

f_m——中位数组的频数

S_{m-1}——中位数组以下的累计频数（向上累计得出）

S_{m+1}——中位数组以上的累计频数（向下累计得出）

d——中位数组的组距

【例 4.27】某企业 100 名工人的月工资资料如表 4-12 所示。

表 4-12 某企业 100 名工人的月工资资料统计表

按月工资分组（元）	工人人数（人）	向上累计	向下累计
2500 以下	10	10	100
2500～3000	27	37	90
3000～3500	45	82	63
3500～4000	15	97	18
4000 以上	3	100	3
合　计	100	—	—

首先进行向上累计，计算出各组的累计频数：

$$\dfrac{\sum f + 1}{2} = \dfrac{100 + 1}{2} = 50.5$$

比较各组的累计频数和 50.5，确定中位数在 3000～3500 这一组。

利用下限公式计算中位数：

$$M_e = L + \dfrac{\dfrac{\sum f}{2} - S_{m-1}}{f_m} \times d = 3000 + \dfrac{\dfrac{100}{2} - 37}{45} \times (3500 - 3000) = 3144.44（元）$$

利用上限公式计算中位数：

$$M_e = U - \dfrac{\dfrac{\sum f}{2} - S_{m+1}}{f_m} \times d = 3500 - \dfrac{\dfrac{100}{2} - 18}{45} \times (3500 - 3000) = 3144.44（元）$$

计算得知，用上限公式与下限公式计算中位数，结果是完全相同的，因此只需用一个公式计算即可。实际工作中，也常用下限公式计算。

4.3.7 平均指标之间的关系

4.3.7.1 算术平均数、调和平均数、几何平均数之间的关系

算术平均数、调和平均数、几何平均数都是数值平均数，计算时需根据数列中所有的标志值计算。从数量上看，三者的关系是：

（1）根据同一资料计算时，算术平均数最大，几何平均数次之，调和平均数最小，即：$\bar{x} \geqslant \bar{x}_G \geqslant \bar{x}_H$。

（2）当数列中所有的标志值均相等时，三者相等，即：$\bar{x} = \bar{x}_G = \bar{x}_H$。

4.3.7.2 算术平均数、中位数、众数之间的关系

算术平均数、中位数和众数都是可以代表总体的一般水平，反映现象集中趋势的指标，三者之间存在着一定的数量关系，其数量关系的体现取决于资料的频数分布，即偏斜程度。当偏斜程度越大时，它们之间的差别就越大；当偏斜程度越小时，它们之间的差别就越小。

（1）当数据为对称分布时：$\bar{x} = M_e = M_O$（如图 4-1 所示）

（2）当数据为右偏分布时：$\bar{x} > M_e > M_O$（如图 4-2 所示）

（3）当数据为左偏分布时：$\bar{x} < M_e < M_O$（如图 4-3 所示）

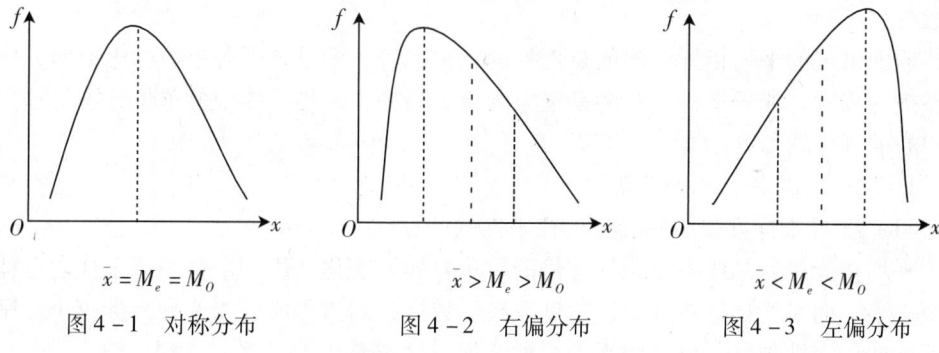

图 4-1　对称分布　　　图 4-2　右偏分布　　　图 4-3　左偏分布

4.3.8 应用平均指标应注意的问题

4.3.8.1 平均指标只能运用于同质总体

这是计算平均指标的基本原则。只有在同质总体中，才能计算它们的平均数来反映其一般水平。如果总体内各单位不同质，则计算的平均指标会掩盖现象的本质差别，不能说明事物的性质和规律性。例如，计算学生的英语平均成绩时，需将英语专业和非英语专业分开；计算单位亩产量时，需将粮食作物和经济作物分开等。

4.3.8.2 用组平均数作补充来说明总平均数

平均指标虽然是在同质总体的前提下计算出来的，但它掩盖了总体内部的差异。因此，我们需要通过计算组平均数来对总平均数进行补充说明，揭示总体的特征和内部结构组成的影响。

4.3.8.3 用分配数列作补充来说明平均数

平均指标具有抽象性的特点，它将总体内各单位的差异抽象化了，从而掩盖了总体各单位的差异性。因此在利用平均指标来分析现象时，还需要结合分配数列作补充，以便多视角地观察问题。

4.3.8.4 用具体单位变动作补充来说明总平均变动

平均指标反映同质总体在一定时间、地点、条件下的一般水平，其变动反映现象变动的一般趋势，没有显示个别单位的问题。因此，需用具体单位的变动来补充说明总平均变动。

4.4 变异指标

4.4.1 变异指标概述

4.4.1.1 变异指标的含义

变异指标又称为标志变异度，是反映总体中各单位标志值的差异大小程度的综合指标，是度量统计分布离中趋势的指标，以此反映总体和单位标志值的变异程度和平均数的代表程度。

前面讲述的平均指标反映的是现象的集中趋势，即总体中各单位标志值向其中心值靠拢的程度。变异指标反映的是现象的离中趋势，是指总体中各单位标志值远离分布中心的规模或程度。

4.4.1.2 变异指标的作用

（1）变异指标反映平均指标的代表性的好坏

平均指标是将总体各单位标志值的数量差异抽象化，用一个代表值来代表总体的一般水平。而平均指标的代表性程度取决于数据的离散程度，当变异指标越小，则平均指标的代表性越好，反之则平均指标的代表性越差。

（2）变异指标可以用来反映总体的稳定程度和均衡性

当变异指标越小，说明客观现象稳定程度越高，均衡性越好，反之则现象的稳定程度越低，均衡性越差。例如，农业生产方面要求的新品种是既能提高单产，又能保证产量的稳定性。因此，在选择优良品种时，不仅要比较平均单产，还要比较它们的变异指标，既要选择单产高的品种，还要选择变异小的品种。

（3）变异指标是统计推断的重要依据

在统计推断中，变异指标常常还是判别统计推断前提条件是否成立的重要依据，也是衡量推断效果好坏的重要尺度。

4.4.2 变异系数的种类和计算

常用的变异指标主要有：全距、平均差、方差、标准差、变异系数和异众比例。

4.4.2.1 全距

全距（Range）又称极差，是总体各单位标志值的最大值与最小值之差，用以说明标志值变动范围，通常用 R 表示。它是最简单、最直观的度量数据离散程度的指标。

1. 未分组资料

$$R = x_{\max} - x_{\min}，即全距 = 最大的标志值 - 最小的标志值$$

【例 4.28】某车间有甲、乙、丙三个生产小组，每组有 5 名工人，每人日产量资料如下：

甲：24　24　24　24　24　　$R_甲 = 0$ 件
乙：20　22　25　26　27　　$R_乙 = 7$ 件
丙：10　20　25　30　35　　$R_丙 = 25$ 件

通过计算发现，此三个生产小组的算术平均数均为 24 件，如果单从平均指标上分析，将难以发现问题。但结合变异程度来看，甲组工人的日产量最为稳定，其平均指标对这组工人日产量的代表性最好，丙组由于工人的差异较大，因此平均指标对这组工人日产量的代表性最差。说明在算术平均数相等的情况下，全距越小，平均指标的代表性越好；反之平均指标的代表性就越差。

2. 单项式数列和组距式数列

$$R = 最高组的上限 - 最低组的下限$$

【例 4.29】某车间工人日产量资料如表 4-13 所示。

表 4-13　某车间工人日产量表

按日产量分组（件）	工人数（人）
10～20	10
20～30	24
30～40	40
40～50	20
50～60	6
合　计	100

则全距 R = 最高组的上限 - 最低组的下限 = 60 - 10 = 50（件）

全距由于其计算简便，意义明确，能准确地反映出数列的变动范围，常用于检查工业产品质量或进行质量鉴别。如检查强度、浓度、长度等指标是否在规定范围内变动。但是全距易受数列极端值的影响，如存在极端值，其结果不能真实地反映标志值的变动范围。另外，全距只反映最大值和最小值之间的差异，不能反映整个数列中间各个标志值的差异程度，所以不能综合反映总体的实际差异程度。

4.4.2.2 平均差

平均差（Mean Deviation）是总体各单位标志值对其算术平均数的离差绝对值的

算术平均数，常用 $A.D$ 表示。反映的是总体各单位标志值一般的、平均的差异程度。

平均差可以综合反映总体中各单位标志值的变动程度。平均差越大，说明数据的离散程度越大，则平均指标的代表性越差；反之，平均指标的代表性越好。

根据掌握的资料不同，平均差的计算有简单平均差和加权平均差两种形式。

1. 简单平均差

对于未分组资料，采用简单平均差，其计算公式为

$$A.D = \frac{\sum_{i=1}^{n} |x_i - \bar{x}|}{n}$$

上式中：$A.D$——简单平均差

$\bar{x}$——简单算术平均数

x_i——第 i 个单位的标志值

n——总体单位数

$\sum$——求和符号

【例 4.30】某车间 5 名工人日产量资料如下：20，22，25，26，27。

则平均日产量 $\bar{x} = \dfrac{\sum x_i}{n} = \dfrac{20 + 22 + 25 + 26 + 27}{5} = 24$（件）

平均差：

$$A.D = \frac{\sum_{i=1}^{n} |x_i - \bar{x}|}{n}$$

$$= \frac{|20 - 24| + |22 - 24| + |25 - 24| + |26 - 24| + |27 - 24|}{5} = 2.4（件）$$

计算结果表明，5 名工人的日产量与平均日产量的平均差为 2.4 件。

2. 加权平均差

当数据为单项式分组或组距式分组时，采用加权平均差，其计算公式如下：

$$A.D = \frac{\sum_{i=1}^{n} |x_i - \bar{x}| f_i}{\sum_{i=1}^{n} f_i}$$

上式中：$A.D$——加权平均差

$\bar{x}$——加权算术平均数

x_i——第 i 组的标志值（单项式分组）或组中值（组距式分组）

f_i——第 i 组的频数

$\sum$——求和符号

【例 4.31】对 20 家企业的销售额进行调查，数据如表 4-14 所示。

表 4-14　销售额分组表

销售额（百万元）	组中值 x_i（百万元）	企业数 f_i（个）
2~4	3	4
4~6	5	6
6~8	7	8
8~10	9	2
合　计	—	20

平均销售额 $\bar{x} = \dfrac{\sum x_i f_i}{\sum f} = \dfrac{3 \times 4 + 5 \times 6 + 7 \times 8 + 9 \times 2}{20} = 5.8 (百万元)$

平均差：

$$A.D = \dfrac{\sum_{i=1}^{n} |x_i - \bar{x}| f_i}{\sum_{i=1}^{n} f_i}$$

$$= \dfrac{|3-5.8| \times 4 + |5-5.8| \times 6 + |7-5.8| \times 8 + |9-5.8| \times 2}{4+6+8+2} = 1.6 （百万元）$$

计算结果表明，20 家企业每家企业销售额与平均销售额的平均差为 1.6 百万元。

平均差是根据全部标志值计算的，所以对整个变量值的离散情况有充分的代表性。但由于平均差采用取离差绝对值的方法来消除正负离差的影响，而取绝对值比较麻烦，因此多以取平方的方法来替代，由此就产生了方差的概念。

4.4.2.3　方差和标准差

方差（Variance）是各个变量值与其算术平均数的离差平方的算术平均数，常用 σ^2 表示。标准差（Standard Deviation）又称均方差，是方差的算术平方根，即各个变量值与其算术平均数离差平方的算术平均数的平方根，其计量单位与标志值相同，常表示为 σ。在实际工作中，标准差最常用，它是测定总体离散程度最重要的指标。

根据收集的数据资料的形式不同，方差和标准差的计算方法分两种。

1. 简单方差与标准差

对于未分组的数据资料，采用简单方差和标准差，其计算公式为：

$$简单方差：\sigma^2 = \dfrac{\sum_{i=1}^{n}(x_i - \bar{x})^2}{n}$$

$$简单标准差：\sigma = \sqrt{\dfrac{\sum_{i=1}^{n}(x_i - \bar{x})^2}{n}}$$

上式中：σ^2——简单方差

σ——简单标准差

$\bar{x}$——简单算术平均数

x_i——第 i 个单位的标志值

n——总体单位数

$\sum$——求和符号

【例 4.32】 对某工厂两个生产小组各 5 名工人的日产量进行调查,得到的数据资料如表 4-15 所示。

表 4-15 工人日产量资料

第一组			第二组		
日产量(件)	离差	离差平方	日产量(件)	离差	离差平方
20	-5	25	15	-10	100
22	-3	9	20	-5	25
26	1	1	25	0	0
27	2	4	30	5	25
30	5	25	35	10	100
合 计	0	64	合 计	0	250

第一组平均日产量:$\bar{x}_1 = \dfrac{\sum x}{n} = \dfrac{20+22+26+27+30}{5} = 25(件)$

第一组日产量方差:

$$\sigma_1^2 = \dfrac{\sum_{i=1}^{n}(x_i - \bar{x})^2}{n}$$

$$= \dfrac{(20-25)^2 + (22-25)^2 + (26-25)^2 + (27-25)^2 + (30-25)^2}{5} = 12.8 \,(件)^2$$

第一组标准差:$\sigma_1 = \sqrt{\dfrac{\sum_{i=1}^{n}(x_i - \bar{x})^2}{n}} = \sqrt{12.8} = 3.58(件)$

第二组平均日产量:$\bar{x}_2 = \dfrac{\sum x}{n} = \dfrac{15+20+25+30+35}{5} = 25(件)$

第二组日产量方差:

$$\sigma_2^2 = \dfrac{\sum_{i=1}^{n}(x_i - \bar{x})^2}{n}$$

$$= \dfrac{(15-25)^2 + (20-25)^2 + (25-25)^2 + (30-25)^2 + (35-25)^2}{5} = 50 \,(件)^2$$

第二组标准差:$\sigma_2 = \sqrt{\dfrac{\sum_{i=1}^{n}(x_i - \bar{x})^2}{n}} = \sqrt{50} = 7.07(件)$

通过计算表明，两组工人的平均日产量相同，第一组日产量的标准差小于第二组，因此，第一组的平均数的代表性比第二组的要好。

2. 加权方差与标准差

当数据为单项式分组或组距式分组时，采用加权的方法来计算方差与标准差。其计算公式如下：

$$加权方差：\sigma^2 = \frac{\sum_{i=1}^{n}(x_i - \bar{x})^2 f_i}{\sum_{i=1}^{n} f_i}$$

$$加权标准差：\sigma = \sqrt{\frac{\sum_{i=1}^{n}(x_i - \bar{x})^2 f_i}{\sum_{i=1}^{n} f_i}}$$

上式中：σ^2——加权方差

σ——加权标准差

$\bar{x}$——加权算术平均数

x_i——第 i 组的标志值（单项式分组）或组中值（组距式分组）

f_i——第 i 组的频数

$\sum$——求和符号

【例 4.33】对某企业 50 名工人的日产量进行调查，数据资料如表 4-16 所示。

表 4-16　某企业 50 名工人的日产量资料

按日产量分组（件）	工人数（人）
20	8
22	8
24	15
26	14
28	5
合　计	50

平均日产量为：$\bar{x} = \dfrac{\sum xf}{\sum f} = \dfrac{20 \times 8 + 22 \times 8 + 24 \times 15 + 26 \times 14 + 28 \times 5}{8 + 8 + 15 + 14 + 5} = 24(件)$

方差：$\sigma^2 = \dfrac{\sum_{i=1}^{n}(x_i - \bar{x})^2 f_i}{\sum_{i=1}^{n} f_i}$

$= \dfrac{(20-24)^2 \times 8 + (22-24)^2 \times 8 + (24-24)^2 \times 15 + (26-24)^2 \times 14 + (28-24)^2 \times 5}{50}$

$= 5.92$（件）^{2}

标准差:$\sigma = \sqrt{\dfrac{\sum_{i=1}^{n}(x_i - \bar{x})^2 f_i}{\sum_{i=1}^{n} f_i}} = \sqrt{5.92} = 2.43(件)$

结果表明,这50名工人的平均日产量的标准差为2.43件。

【例4.34】 调查某工厂职工的工资,数据资料如表4-17所示。

表4-17 某工厂职工的工资情况

按职工工资分组(元)	组中值(元/件)	件数(件)
1200～1300	1250	18
1300～1400	1350	90
1400～1500	1450	63
1500～1600	1550	9
合 计	—	180

职工平均工资为 $\bar{x} = \dfrac{\sum xf}{\sum f} = \dfrac{1250 \times 18 + 1350 \times 90 + 1450 \times 63 + 1550 \times 9}{180} = 1385(元)$

方差:

$\sigma^2 = \dfrac{\sum_{i=1}^{n}(x_i - \bar{x})^2 f_i}{\sum_{i=1}^{n} f_i}$

$= \dfrac{(1250-1385)^2 \times 18 + (1350-1385)^2 \times 90 + (1450-1385)^2 \times 63 + (1550-1385)^2 \times 9}{180}$

$= 5275(元)^2$

标准差:$\sigma = \sqrt{\dfrac{\sum_{i=1}^{n}(x_i - \bar{x})^2 f_i}{\sum_{i=1}^{n} f_i}} = \sqrt{5275} = 72.63(元)$

即该工厂职工工资的标准差为72.63元。

4.4.2.4 变异系数

变异系数(Coefficient of Variation)也称为标志变异系数或离散系数,是用相对数形式反映总体各单位标志值与平均数的离差程度的指标,消除不同数列水平或不同计量单位的影响,一般表现为百分数,通常用 V 表示。

前面研究的全距、平均差、标准差等指标都是绝对指标,而且都是有名数,它们的计量单位都与平均指标相同。对于这些指标来说,它们的大小除了受数据离散程度的影响外,还受数列水平高低的影响,即平均数大小的影响。因此,对于不同水平的数列之间,比较标志的离散程度时,不宜用这些变异指标来进行比较,而必须用变异

系数来对比。变异系数越大,说明总体各单位标志值的离散程度越大,其平均数的代表性越差;变异系数越小,则说明各单位标志值的离散程度越小,其平均数的代表性越好。

变异系数包括三种:全距与算术平均数对比计算的全距系数;平均差与算术平均数对比计算的平均差系数;标准差与算术平均数对比计算的标准差系数。其中最常用的是标准差系数,通常表示为 V_σ。其计算公式如下:

$$V_\sigma = \frac{\sigma}{\bar{x}} \times 100\%$$

【例 4.35】甲乙两组工人的平均工资分别为 138.14 元和 176 元,其标准差分别为 21.32 元和 24.67 元,比较两组工人平均工资的代表性好坏。

甲组工人平均工资的标准差系数:$V_{\sigma 甲} = \frac{\sigma_甲}{\bar{x}_甲} \times 100\% = \frac{21.32}{138.14} \times 100\% = 15.43\%$

乙组工人平均工资的标准差系数:$V_{\sigma 乙} = \frac{\sigma_乙}{\bar{x}_乙} \times 100\% = \frac{24.67}{176} \times 100\% = 14.02\%$

从标准差来看,甲组工人平均工资的标准差比乙组的要小,但由于二者的平均工资不同,因此不可以直接用标准差的大小来说明平均指标的代表性好坏。计算结果表明,乙组的标准差系数小于甲组,因此乙组工人平均工资的代表性要好于甲组。

4.4.2.5 异众比例

异众比例(Variation Ratio)又称离异比率或变差比,是指总体中非众数的次数占总体全部次数的比重。异众比例是研究现象离中趋势的指标之一,通常用 V_r 表示。异众比例的作用在于衡量众数对一组数据的代表性,当其越接近于 0,说明众数的代表性越好;越接近 100%,说明众数的代表性越差。其计算公式为:

$$V_r = \frac{\sum_{i=1}^{n} f_i - f_m}{\sum_{i=1}^{n} f_i} \times 100\% = 1 - \frac{f_m}{\sum_{i=1}^{n} f_i}$$

上式中:V_r——异众比例

f_i——第 i 组的频数

f_m——众数组的频数

【例 4.36】对某公司 100 名工人的日产量进行调查,数据如表 4-18 所示。

表 4-18 某公司 100 名工人的日产量资料

日产量(件)	人数(人)
1	12
2	20
3	42
4	16
5	10
合 计	100

由表 4-18 中的数据可知：众数为 3 件，其对应的频数为 42 人。

则异众比例为：$V_r = \dfrac{\sum_{i=1}^{n} f_i - f_m}{\sum_{i=1}^{n} f_i} \times 100\% = \dfrac{100 - 42}{100} \times 100\% = 58\%$

本章小结

综合指标法是指运用各种综合统计指标，从具体数量方面对现实社会经济总体的规模及特征所进行的概括和分析的方法。本章重点介绍了总量指标、相对指标、平均指标、变异指标的计算和运用。

总量指标是总体单位数或总体各单位的标志值汇总得来的指标，反映了现象的总规模和总水平。总量指标按反映内容不同，分为总体单位总量和总体标志总量；总量指标按反映的时间状况不同，分为时期指标和时点指标。需要注意的是总体单位总量和总体标志总量的区别、时期指标与时点指标的区别等。

相对指标是两个有联系的指标数值对比得到的指标，说明现象发展变化的相对程度。需要掌握的是六种常用的相对指标的含义、区别与计算，包括结构相对指标、比例相对指标、比较相对指标、强度相对指标、动态相对指标、计划完成程度相对指标。

结构相对指标 = $\dfrac{各组（或部分）总量}{总体总量} \times 100\%$

比例相对指标 = $\dfrac{总体中某一部分数量}{总体中另一部分数量}$

比较相对指标 = $\dfrac{甲单位某指标值}{乙单位同类指标值}$

强度相对指标 = $\dfrac{某现象总量指标}{另一个有联系而性质不同的现象总量指标}$

动态相对指标 = $\dfrac{报告期指标数值}{基期指标数值} \times 100\%$

计划完成程度相对指标 = $\dfrac{实际完成数}{计划完成数} \times 100\%$

平均指标是指在同质总体中将各单位某一数量标志的差异抽象化，用以反映现象总体的集中趋势和在具体条件下的一般水平。平均指标包括数值平均数和位置平均数。数值平均数包括算术平均数、调和平均数和几何平均数。位置平均数包括众数和中位数。其中算术平均数是最基本、最重要的平均指标。

算术平均数：简单算术平均数 $\bar{x} = \dfrac{\sum x_i}{n}$ 加权算术平均数 $\bar{x} = \dfrac{\sum x_i f_i}{\sum f_i}$

调和平均数：简单调和平均数 $\bar{x}_H = \dfrac{n}{\sum \dfrac{1}{x_i}}$　　加权调和平均数 $\bar{x}_H = \dfrac{\sum m_i}{\sum \dfrac{m_i}{x_i}}$

几何平均数：简单几何平均数 $\bar{x}_G = \sqrt[n]{\prod x_i}$　　加权几何平均数 $\bar{x}_G = \sqrt[\Sigma f_i]{\prod x_i^{f_i}}$

众数下限公式：$M_O = L + \dfrac{f_m - f_{m-1}}{(f_m - f_{m-1}) + (f_m - f_{m+1})} \times d$

　　上限公式：$M_O = U - \dfrac{f_m - f_{m+1}}{(f_m - f_{m-1}) + (f_m - f_{m+1})} \times d$

中位数下限公式：$M_e = L + \dfrac{\dfrac{\sum f}{2} - S_{m-1}}{f_m} \times d$

　　上限公式：$M_e = U - \dfrac{\dfrac{\sum f}{2} - S_{m+1}}{f_m} \times d$

变异指标用以反映现象总体的离中趋势，一般来讲，变异指标越大，数据的离散程度越大，则平均指标的代表性就越差。常用的变异指标包括：全距、平均差、方差、标准差、变异系数、异众比例等。其中标准差是应用最广泛的变异指标。

全距：未分组数据 R = 最大的标志值 - 最小的标志值

　　分配数列 R = 最高组的上限 - 最低组的下限

平均差：简单平均差 $A.D = \dfrac{\sum |x_i - \bar{x}|}{n}$　　加权平均差 $A.D = \dfrac{\sum |x_i - \bar{x}| f_i}{\sum f_i}$

方差：简单方差 $\sigma^2 = \dfrac{\sum (x_i - \bar{x})^2}{n}$　　加权方差 $\sigma^2 = \dfrac{\sum (x_i - \bar{x})^2 F}{\sum f_i}$

标准差：简单标准差 $\sigma = \sqrt{\dfrac{\sum (x_i - \bar{x})^2}{n}}$　　加权标准差 $\sigma = \sqrt{\dfrac{\sum (x_i - \bar{x})^2 F}{\sum f_i}}$

变异系数：$V_\sigma = \dfrac{\sigma}{\bar{x}} \times 100\%$

异众比例：$V_r = \dfrac{\sum f_i - f_m}{\sum f_i} \times 100\%$

思考与练习

一、判断题

1. 总量指标可分为时期指标和时点指标，两者的共同点是都具有可加性。（　）

2. 某年甲、乙两地社会商品零售额之比为1∶3，这是一个比例相对指标。（　　）
3. 甲冰箱厂2013年第一季度冰箱产量与乙冰箱厂同期产量的比率是强度相对指标。（　　）
4. 某地区每万人中拥有48名医生，此指标是一个强度相对指标。（　　）
5. 计划完成相对数的数值大于100%，说明完成并超额完成了计划。（　　）
6. 根据组距数列计算求得的算术平均数是一个近似值。（　　）
7. 标志变异指标说明变量的集中趋势。（　　）
8. 平均差与标准差都表示标志值对算术平均数的平均距离。（　　）
9. 已知一组数列的方差为9，标准差系数为30%，则其平均数等于30。（　　）
10. 变异指标和平均指标从不同侧面反映了总体的特征，因而标志变异指标数值越大，则平均指标的代表性就越高，反之平均指标的代表性就越低。（　　）

二、单项选择题

1. 反映总体规模大小的指标是（　　）。
　　A. 平均指标　　　B. 相对指标　　　C. 总量指标　　　D. 变异指标
2. 由反映总体各单位数量特征的标志值汇总得出的指标是（　　）。
　　A. 总体单位总量　B. 总体标志总量　C. 质量指标　　　D. 相对指标
3. 我国人口中，男女人口的性别比为106∶100，这是（　　）。
　　A. 比例相对指标　B. 比较相对指标　C. 强度相对指标　D. 平均指标
4. 强度相对指标与平均指标相比（　　）。
　　A. 都具有平均意义　　　　　　　B. 都只可用复名数表示
　　C. 都具有正逆指标　　　　　　　D. 都是两个有联系的总体对比
5. 计算结构相对指标时，总体各部分数值与总体数值对比求得的比重之和（　　）。
　　A. 小于100%　　　　　　　　　　B. 大于100%
　　C. 等于100%　　　　　　　　　　D. 小于或大于100%
6. 在什么条件下，简单算术平均数和加权算术平均数计算结果相同（　　）。
　　A. 权数不等　　　B. 权数相等　　　C. 变量值相同　　D. 变量值不同
7. 权数对算术平均数的影响作用，实质上取决于（　　）。
　　A. 作为权数的各组单位数占总体单位数比重的大小
　　B. 各组标志值占总体标志总量比重的大小
　　C. 标志值本身的大小
　　D. 标志值数量的多少
8. 某种产品单位成本计划规定比基期下降3%，实际比基期下降3.5%，单位成本计划完成程度相对指标为（　　）。
　　A. 116.7%　　　B. 100.5%　　　C. 85.7%　　　D. 99.5%
9. 当变量数列中各变量值的频数相等时，（　　）。
　　A. 该数列众数等于中位数　　　　B. 该数列众数等于均值

C. 该数列无众数 D. 该众数等于最大的数值

10. 甲、乙两组工人的平均日产量分别为 25 件和 30 件。若两组工人的平均日产量不变,但是甲组工人数占两组工人总数的比重上升,则两组工人总平均日产量会( )。

　　A. 上升　　　　　　　　　　B. 下降
　　C. 不变　　　　　　　　　　D. 可能上升,也可能下降

11. 受极端数值影响最小的集中趋势值是( )。
　　A. 算术平均数　B. 调和平均数　C. 几何平均数　D. 众数和中位数

12. 在变异指标中,由总体中最大变量值和最小变量值之差决定的是( )。
　　A. 方差　　　　B. 标准差　　　C. 平均差　　　D. 全距

13. 用标准差比较,分析两个同类总体平均指标的代表性的前提条件是( )。
　　A. 两个总体的标准差应相等　　B. 两个总体的平均数应相等
　　C. 两个总体的单位数应相等　　D. 两个总体的离差之和应相等

14. 离散程度的测度值越大,则( )。
　　A. 反映变量值越分散,均值代表性越差
　　B. 反映变量值越集中,均值代表性越差
　　C. 反映变量值越分散,均值代表性越好
　　D. 反映变量值越集中,均值代表性越好

15. 已知甲数列的均值为 100,标准差为 13.5;乙数列的均值为 12.6,标准差为 4.8,则( )。
　　A. 甲数列均值的代表性好于乙数列　B. 乙数列均值的代表性好于甲数列
　　C. 两数列均值的代表性相同　　　　D. 两数列均值的代表性无法比较

三、多项选择题

1. 下列指标中属于总量指标的有( )。
　　A. 月末商品库存额　　　　　B. 劳动生产率
　　C. 历年产值增加额　　　　　D. 年末固定资金额
　　E. 某市人口净增加数

2. 时期指标的特点有( )。
　　A. 指标数值具有可加性　　　B. 指标数值不具有可加性
　　C. 指标数值是通过一次登记取得的　D. 指标数值是通过连续登记取得的
　　E. 指标数值的大小与时间长短有直接联系

3. 下列指标中,属于时点指标的有( )。
　　A. 某地区人口出生人数　　　B. 某地区人口数
　　C. 存折账户余额　　　　　　D. 某工厂月末在册人数
　　E. 粮食产量

4. 下列相对指标中,属于同一总体数值对比的指标有( )。
　　A. 结构相对指标　　　　　　B. 比例相对指标

C. 比较相对指标　　　　　　D. 动态相对指标
E. 强度相对指标

5. 下列指标中的结构相对指标是（　　）。
   A. 国有企业职工占总数的比重
   B. 某工业企业产品产量比上年增长的百分比
   C. 大学生占全部学生的比重
   D. 中间投入与总产出的比重
   E. 某年人均消费额

6. 下列是某地区经济发展指标，其中属于相对指标的是（　　）。
   A. 人口男女性别比例为 1.03:1　　B. 人口出生率为 14.3‰
   C. 粮食平均亩产量为 500 斤　　　D. 工业产值计划完成程度为 113%
   E. 人均国内生产总值 4500 元

7. 某产品单位成本计划比上年降低 5%，实际降低了 4%，则下列说法正确的是（　　）。
   A. 单位成本计划完成程度为 80%　　B. 单位成本计划完成程度为 101.05%
   C. 未完成单位成本计划　　　　　　D. 完成了单位成本计划
   E. 单位成本实际比计划少降低了 1 个百分点

8. 下列指标中，属于平均指标的有（　　）。
   A. 某省人均国民收入　　　　　　B. 某省人均粮食产量
   C. 某省人均粮食消费量　　　　　D. 某企业生产工人劳动生产率
   E. 某企业职工的人均工资收入

9. 在各种平均数中，不受极端值影响的平均数是（　　）。
   A. 算术平均数　　　　　　　　B. 调和平均数
   C. 中位数　　　　　　　　　　D. 几何平均数
   E. 众数

10. 标准差（　　）。
    A. 表明总体单位标志值的一般水平　　B. 反映总体单位的一般水平
    C. 反映总体单位标志值的离散程度　　D. 反映总体分布的集中趋势
    E. 反映总体分布的离中趋势

四、计算题

1. 某城市人口 400 万人，零售商业网点 20000 个，试分别计算零售商业网点密度的正指标和逆指标是多少？

2. 某企业 2014 年销售额计划增长 10%，实际增长 15%；总成本计划降低 5%，实际降低 6%，问销售额和总成本的计划完成程度分别为多少？

3. 某车间 100 名工人日产量资料如表 4-19 所示，计算工人的平均日产量。

表 4-19 某车间工人日产量情况表

按日产量分组（件）	人数（人）
15	15
25	38
35	34
45	13
合　计	100

4. 某公司所属 20 个企业产值情况的资料如表 4-20 所示，根据表中数据，分别用相对数权数公式和绝对数权数公式计算其平均产值。

表 4-20 某公司所属企业产值情况

按产值分组（万元）	组中值 x_i（万元）	企业数 f_i（个）	频率 $\dfrac{f_i}{\sum f_i}$
90～100	95	6	0.3
100～110	105	10	0.5
110～120	115	4	0.2
合　计	—	20	1.0

5. 某企业甲、乙两个车间的工人按劳动生产率分组，具体资料见表 4-21 所示，试根据表中资料分别计算两个车间工人的平均劳动生产率，比较哪个车间工人的劳动生产率高并说明原因。

表 4-21 某企业甲、乙两个车间的生产情况

劳动生产率（件/人）	产量（件）	
	甲车间	乙车间
60 以下	8250	1520
60～70	6500	2550
70～80	5250	5250
80～90	2550	6500
90 以上	1520	8250
合　计	24070	24070

6. 2014 年某月份 A、B 两市场某商品价格和销售量、销售额资料如表 4-22 所示，试分别计算该商品在两个市场上的平均价格。

表 4-22 商品价格和销售量、销售额情况

品种	价格（元/件）	A 市场销售量（件）	B 市场销售额（元）
甲	105	700	126000
乙	120	900	96000
丙	137	1100	95900
合 计	—	2700	317900

7. 某流水作业的装配线共四道工序，第一道工序的产品合格率为 80%，第二道工序的产品合格率为 85%，第三道工序的产品合格率为 90%，第四道工序的产品合格率为 92%，求平均的产品合格率。

8. 某商业银行，存款存期 12 年，复利计息，年利率分配如下：1～3 年为 3%，4～7 年为 8%，8～9 年为 10%，10～12 年为 12%，求年平均利率。

9. 某高校某系学生的体重资料如表 4-23 所示：

表 4-23 某高校某系学生的体重情况

按体重分组（公斤）	学生人数（人）
52 以下	28
52～55	39
55～58	68
58～61	53
61 以上	24
合 计	212

试根据所给资料计算该系学生体重的算术平均数、中位数和众数。

10. 对某地区商店营业额调查如表 4-24 所示，计算众数、中位数、平均差和标准差。

表 4-24 某地区商店营业额情况

营业额（百万元）	商店数（个）
200 以下	1
200～300	5
300～400	9
400～500	3
500 以上	2
合 计	20

11. 对某公司 100 名工作人员的工作年限进行调查，数据如表 4-25 所示，计算

异众比例。

表4-25 工作年限频数分布

工作年限（年）	人数（人）
1	12
2	25
3	42
4	10
5	6
6	5
合 计	100

12. 某学院二年级 A 班的学生英语统考成绩平均分为 73.6 分，标准差为 10.88 分，B 班的学生英语统考成绩如表 4-26 所示：

表4-26 某学院二年级 B 班的学生英语统考成绩情况

分数（分）	人数（人）
60 以下	4
60～70	15
70～80	26
80～90	11
90 以上	6
合 计	62

要求：(1) 计算 B 班的平均成绩；(2) 哪个班的平均成绩更有代表性？

13. 专家培育出了两个小麦新品种，其生长条件相同，今年先分别在 5 个田块上试种，试种面积和产品产量资料如表 4-27 所示：

表4-27 两个小麦品种试种面积、产品产量统计表

甲品种		乙品种	
田块面积（亩）	亩产量（公斤）	田块面积（亩）	亩产量（公斤）
1.2	500	1.5	560
1.1	450	1.4	550
1.0	445	1.2	450
0.9	600	1.0	520
0.8	525	0.9	500

试判断哪一品种的小麦产量具有较高的稳定性。

第 5 章　时间数列

【开篇案例】

中华人民共和国 2014 年国民经济和社会发展统计公报节选

国民经济稳定增长。初步核算，全年国内生产总值 636463 亿元，比上年增长 7.4%（见图 1）。

图 1　2010—2014 年国内生产总值及增长速度

就业继续增加。年末全国就业人员 77253 万人，其中城镇就业人员 39310 万人。全年城镇新增就业 1322 万人（见图 2）。

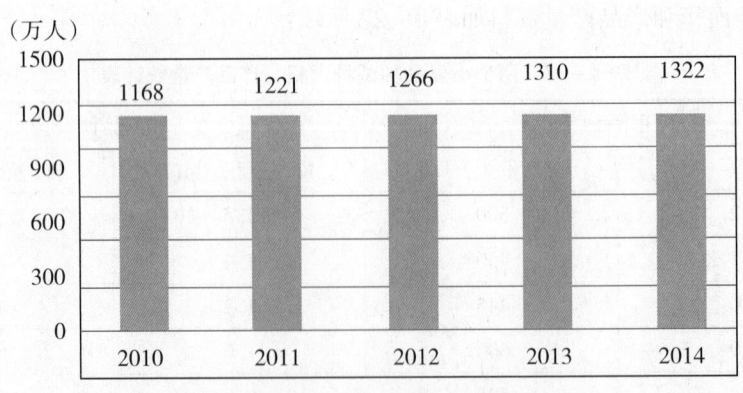

图 2　2010—2014 年城镇新增就业人数

劳动生产率稳步提高。全年国家全员劳动生产率为 72313 元/人，比上年提高

7.0%（见图3）。

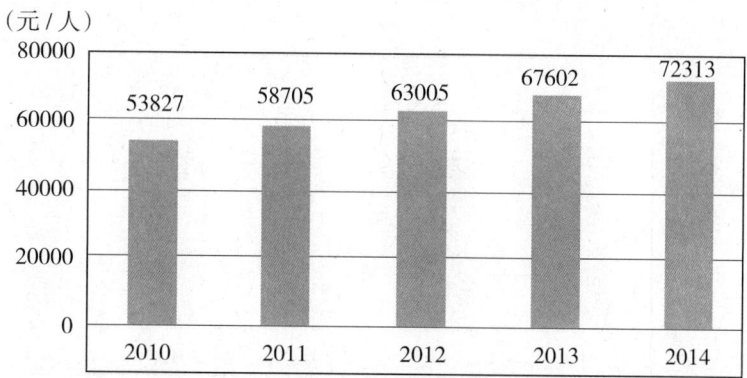

图3　2010—2014年国家全员劳动生产率

价格水平涨幅较低。全年居民消费价格比上年上涨2.0%（见图4）。

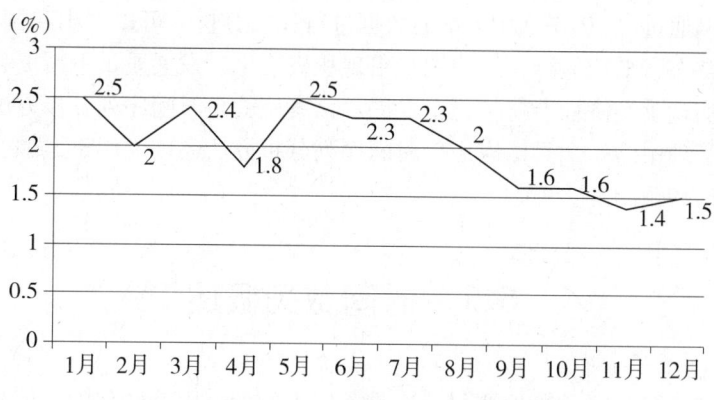

图4　2014年居民消费价格月度同比涨幅

财政收入稳定增长。全年全国一般公共财政收入140350亿元，比上年增加11140亿元，增长8.6%（见图5）。

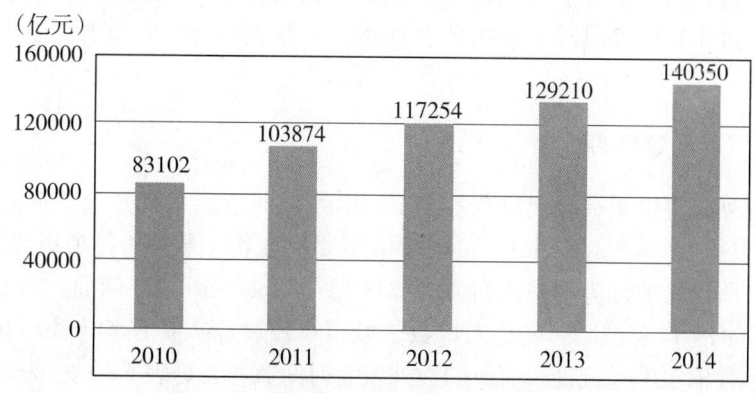

图5　2010—2014年全国一般公共财政收入

外汇储备略有增加。年末国家外汇储备38430亿美元，比上年末增加217亿美元

(见图6)。

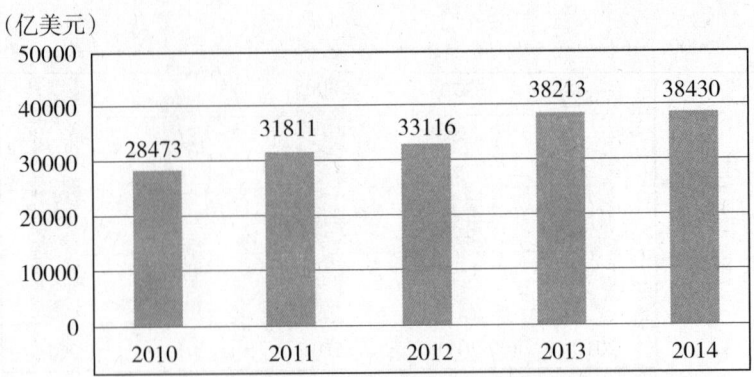

图6 2010—2014年年末国家外汇储备

(资料来源：中华人民共和国国家统计局，2015年2月26日)

上述案例通过对2010—2014年的数据进行比较分析，可以看出我国2014年的国民经济在新常态下平稳运行，结构调整出现积极变化，发展质量不断提高，民生事业持续改善，实现了经济社会持续稳定发展。该案例就是时间序列分析方法的统计思想在现代经济管理中的一个具体应用，时间序列分析方法还广泛用于金融、证券、保险业务中的分析和预测等。

5.1 时间数列概述

社会经济现象总是不断地变化，这是不以人们的意志为转移的。但是，社会经济现象的发展变化是有规律的，这种规律可以通过人们的实践活动来认识。时间数列是社会经济现象发展变化的真实记录，是人们认识社会经济现象的一种重要方法。人们通过对时间数列的长期观察和研究，就可以发现社会经济现象发展过程的特点、趋势和规律；通过比较计算时间数列上的各项指标，找到社会经济现象之间在数量上的联系。

5.1.1 时间数列的概念

时间数列是将说明社会现象在各个不同时期或时点上某种数量特征的指标数值，按时间的先后顺序排列起来而形成的一种统计数列。由于数列中每项指标数值都与时间相对应，所以又被称为动态数列或时间序列（Time Series）。例如，将我国2006—2012年的国内生产总值、年底总人口数、城镇单位就业人员平均工资、城镇居民家庭恩格尔系数依年份远近排列而成的数列就是时间数列，见表5-1。

时间序列一般由两个基本要素组成：一是现象所属的时间，即现象发生的时间，可以表现为年、月、日或季、周等时间单位；二是指标数值，即反映该现象的同一指标在不同时间条件下的数值。

时间数列中通常用 t 来表示时间序号,时间数列中的变量值通常用 a_t 或 y_t 来表示,a_t 或 y_t 亦称为时间数列的发展水平。

表5-1 我国2006—2012年若干经济指标

年份	国内生产总值（亿元）	年底总人口数（万人）	城镇单位就业人员平均工资（元）	城镇居民家庭恩格尔系数（%）
2006	216314.4	131448.0	20856	35.8
2007	265810.3	132129.0	24721	36.3
2008	314045.4	132802	28898	37.9
2009	340902.8	133450	32244	36.5
2010	401512.8	134091	36539	35.7
2011	473104.0	134735	41799	36.3
2012	518942.1	135405	46769	36.2

资料来源：《中国统计年鉴（2013年）》，中国统计出版社。

5.1.2 时间数列的作用

编制和分析时间数列具有重要的作用：

首先，可以从现象的量变过程中反映其发展变化的方向、程度和趋势，研究其质量变化的规律性。比如，通过分析职工年平均工资的时间数列可以看出，我国职工年平均工资水平随时间的推移，呈不断增长的趋势。

其次，通过对时间数列资料的研究，可以对某些社会现象进行预测。

最后，利用时间数列，可以在不同地区或国家之间进行对比分析。

编制和分析时间数列具有非常重要的作用，动态分析法已成为对社会经济现象进行统计分析的一种重要方法。

5.1.3 时间数列的种类

时间数列按照其构成要素中统计指标值的表现形式，分为绝对数时间数列、相对数时间数列和平均数时间数列三种类型。其中绝对数时间数列是最基本的数列，相对数时间数列与平均数时间数列则是依据绝对数时间数列计算而得出的派生数列。

5.1.3.1 绝对数时间数列

绝对数时间数列，是指由一系列同类的总量指标按时间先后顺序排列而成的数列。它反映某一社会经济现象在各时期达到的绝对水平。按照总量指标反映的现象的时间状态不同，绝对数时间数列又分为时期数列和时点数列。

1. 时期数列

它所用的总量指标是时期指标，反映某种现象在一段时期内发展过程的累计总量。例如，表5-1中的国内生产总值时间数列即为一个时期数列。

在时期数列中，时间单位的长度称为时期。两个相邻时期间的距离称为时期间隔。在连续不断的时期数列中，时期间隔的长度等于时期长度，如表5-1中的国内生产总值时间数列的时期与间隔均为1年。时期与间隔可长可短，其长短应视其所研究现象的特点和目的而决定。

时期数列的特点是：①时期数列中各个指标值是可以相加的，即相加具有一定的经济意义。这是由于时期数列中每个指标值是表示现象在一段时期内发展变化的累计总量，所以相加后的数值就表示现象在更长一段时期内发展变化的累计总量；②时期数列中每一个指标值的大小与所属的时间长短有直接的联系；③时期数列中的每个指标值，通常是通过连续不断的登记而取得的。

2. 时点数列

它所用的总量指标是时点指标，表明某种现象在某一时点（瞬间）所达到的总量水平。例如，表5-1中的年底总人口数时间数列即为一个时点数列。

在时点数列中，每一时点指的都是一瞬间，因此无时点长度。相邻两个时点间的距离，称为时点间隔。时点间隔的长短，决定于所研究现象变动的快慢。

时点数列的特点是：①时点数列中各个指标值是不能相加的，即相加不具有实际经济意义。这是由于时点数列中的每个指标值都是表明某一时点上瞬间现象的总量，相加后无法说明属于哪一时点上的数量；②时点数列中指标值的大小与其间隔长短没有直接关系。例如，年末数值可能大于月末数值，也可能小于月末数值；③时点数列中的每个指标值，通常都是间隔一定时期通过一次性登记取得的。

5.1.3.2 相对数时间数列

相对数时间数列，是由一系列相对指标按照时间先后顺序排列而成的数列。它可以反映现象对比关系的发展变化情况，说明社会经济现象的比例关系、结构、速度等的发展变化过程。例如，表5-1中城镇居民家庭恩格尔系数时间数列就是相对数时间数列，这个数列反映2006—2012年我国城镇居民食品类支出在居民总支出中的比重的变化情况。在相对数时间数列中，由于各个指标值对比的基数不同，所以不具有可加性。

5.1.3.3 平均数时间数列

平均数时间数列，是由一系列平均指标按照时间先后顺序排列而成的数列，它可以反映现象一般水平的发展趋势。例如，表5-1中城镇单位就业人员平均工资时间数列就是平均数时间数列。平均数时间数列中的每个指标数值也不能相加，因为相加所得的数值没有实际的经济意义。

5.1.4 编制时间数列的原则

编制时间数列的目的是要通过对数列中在不同时间上的指标数值的比较，来研究社会经济现象的发展变化过程及其规律。因此，编制时间数列的基本要求就是要保证数列中各项指标值具有可比性。而要满足指标值具有可比性的要求，在编制时间数列时必须遵循以下原则。

5.1.4.1 时期长短应该一致

在时期数列中，由于各指标数值的大小与其包含的时间长短有直接关系，因此在同一时期数列中，各个指标值所属的时期长短应保持一致，否则就不能比较。但有时为了某种特殊的研究目的，也可编制时期不等的时期数列。

对于时点数列来说，每个指标数值的大小与其对应的时点间隔的长短没有直接的关系，因此各个指标值之间的时间间隔应否相等，可根据实际情况和研究需要而定。但为了更明显地反映实际情况、更明显地反映现象的变化过程和规律性，各个指标值之间的间隔应尽可能前后一致。

5.1.4.2 总体范围应该一致

所谓总体范围，即所研究的现象总体包括的地区范围、隶属关系范围、行政区划范围等。指标数值的大小与被研究现象所属的总体范围有直接关系。因此，在时间数列中，各个指标数值所包括的总体范围前后应该一致。如要研究某地区工业、农业生产发展情况，如果该地区的行政区划发生变化，则前后指标数值不能直接对比，必须将资料进行适当的调整，以求总体范围的统一，才能正确说明所研究的问题。

5.1.4.3 经济内容应该一致

因为指标数值是反映一定质的经济内容，不能只关注数量性而不注意时间数列中各个指标内容的同质性。有时，时间数列的指标名称相同，但经济内容不尽相同，如果仍然机械地进行对比分析，可能导致错误的结论。例如工业企业工资指标，按费用要素分组的工资包括全部职工工资；而按成本项目分组的工资则只包括基本生产工人的工资。如把不同经济内容的工资混合编成动态数列反映工资的动态，就会产生错误的结论。特别是研究不同的社会制度或者研究重大变革时期的经济发展变化情况时，更应注意指标数值反映的经济内容是否一致的问题。

5.1.4.4 计算口径应该一致

计算口径主要是指计算方法、计算价格以及计量单位等。在时间数列中各项指标数值的计算方法和计量单位不统一是不能进行对比分析的，在编制时间数列时必须做到前后指标数值之间计算方法的一致和计量单位的统一。例如，要研究企业劳动生产率的变化，在计算劳动生产率指标时，分子项是用实物量指标还是用价值量指标；分母项是用全部职工人数还是用生产工人人数，前后务必要保持一致。再如，当用价值指标编制一个时期较长的时间数列时，为保证前后指标数值的可比性，就要注意价格水平的变化，应采用不变价格计量价值指标，使其具有可比性。

5.2 时间数列的水平分析指标

为了分析和认识社会经济现象发展变化的结果，编制时间数列后，还必须进一步计算一系列动态分析指标，包括水平指标和速度指标。水平指标是速度指标分析的基础;速度指标是水平指标分析的深入和继续。本节先介绍水平指标,它包括发展水平、平均发展水平、增长量和平均增长量。

5.2.1 发展水平

发展水平,又称发展量,是指时间数列中的每一具体指标值。它反映社会经济现象在一定时期或时点所达到的规模或水平。如表 5-1 中四个指标各年的数值反映了这四种现象在不同时间的发展水平。

发展水平可表现为总量指标,如国内生产总值、销售额、年末职工人数等;也可表现为相对指标,如计划完成程度、第三产业总产值占国内生产总值的比重、工人劳动生产率;还可以表现为平均指标,如职工平均工资、单位产品成本等。

在时间数列中,由于发展水平所处的位置不同,有最初水平、最末水平、中间水平之分。通常将时间数列中的第一项指标数值称为最初水平,用 a_0 表示;最后一项指标数值称为最末水平,用 a_n 表示;其余中间各项,称为中间水平,用 a_1,a_2,…,a_{n-1} 表示。

在对两个时间的发展水平做动态对比时,将作为比较基础时期的发展水平称为基期水平,将作为分析时期的发展水平称为报告期水平。

发展水平在用文字说明或语言叙述时,常用"发展到""增加到(为)""降低到(为)"表示。

5.2.2 平均发展水平

平均发展水平是将时间数列各个时期的发展水平加以平均而得到的平均数,在统计上又叫序时平均数或动态平均数。

序时平均数与一般平均数(静态平均数)既有共同之处,又有区别。共同之处是:两者都抽象了现象的个别数量差异,概括地反映现象总体的一般水平。区别是:序时平均数是将同一现象在不同时间上的数量差异抽象化,从动态上说明现象在某一段时间内发展的一般水平,它是根据动态数列计算的;而一般平均数抽象的是总体各单位的某一数量标志在同一时间上的数量差异,不体现时间的变动,从静态上说明总体各单位标志值在具体历史条件下达到的一般水平,它是根据变量数列计算的。

序时平均数可根据绝对数时间数列计算,也可根据相对数时间数列或平均数时间数列来计算。绝对数时间数列的序时平均数的计算是最基本的方法。

5.2.2.1 由绝对数时间数列计算序时平均数

绝对数时间数列分为时期数列和时点数列,它们的性质不同,因而计算序时平均数的方法也有所区别。

1. 由时期数列计算序时平均数

由于时期数列中的各项指标数值具有可加性,则可以采用简单算术平均法,将数列中各指标数值的总和除以时期项数。其计算公式为:

$$\bar{a} = \frac{a_1 + a_2 + \cdots + a_n}{n} = \frac{\sum a_i}{n} \quad (5-1)$$

式中：$\bar{a}$ 代表序时平均数

a_i 代表各时期发展水平

n 代表时期数列的项数

【例 5.1】 根据表 5-1 中我国各年的国内生产总值资料，计算 2006—2012 年我国年平均国内生产总值。

解：根据（5-1）式得：

$$\bar{a} = \frac{a_1 + a_2 + \cdots + a_n}{n} = \frac{\sum a_i}{n}$$

$$= \frac{26314.4 + 265810.3 + 314045.4 + 340902.8 + 401512.8 + 473104.0 + 518942.1}{7}$$

$= 361518.8(亿元)$

2. 由时点数列计算序时平均数

由于时点数列的指标值反映现象在某一时点上的瞬时水平，不可能掌握现象发展变化过程中每一时点上的数值，只能间隔一段时间后统计其余额。因此，时点数列的序时平均数的计算是在假定某一时间间隔内现象的增减变动比较均匀或波动不大的前提下推算出来的近似值。

在社会经济统计中一般是将一天看作一个时点，即以"天"作为最小时间单位，这样便有连续时点数列与间断时点数列的区分。资料逐日登记且逐日排列的是连续时点数列；资料不是逐日登记，而是间隔较长一段时间（月、季或年）后再登记一次，然后依次排列的是间断时点数列。间断时点数列中的指标值一般是时点现象的期末或期初数值，并且每期末的数值被看作其下期初的数值。这两种时点数列的类型不同，计算序时平均数的方法也有所不同。

（1）由连续时点数列计算序时平均数

连续时点数列有两种登记方式，计算方法也有所不同。第一种登记方式是资料逐日登记且逐日排列；第二种登记方式是资料登记时间仍是一天，但只在指标值发生变动时才记录一次。

①根据间隔相等的连续时点数列计算序时平均数。

按照第一种登记方式会形成间隔相等的连续时点数列，这种登记方式掌握了整段考察期内连续性的时点数据，因此可采用简单算术平均法来计算序时平均数，即以各时点指标值之和除以时点项数。计算公式如下：

$$\bar{a} = \frac{a_1 + a_2 + \cdots + a_n}{n} = \frac{\sum a_i}{n} \quad (5-2)$$

式中：$\bar{a}$ 代表序时平均数

a_i 代表各时点发展水平

n 代表时点数列的项数

【例 5.2】 某工厂某月下旬每日职工人数的资料见表 5-2,试计算该厂下旬日平均职工人数。

表 5-2 某工厂某月下旬每日职工人数

日期(日)	21	22	23	24	25	26	27	28	29	30
人数(人)	15	17	16	17	18	16	15	16	17	14

解:根据式(5-2)得

$$\bar{a} = \frac{15+17+16+17+18+16+15+16+17+14}{10}$$

$$= 16 \text{(人)}$$

②根据间隔不等的连续时点数列计算序时平均数。

按照第二种登记方式会形成间隔不等的连续时间数列。这种登记方式在登记资料时,登记时间仍是一天,只是在指标值发生变动时才记录一次。因为经济现象的指标数值连续若干天都未发生变化,所以,登录数据时,无需逐日登记。此时需采用加权算术平均数的方法计算序时平均数;权数是每一指标值持续的天数。计算公式如下:

$$\bar{a} = \frac{\sum a_i f_i}{\sum f_i} \quad (5-3)$$

式中:$\bar{a}$ 代表序时平均数

a_i 代表各时点发展水平

f_i 代表各时点间隔长度

n 代表时点数列的项数

【例 5.3】 某企业 2014 年 4 月份产品库存量记录见表 5-3,计算该单位 4 月份平均产品库存量。

表 5-3 某企业 2014 年 4 月份产品库存量记录

单位:台

日期	1—4	5—7	8—13	14—20	21—23	24—28	29—30
产品库存量	49	52	39	29	43	38	51

解:根据式(5-3)得

$$\bar{a} = \frac{49 \times 4 + 52 \times 3 + 39 \times 6 + 29 \times 7 + 43 \times 3 + 38 \times 5 + 51 \times 2}{4+3+6+7+3+5+2}$$

$$= 40 \text{(台)}$$

(2)由间断时点数列计算序时平均数

计算间断时点数列的序时平均数,一般假定指标数值在相邻两个时点之间均匀变动,求得相邻两个时点的平均水平,再以间隔期的长度为权数,对各间隔期的平均水平进行加权平均计算,得到间断时点数列的序时平均数。具体也可分为两种情况:

①根据间隔相等的间断时点数列计算序时平均数。

间隔相等的间断时点数列每隔一定的时间登记一次,每次登记的时间间隔相等。先以一道例题来说明其计算方法。

【例5.4】某城市2013年各季度外来人口数资料见表5-4,计算该城市2013年平均每季度外来人口数。

表5-4 某城市2013年各季度外来人口数

时间	第一季度	第二季度	第三季度	第四季度
季度末人口数(万人)	13.53	13.87	14.01	13.74

解决这一问题的思路是:

首先求出各季度的平均外来人口数,然后再对各季度平均外来人口数计算平均数。求各季度平均外来人口数时,按理应该计算该季度内平均每天的外来人口,但由于未能掌握该季度内每天的外来人口数资料,所以只能在一定的假定条件下推算。即把上季度末的外来人口数看成是下季度初的外来人口数,并假定各季度内外来人口数的变动是均匀的,即每季度的平均外来人口数就等于季度初的人口数和季度末的人口数的简单平均数。这样,可计算出2013年该城市平均每季度外来人口数为:

$$\bar{a} = \frac{\frac{13.53+13.87}{2} + \frac{13.87+14.01}{2} + \frac{14.01+13.74}{2}}{3} = 13.84(人)$$

将上例的计算过程概括为以下计算公式:

$$\bar{a} = \frac{\frac{a_1+a_2}{2} + \frac{a_2+a_3}{2} + \cdots + \frac{a_{n-1}+a_n}{2}}{n-1} = \frac{\frac{1}{2}a_1 + a_2 + a_3 + \cdots + a_{n-1} + \frac{1}{2}a_n}{n-1} \quad (5-4)$$

从公式中可以看到,由于等间隔时点数列的间隔期是相等的,所以权数的作用消失了。因此计算出各间隔期的平均水平之后,将各间隔期的平均水平进行简单平均计算即可。用上述公式计算的方法称为"首末折半法"。

②根据间隔不等的间断时点数列计算序时平均数。

由于掌握的是间隔不相等的期末或期初的时点资料,所以可用不同的时点间隔长度作为权数,对各个相应时间间隔内的平均水平加权,用加权算术平均法计算序时平均数,其公式为:

$$\bar{a} = \frac{\frac{a_1+a_2}{2} \times f_1 + \frac{a_2+a_3}{2} \times f_2 + \cdots + \frac{a_{n-1}+a_n}{2} \times f_{n-1}}{\sum f} \quad (5-5)$$

式中:f_i表示为每次资料持续不变的时间长度。

【例5.5】某银行某储蓄所2013年存款余额资料如表5-5所示,计算2013年度该储蓄所月平均存款余额。

表 5-5　某银行某储蓄所 2013 年存款余额

时间	2012年12月31日	1月31日	5月31日	8月31日	10月31日	12月31日
存款余额（百万元）	92	87	115	126	128	131

解：根据式（5-5）得

$$\bar{a} = \frac{\frac{92+87}{2}\times 1 + \frac{87+115}{2}\times 4 + \frac{115+126}{2}\times 3 + \frac{126+128}{2}\times 2 + \frac{128+131}{2}\times 2}{12}$$

=114（百万元）

由于间断时点数列计算平均发展水平时假定现象在各时点之间的变动是均匀的，但实际并不完全如此，所以计算的平均发展水平只能是个近似值。由于间隔期越长，权数就越大，其平均数对时间数列的总平均水平的影响就越大。因此，为了使计算结果尽量反映实际情况，间断时点数列的间隔期不宜过长。

5.2.2.2　由相对数时间数列计算序时平均数

因为相对数时间数列中各项指标数值不能相加，所以不能由数列中各项指标数值直接计算序时平均数，即不能将各项相对数直接简单平均去计算。由于相对数时间数列中各项指标数值是由两个有联系的绝对数时间数列各项指标数值对比得到的，因此要先分别计算出这两个绝对数时间数列的序时平均数，然后进行对比，求得相对数时间数列的序时平均数。用 c 代表相对数，其分子和分母数值分别用 a 和 b 表示，则计算公式为：

$$\bar{c} = \frac{\bar{a}}{\bar{b}} \qquad (5-6)$$

式中：$\bar{c}$ 表示相对数时间数列序时平均数

$\bar{a}$ 表示分子项绝对数时间数列序时平均数

$\bar{b}$ 表示分母项绝对数时间数列序时平均数

由于相对数时间数列可由两个时期数列、两个时点数列或由一个时期数列和一个时点数列对比形成，而时期数列与时点数列的序时平均数的计算方法又不完全相同，所以相对数时间数列的序时平均数的计算有以下三种情况：

1. 分子、分母都是时期指标

由两个时期数列对比形成的相对数时间数列，计算其序时平均数时，只要分子、分母分别采用简单算术平均法计算，其计算公式为：

$$\bar{c} = \frac{\bar{a}}{\bar{b}} = \frac{\frac{\sum a}{n}}{\frac{\sum b}{n}} = \frac{\sum a}{\sum b} \qquad (5-7)$$

【例 5.6】某保险公司 2014 年 1—3 月份保费收入计划完成程度资料如表 5-6 所示，计算该保险公司第一季度保费收入的平均计划完成程度。

表 5-6　某保险公司 2014 年 1—3 月份保费收入的平均计划完成程度情况

月份	1月	2月	3月
实际完成 a（万元）	510	618	864
计划完成 b（万元）	500	600	800
计划完成程度 c（%）	102	103	108

解：根据式（5-7）计算该保险公司第一季度保费收入的平均计划完成程度为：

$$\bar{c} = \frac{\bar{a}}{\bar{b}} = \frac{\sum a}{\sum b} = \frac{510+618+864}{500+600+800} = 1.048 = 104.8\%$$

2. 分子、分母其中一个是时期指标，另一个是时点指标

由一个时期数列和一个时点数列对比形成的相对数时间数列，计算其序时平均数时，分别按照分子、分母各自的方法计算出序时平均数，然后将分子、分母的序时平均数进行对比来得出相对数时间数列的序时平均数。

【例 5.7】某企业下半年劳动生产率资料见表 5-7，计算该企业平均月劳动生产率和下半年平均职工劳动生产率。

表 5-7　某企业下半年劳动生产率资料

	6月	7月	8月	9月	10月	11月	12月
总产值 a（万元）	87	91	94	96	102	98	91
月末职工人数 b（人）	460	470	480	480	490	480	450
劳动生产率 c（元/人）	1948	1957	1979	2000	2103	2021	1957

解：从表 5-7 中可以看出，劳动生产率的分子总产值是时期指标，分母职工人数是时点指标，计算平均月劳动生产率应用下列公式：

$$\bar{c} = \frac{\bar{a}}{\bar{b}}$$

$$\bar{c} = \frac{\bar{a}}{\bar{b}} = \frac{(\sum a)/N}{(\frac{b_1}{2}+b_2+\cdots+b_{n-1}+\frac{b_n}{2})/(n-1)}$$

$$= \frac{(91+94+96+102+98+91)/6}{(\frac{460}{2}+470+480+480+490+480+\frac{450}{2})/(7-1)}$$

$$= 2003.5(元/人)$$

若计算下半年平均职工劳动生产率，则用下式计算：

$$\bar{c} = \frac{\sum a}{(\frac{b_1}{2}+b_2+\cdots+b_{n-1}+\frac{b_n}{2})/(n-1)}$$

$$= \frac{91+94+96+102+98+91}{(\frac{460}{2}+470+480+480+490+480+\frac{450}{2})/(7-1)}$$

$$= 12021(元/人)$$

也可直接用月份数（n）乘以下半年平均月劳动生产率，即 $n\bar{c} = 2003.5 \times 6 = 12021$（元/人）。

3. 分子、分母都是时点指标

这种数列序时平均数的计算公式因数列的不同情况而有所不同。下面举例说明其中一种情况的计算方法。

【例 5.8】某学院会计专业 2010—2013 年学生人数如表 5-8 所示，计算该学院会计专业女生人数占本专业学生人数的平均比重。

表 5-8 某学院会计专业 2010—2013 年学生人数

入学年份	2010	2011	2012	2013
女生人数 b（人）	300	368	390	408
学生人数 a（人）	400	460	500	508
女生人数占学生总人数的比重 c（%）	75	80	78	80

解：该学院会计专业女生人数占本专业学生人数的平均比重：

$$\bar{c} = \frac{\bar{a}}{\bar{b}} = \frac{\frac{a_1}{2}+a_2+\cdots+\frac{a_n}{2}}{\frac{b_1}{2}+b_2+\cdots+\frac{b_n}{2}} = \frac{\frac{300}{2}+368+390+\frac{408}{2}}{\frac{400}{2}+460+500+\frac{508}{2}} = 78.6\%$$

5.2.2.3 由平均数时间数列计算序时平均数

平均数时间数列，有一般（静态）平均数时间数列和序时平均数时间数列两种。由于这两种数列的性质不同，其计算序时平均数的方法也不相同。

1. 由一般平均数时间数列计算序时平均数

因为一般平均数时间数列和相对数时间数列一样，也是由两个有联系的绝对数时间数列各项指标数值对比得到的，所以，可按相对数时间数列求序时平均数的方法计算其序时平均数，其基本计算公式为：

$$\bar{c} = \frac{\bar{a}}{\bar{b}}$$

2. 由序时平均数时间数列计算序时平均数

由于序时平均数时间数列中的各项指标数值本身就是平均发展水平指标，即按原始时间数列计算出来的序时平均数，这类平均数具有可加性。所以，由这类平均数构成的时间数列在计算序时平均数时，若各项指标数值所属时期相等，可用简单算术平均法计算；若时期不等，则将时期长短做权数用加权算术平均法计算。

【例 5.9】 表 5-9 是某企业各季度平均月销量资料。

表 5-9 某企业各季度平均月销量

时间	第一季度	第二季度	第三季度	第四季度
平均月销量（吨）	460	480	520	550

根据表 5-9 所示资料，计算该企业各季度平均月销量，得平均月销量为：

$$\bar{a} = \frac{\sum a_i}{n} = \frac{460 + 480 + 520 + 550}{4} = 495(吨)$$

【例 5.10】 表 5-10 是某商店一年中不同时期平均商品库存额资料。

表 5-10 某商店一年中不同时期平均商品库存额

时间	1—4 月	5—9 月	10—12 月
月平均商品库存额（万元）	280	300	360

根据表 5-10 所示资料，计算该商店各月平均商品库存额。该商店月平均商品库存额为：

$$\bar{a} = \frac{\sum a_i f_i}{\sum f_i} = \frac{280 \times 4 + 320 \times 5 + 260 \times 3}{4 + 5 + 3} = 291.67(万元)$$

5.2.3 增长水平与平均增长水平

5.2.3.1 增长水平

增长水平，也叫增长量，是时间数列中报告期水平与基期水平的绝对差额，反映社会经济现象在一定时期内数量增减的绝对水平。其计算公式为：

$$增长量 = 报告期水平 - 基期水平$$

增长量指标的数值，可以是正数，也可以是负数。当报告期水平大于基期水平时，增长量为正值，表示现象的水平增加；当报告期水平小于基期水平时，增长量为负值，表示现象的水平减少。由于比较的基期选择的不同，增长量指标又可以分为逐期增长量、累计增长量、年距增长量。

1. 逐期增长量

逐期增长量是以报告期水平减去前一期水平计算的增长量。即

$$逐期增长量 = 报告期水平 - 前一期水平$$

用符号表示为：

$$a_1 - a_0, a_2 - a_1, \cdots, a_n - a_{n-1}$$

2. 累计增长量

累计增长量是报告期水平与某一固定基期水平之差，说明报告期水平与某一固定基期水平增减的绝对量。即：

$$累计增长量 = 报告期水平 - 固定基期水平$$

用符号表示为：

$$a_1 - a_0, a_2 - a_0, \cdots, a_n - a_0$$

【例5.11】我国2007—2012年货物进出口总额资料见表5-11，试计算这期间货物进出口的逐期增长量和累计增长量。

表5-11　我国2007—2012年货物进出口总额

单位：亿元

年份	2007	2008	2009	2010	2011	2012
货物进出口总额	166863.7	179921.5	150648.1	201722.1	236402.0	244160.2
逐期增长量	—	13057.8	-29273.4	51074.0	34679.9	7758.2
累计增长量	—	13057.8	-16215.6	34858.4	69538.3	77296.5

逐期增长量与累计增长量之间存在如下的数量关系：

(1) 各逐期增长量之和等于相应时期的累计增长量，即：

$$(a_1 - a_0) + (a_2 - a_1) + \cdots + (a_n - a_{n-1}) = a_n - a_0$$

(2) 相邻两期的累计增长量之差等于相应时期的逐期增长量，即：

$$(a_i - a_1) - (a_{i-1} - a_1) = a_i - a_{i-1}$$

根据上述数量关系，逐期增长量和累计增长量之间可以相互推算。

3. 年距增长量

在实际统计分析工作中，为了消除季节变动因素的影响，有时还计算年距增长量，其计算公式为：

年距增长量 = 报告期某月（季）发展水平 - 上年同月（季）发展水平

5.2.3.2　平均增长水平

平均增长水平是说明社会经济现象在一定时期内平均每期增长的数量，从广义上来说，它也是一种序时平均数，即是逐期增长量动态数列的序时平均数，反应现象的平均增长水平。其计算公式为：

$$平均增长量 = \frac{逐期增长量之和}{逐期增长量个数} = \frac{累计增长量}{时间数列项数 - 1}$$

【例5.12】根据表5-11的资料，计算2007—2012年期间我国货物进出口总额的年平均增长量。

解：年平均增长量 $= \dfrac{13057.8 - 29273.4 + 51074.0 + 34679.9 + 7758.2}{5}$

$= 15459.3$（亿元）

或者：年平均增长量 $= \dfrac{77296.5}{5} = 15459.3$（亿元）

5.3 时间数列的速度分析指标

根据时间数列可以计算的速度指标主要有：发展速度、增长速度、平均发展速度、平均增长速度。这四种指标具有密切联系，其中发展速度是基本的速度分析指标。

5.3.1 发展速度

发展速度是时间数列中两个时期发展水平对比而得到的一种相对数，表明社会经济现象在一定时期内的发展方向和程度。其计算公式为：

$$发展速度 = \frac{报告期水平}{基期水平}$$

发展速度通常用百分数或倍数表示。若发展速度大于100%（或大于1）则表示为上升速度；若发展速度小于100%（或小于1）则表示为下降速度。

根据所采用的基期的不同，发展速度分为定基发展速度、环比发展速度、年距发展速度。

1. 定基发展速度

定基发展速度是时间数列中报告期水平与某一固定基期水平之比，用来说明报告期水平已经发展到了固定基期水平的百分之几（或多少倍），表明某种社会经济现象在较长时期内总的发展方向和速度，因此也叫"总速度"。其计算公式为：

$$定基发展速度 = \frac{报告期水平}{固定基期水平}$$

用符号表示为：

$$\frac{a_1}{a_0}, \frac{a_2}{a_0}, \ldots, \frac{a_n}{a_0}$$

2. 环比发展速度

环比发展速度是时间数列中报告期发展水平与前一期发展水平之比，用来说明报告期水平已经发展到了前一期基期水平的百分之几（或多少倍），表明某种经济现象的逐期发展方向和速度。其计算公式为：

$$环比发展速度 = \frac{报告期水平}{前一期基期水平}$$

用符号表示为：

$$\frac{a_1}{a_0}, \frac{a_2}{a_1}, \ldots, \frac{a_n}{a_{n-1}}$$

【例5.13】根据表5-11中的资料，计算我国2007—2012年货物进出口总额的环比发展速度和定基发展速度，如表5-12所示。

表 5 – 12 我国 2007—2012 年货物进出口总额

年份	2007	2008	2009	2010	2011	2012
货物进出口总额（亿元）	166863.7	179921.5	150648.1	201722.1	236402.0	244160.2
环比发展速度（%）	—	107.83	83.73	133.90	117.19	103.28
定基发展速度（%）	—	107.83	90.28	120.89	141.67	146.32

定基发展速度和环比发展速度之间存在如下的数量关系：

(1) 各个环比发展速度的连乘积等于相应的定基发展速度。即：

$$\frac{a_2}{a_1} \times \frac{a_3}{a_2} \times \cdots \times \frac{a_n}{a_{n-1}} = \frac{a_n}{a_1}$$

(2) 相邻两个时期的定基发展速度之商等于相应的环比发展速度。即：

$$\frac{a_n}{a_0} \div \frac{a_{n-1}}{a_0} = \frac{a_n}{a_{n-1}}$$

根据上述数量关系，环比发展速度和定基发展速度之间可以相互推算。

3. 年距发展速度

对于具有季节变化的一些社会经济现象，为了消除季节变动的影响，可以计算年距发展速度，用来说明本期发展水平相对于上年同期发展水平变化的方向与程度，它是实际统计分析中经常使用的指标。其计算公式为：

$$年距发展速度 = \frac{报告期发展水平}{上年同期发展水平}$$

5.3.2 增长速度

增长速度，又称增减速度，它是增长量与基期水平之比，反映现象报告期水平比基期水平增长的相对程度。其计算公式为：

$$增长速度 = \frac{增长量}{基期水平}$$

从上述公式可以看出，增长速度与发展速度既有区别又有密切的关系。二者的区别在于：增长速度表示现象报告期比基期增长的程度，即报告期水平比基期水平增长（或降低）了百分之几；而发展速度表示现象报告期与基期相比发展到了什么程度，即报告期水平是基期水平的百分之几或若干倍。两者的关系可用公式表示为：

$$增长速度 = \frac{增长量}{基期水平} = \frac{报告期水平 - 基期水平}{基期水平} = 发展速度 - 1$$

增长速度有正负之分。当发展速度大于 1 时，增长速度为正值，表示现象增长的程度；当发展速度小于 1 时，增长速度为负值，表示现象降低的程度。

由于对比的基期不同，增长速度可以分为定基增长速度、环比增长速度和年距增长速度。

1. 定基增长速度

定基增长速度是累计增长量与固定基期水平之比，反映现象在较长时期内总的增

长速度。其计算公式为:

$$\text{定基增长速度} = \frac{\text{累计增长量}}{\text{固定基期水平}} = \frac{\text{报告期水平} - \text{固定基期水平}}{\text{固定基期水平}} = \text{定基发展速度} - 1$$

用符号表示为:

$$\frac{a_i}{a_0} - 1$$

2. 环比增长速度

环比增长速度是逐期增长量与前一期水平之比,反映现象逐期增长的程度。其计算公式为:

$$\text{环比增长速度} = \frac{\text{逐期增长量}}{\text{前一期水平}} = \frac{\text{报告期水平} - \text{前一期水平}}{\text{前一期水平}} = \text{环比发展速度} - 1$$

用符号表示:

$$\frac{a_i}{a_{i-1}} - 1$$

【例 5.14】根据表 5-11 中的资料,计算我国 2007—2012 年货物进出口总额的环比增长速度和定基增长速度,如表 5-13 所示。

表 5-13 我国 2007—2012 年货物进出口总额

年份	2007	2008	2009	2010	2011	2012
货物进出口总额(亿元)	166863.7	179921.5	150648.1	201722.1	236402.0	244160.2
环比增长速度(%)	—	7.83	-16.27	33.90	17.19	3.28
定基增长速度(%)	—	7.83	-9.72	20.89	41.67	46.32

必须注意,定基增长速度和环比增长速度不能直接相互推算。如果要进行换算,则首先需将环比增长速度还原成环比发展速度,再将各期环比发展速度连乘,得到定基发展速度,最后用定基发展速度减 1 得到定基增长速度。

3. 年距增长速度

在实际统计工作中,为了消除季节变动的影响,也常计算年距增长速度,用以说明年距增长量与上年同期发展水平对比达到的相对增长程度。其计算公式为:

$$\text{年距增长速度} = \frac{\text{年距增长量}}{\text{上年同期发展水平}} = \text{年距发展速度} - 1$$

5.3.3 平均发展速度和平均增长速度

平均发展速度和平均增长速度在实际工作中起着重要的作用。这两个指标是编制国民经济宏观调控的重要指标;同时也经常用它们来对比不同阶段、不同时期、不同国家或地区同类现象发展变化的情况;它们还可作为各种推算和预测的依据。

5.3.3.1 平均发展速度

平均发展速度是时间数列中各期环比发展速度的序时平均数,用以说明某种社会经济现象在一段较长时期内逐期发展变化的平均速度。在实际统计工作中,计算平均发展速度常用的方法有三种,即几何平均法、方程式法和对数最小平方法。这三种计算方法的理论依据不同,具体计算和应用场合也不一样。

1. 几何平均法

几何平均法又叫水平法。由于现象发展的总速度等于各年环比发展速度的连乘积。因此求环比发展速度的平均数时不能用算术平均法,而应用几何平均法来计算。其计算公式为:

$$\bar{x} = \sqrt[n-1]{\frac{a_2}{a_1} \times \frac{a_3}{a_2} \times \cdots \times \frac{a_n}{a_{n-1}}} = \sqrt[n-1]{\prod \frac{a_n}{a_{n-1}}} = \sqrt[n-1]{\frac{a_n}{a_1}}$$

式中:$\bar{x}$ 表示平均发展速度

X 表示各期环比发展速度

$\prod$ 表示连乘号

n 表示各期环比发展速度的项数

由于环比发展速度的连乘积等于定基发展速度。因此,平均发展速度亦可直接用定基发展速度(总速度)来计算,即

$$\bar{x} = \sqrt[n]{\frac{a_n}{a_0}} = \sqrt[n]{R}$$

式中:R 表示定基发展速度。

【例 5.15】根据表 5 - 11 中的资料,计算我国 2007—2012 年货物进出口总额的年平均发展速度。

解:年平均发展速度 $\bar{x} = \sqrt[5]{107.83\% \times 83.73\% \times 133.90\% \times 117.19\% \times 103.28\%}$

$= \sqrt[5]{146.32\%} = 107.91\%$

或 $\bar{x} = \sqrt[5]{\frac{244160.2}{166863.7}} = \sqrt[5]{146.32\%} = 107.91\%$

计算结果表明,我国 2007—2012 年货物进出口总额的年平均发展速度为 107.91%。

【例 5.16】我国 2006 年国内生产总值为 216314.4 亿元,到 2012 年达到 518942.1 亿元,计算我国 2006—2012 年间国内生产总值的年平均发展速度。

解:$a_0 = 216314.4$,$a_n = 518942.1$,$N = 6$

$$\bar{x} = \sqrt[n]{\frac{a_n}{a_0}} = \sqrt[6]{\frac{518942.1}{216314.4}} = 115.70\%$$

从计算公式不难看出,用几何平均法计算的平均发展速度实际上只与数列中的最初水平 a_0 和最末水平 a_n 有关,与其他各项观察值无关。这一特点表明,几何平均法侧重考察中长期计划的期末发展水平。因此,在实际应用中,如果我们所关心的是现象在期末应达到的水平,则适合采用几何平均法计算平均发展速度,比如生产能力、国民生产总值、工资总额、劳动生产率等水平指标平均发展速度的计算。几何平均法

直接用期末水平和期初水平资料计算，其优点是简单易算。但它忽略了中间各期水平，当中间各期水平波动很大时，用几何平均法计算的平均发展速度的代表性就不高。

2. 方程式法

方程式法，又称累计法。它是运用高次方程求解的方法来计算平均发展速度指标。其理论依据是：从时间数列的最初水平 a_0 出发，各期按照平均发展速度发展，计算出的各期发展水平之和应等于其实际发展水平之和。其计算公式为：

$$\bar{x} + \bar{x}^2 + \bar{x}^3 + \cdots + \bar{x}^n = \frac{\sum a}{a_0} \quad i = 1, 2, \cdots, n$$

解此高次方程所得的正根，就是平均发展水平。但是，要解此高次方程较为复杂，除可借助计算机外，在实际工作中往往通过查《平均增长速度查对表》求得结果（查表得出的是平均增长速度，加 1 后即是平均发展速度），见表 5-4。运用时，首先判断客观现象是递增还是递减，当 $\dfrac{\sum_{i=1}^{n} a_i}{a_0}/n > 1$ 时，表明现象是递增的，应查找递增部分；当 $\dfrac{\sum_{i=1}^{n} a_i}{a_0}/n < 1$ 时，表明现象是递减的，应查找递减部分。

表 5-14　平均增长速度查对表（局部）

平均每年增长（%）	各年发展水平总和为基期的%				
	1 年	2 年	3 年	4 年	5 年
1.9	101.90	205.74	311.55	419.37	529.24
2.0	102.00	206.04	312.16	400.40	530.80
2.1	102.10	206.34	312.77	421.44	532.39
2.2	102.20	206.65	313.40	422.50	534.00

【例 5.17】我国 2000—2005 年农村住宅投资情况见表 5-15，试计算我国 2000—2005 年间农村住宅投资的年平均发展速度。

表 5-15　我国 2000—2005 年农村住宅投资情况

单位：亿元

年份	2000	2001	2002	2003	2004	2005
农村住宅投资	2158.9	2077.6	2158.2	2167.5	2453.9	2601.5

解：$a_0 = 2158.9$，$\sum_{i=1}^{5} a_i = 11458.7$，$\dfrac{\sum_{i=1}^{5} a_i}{a_0} = \dfrac{11458.7}{2158.9} = 530.77\%$。

由于 530.77%/5 > 1，故为递增型发展。查表 5-14 中 5 年期限一列，可知

530.77% 居于 529.24% 和 530.80% 之间，对应的平均增长速度是 1.9%～2.0%。运用内插法，可计算出具体的数值。由式

$$\frac{530.77\% - 529.24\%}{530.80\% - 529.24\%} = \frac{t}{2.0\% - 1.9\%}，得 t = 0.098\%$$

故我国 2000—2005 年间农村住宅投资的年平均发展速度为 100% + (1.9% + 0.098%) = 101.99%。

用方程式法计算平均发展速度，侧重于考察中长期计划各期水平的总和，亦即计划期间的累计总量。这种方法适用于计算基本建设投资额、新增固定资产额、住宅建筑面积、造林面积等指标的平均发展速度。

3. 对数最小平方法

对数最小平方法是根据各期实际发展水平 $a_0, a_1, \cdots, a_n$，配合曲线 $y_t = a_0 x^t$，（其中 a_0 为最初发展水平，x 为平均发展水平），使曲线 $y_t = ax^t$ 与实际水平 a_t 最接近。按最小平方法的要求：$\sum_{i=1}^{n}(\ln a_i - \ln y_i)^2 = \sum_{i=1}^{n}(\ln a_i - \ln a_0 - i \ln x)^2 =$ 最小值，对该式对 x 求偏导数并令其等于零，整理得

$$\ln x = \frac{\sum_{i=1}^{n} i \ln \frac{a_i}{a_0}}{\sum_{i=1}^{n} i^2} = \frac{6 \sum_{i=1}^{n} i \ln \frac{a_i}{a_0}}{n(n+1)(2n+1)}$$

于是得到平均发展速度的公式为：

$$x = \exp \frac{6 \sum_{t=1}^{n} t \ln \frac{a_t}{a_0}}{n(n+1)(2n+1)}$$

【例 5.18】 根据【例 5.17】中的资料，用对数最小平方法计算我国 2000—2005 年间农村住宅投资的年平均发展速度。

解：$a_0 = 2158.9$，$n = 5$，$\sum_{i=1}^{5} i \ln \frac{a_i}{a_0} = 1.4177$，代入公式得年平均发展速度为

$$x = \exp \frac{6 \times 1.4177}{5 \times (5+1) \times (2 \times 5 + 1)} = 102.61\%$$

按对数最小平方法计算，各期发展水平对平均发展速度都有影响。因此，当实际发展水平不平衡、波动较大时，采用对数最小平方法计算平均发展速度效果更好。

5.3.3.2 平均增长速度

平均增长速度是各期环比增长速度的序时平均数，它反映现象在较长的时期内逐期增长速度的一般水平。

由于定基增长速度与环比增长速度之间并不存在加总或相乘的换算关系，因此不能直接由增长速度计算平均增长速度，而必须通过平均发展速度指标间接求出平均增长速度。其计算公式为：

$$平均增长速度 = 平均发展速度 - 1（100\%）$$

平均发展速度大于1，平均增长速度就为正值，即"平均递增速度"或"平均递增率"；反之，平均发展速度小于1，平均增长速度就为负值，即"平均递减速度"或"平均递减率"。

例如在【例5.16】中计算出我国2006—2012年间国内生产总值的年平均发展速度为115.70%，则其年平均增长速度为115.70% − 1 = 15.70%。

5.3.3.3 计算和运用速度指标应注意的问题

1. 时间数列中的指标若有0或负数，不宜用几何平均法计算平均发展速度

比如某企业连续五年的利润额分别为10万元、8万元、3万元、−1万元、−2万元，对这一时间数列计算速度，要么不符合数学公理，要么无法解释其实际意义。在这种情况下，适宜直接用绝对数进行分析。

2. 速度指标与发展水平指标要结合运用

速度指标是相对数，其数值大小取决于报告期和基期两个发展水平，有时速度很快，但增长量较小；有时速度虽慢，但增长量却较大。基数小时，速度就可能较快，基数大时，速度就可能较慢。因此，对现象发展进行动态分析时，既要看速度，又要同时考察发展水平和增长量，统计上把速度指标和水平指标相结合的常用指标定为增长1%的绝对值。其计算公式为：

$$增长1\%的绝对值 = \frac{逐期增长量 \times 1\%}{环比增长量}$$

用符号表示可以将上式化简为：

$$增长1\%的绝对值 = (a_i - a_{i-1})/(\frac{a_i - a_{i-1}}{a_{i-1}} \times 100) = \frac{a_{i-1}}{100} = \frac{前一期水平}{100}$$

【例5.19】现有甲、乙两个生产条件基本相同的企业，各年的利润额等资料如表5−16所示。

表5−16　甲、乙两个企业的有关资料

年份	甲企业			乙企业		
	利润额（万元）	增长率（%）	增长1%的绝对值（万元）	利润额（万元）	增长率（%）	增长1%的绝对值（万元）
2012	800	—	—	80	—	—
2013	960	20	8	112	40	0.8

如果只看表中的速度指标，可以看出乙企业的利润增长速度是甲企业的2倍，似乎乙企业的生产经营业绩比甲企业的要好得多，但如果结合发展水平指标分析，比较它们的增长1%的绝对值，就会得出不同的结论。因为甲企业增长1%的绝对值为8万元，远高于乙企业的0.8万元，这说明甲企业的生产经营业绩比乙企业的要更好。

增长1%的绝对值这一指标不仅可用于比较同一事物不同时期增长速度的经济意义，还可以用于比较不同国家、不同地区、不同单位之间同一事物增长速度所隐含的不同的经济意义。

5.4 时间数列的趋势分析

5.4.1 时间数列的变动因素构成与模型

时间数列各项发展水平的变化是由许多因素共同作用的结果。有些因素属于基本因素，对事物的发展起决定作用，会使事物的发展呈现出一定的规律性；有些因素属于偶然的非基本因素，对事物的发展只起局部的非决定作用，使事物的发展表现出不规则的波动。在分析时间数列的变动规律时，事实上是不可能将每一个影响因素一一划分开来，分别去做精确分析。但是，我们可以将这些因素按照其对现象变化影响的类型来加以分类，分为若干种时间数列的构成要素，然后对这几类构成要素分别进行分析，以揭示时间数列变动的规律性。一般将影响社会经济现象时间数列变动的因素归纳为长期趋势、季节变动、循环变动、不规则变动四种因素。

5.4.1.1 时间数列变动因素的构成

1. 长期趋势（T）

长期趋势是指现象在一个相当长的时期内，受某种稳定性因素影响所呈现的上升或下降趋势，也可表现为只围绕某一常数值而无明显增减变化的水平趋势。例如，粮食生产由于受种植方法的不断改良、日益发达的农田水利等根本因素的影响，从较长时期来看，总趋势是持续增加、向上发展的；再如人类寿命的延长、生产力的发展等都是全球的长期趋势。认识和掌握事物的长期趋势，可以把握事物发展变化的基本特点。

2. 季节变动（S）

季节变动是指客观现象受自然条件和社会风俗等因素的影响，在一年或更短的时间内，随季节的更换而呈现周期性波动。引起季节性变动的原因既有自然因素，也有人为因素，如节假日及风俗习惯等。季节变动的影响有以一年为周期的，也有以一日、一周、一月为周期的。如冬装和夏装的销售量，由于受到季节变动的影响呈现淡季和旺季交替变化的周期性变动；如日用消费品的销售量，在周末时多，在工作日少，是以一个星期为周期的。认识和掌握季节变动，对于近期行动决策有重要的作用。

3. 循环变动（C）

循环变动是指客观现象发生周期比较长的涨落起伏相间的变动。循环变动不同于长期趋势，它所表现的不是单一方向（上升或下降）的持续运动，而是有涨有落的交替波动。循环变动也不同于季节变动，季节变动有明显的年、季或月等固定周期，其变动情况一般可以预见；而循环变动没有固定的循环周期，周期长短很不一致，且其变动的周期较长，一般在数年以上，且各循环周期和幅度的规律性也较难把握。比如经济周期的繁荣、萧条、危机、复苏等阶段更替的周期性变动。

4. 不规则变动（I）

不规则变动是指客观现象由于突发事件或偶然因素引起的非周期性、非趋势性的变动，也称为随机变动。包括由突发的自然灾害、意外事故或重大政治事件所引起的剧烈变动，也包括大量随机因素干扰造成的起伏波动。它们是时间数列中无法由上述三个因素解释的部分。由于它们的变动影响，使事物呈现出无规律、不规则的状态。

5.4.1.2 时间数列的分解模型

时间数列的分解，就是把影响时间数列变动的四个构成因素进行分解，以了解它们对时间数列的影响程度和现象的变动规律。在分析这些构成因素对时间数列的影响时，将这些因素之间的关系按照一定的假设，用一定的数学关系式表示，就形成了时间数列分析模型。通常主要有两种假设，所以也就有两种基本分析模型，即加法模型和乘法模型。

设时间数列为 Y，长期趋势为 T，季节变动为 S，循环变动为 C，不规则变动为 I，则两种模型可表达如下：

1. 加法模型

假设四个因素是相互独立的，则时间数列各期水平的数值可视为是四个因素相加的总和，其分解模型为：

$$Y = T + S + C + I$$

加法模型适合动态总量指标总变动的计算。根据上述关系式，要测定某种因素的影响，只需从时间数列数值中减去其余因素即可。

2. 乘法模型

假设四个因素之间存在某些相互影响的关系，互不独立，则时间数列各期水平的数值就是四个因素相乘的乘积，其分解模型为

$$Y = T \times S \times C \times I$$

乘法模型适合动态相对指标总变动的计算。根据上述关系式，要测定某种因素的影响，用其余因素的乘积除以时间数列的数值即可。

在实际工作中，对于一个具体时间数列，要分解为几个影响因素，采用何种模型分析为宜，应根据研究对象的性质、研究目的和所掌握的资料来确定，对现象进行具体分析后，实际包含什么因素就测定什么因素。在这里，我们仅介绍通常使用的长期趋势的测定和季节变动的测定。

5.4.2 长期趋势的测定与预测

长期趋势的测定就是用一定的方法对时间数列进行修匀，使修匀后的时间数列排除季节变动、循环变动和不规则变动等因素的影响，显示出现象变动的基本趋势。长期趋势的测定与分析是时间数列分析的重要工作，一是能正确反映社会经济现象发展变化的方向和趋势，认识其发展变化的规律性；二是能对现象未来的发展趋势做出预测；三是能从时间序列中消除长期趋势影响，为测定季节变动和循环变动创造条件。

长期趋势的测定与预测的方法主要有时距扩大法、移动平均法、趋势方程拟合法

等。下面分别介绍这些方法的运用。

5.4.2.1 时距扩大法

时距扩大法是测定长期趋势最简便的一种方法。它是将原有时间数列中较短的时距单位适当扩大,并计算出扩大了的较大时距单位的指标数值,形成新的时间数列,以便消除原时间数列由于时距较短所受到的季节变动或循环变动和偶然因素的影响,呈现出现象发展的长期趋势。

必须注意的是,时距扩大法用于时期数列时,时距扩大后的指标数值既可以用总量指标表示,也可以用序时平均数表示;而用于时点数列、相对数或平均数时间数列时,时距扩大后的指标数值只能用序时平均数表示。

【例 5.20】某工业企业 2010—2013 年各季度产品产量和季初库存量资料见表 5-17。另 2014 年 1 月初的库存量为 12 万吨。

表 5-17 某工业企业 2010—2013 年各季度产品产量和季初库存量情况

单位:万吨

年份	2010 年				2011 年				2012 年				2013 年			
季度	1	2	3	4	1	2	3	4	1	2	3	4	1	2	3	4
产量	26	36	10	16	28	36	12	20	32	44	16	24	38	50	30	34
季初库存量	4	10	10	5	6	10	10	8	8	12	10	5	10	12	10	10

从表 5-17 中可以看出,2010—2013 年各季度的产量由于受多种因素的影响,增长趋势并不明显。同样季初库存量的发展变化趋势也不明显。如果将按季统计的产量和库存量扩大为时距为年度的数据,则可整理出新的时间数列,见表 5-18。

表 5-18 某工业企业 2010—2013 年平均产品产量和平均库存量

单位:万吨

年份	2010 年	2011 年	2012 年	2013 年
产量	88	96	116	152
季平均产量	22	24	29	38
季平均库存量	7.50	8.75	9.00	10.75

从表中可以明显看出,产量和库存量都呈明显的上升趋势。

应用时距扩大法时需注意以下几个问题:

第一,扩大的时距多大为宜取决于现象自身的特点。对于呈现周期性波动的时间数列,扩大的时距应与波动的周期相吻合;对于一般的时间数列,则要逐步扩大时距,以能够显示趋势变动的方向为宜。时距扩大太大,会造成信息的损失,时距扩大太小,则不能消除偶然因素的影响。此外,前后扩大的时距应当一致,以便相互比较,观察现象的发展趋势。

第二，时距扩大法一般只能用于时间数列的修匀，不能用来预测。

5.4.2.2 移动平均法

当时间数列的变动趋势为线性状态时，可采用移动平均法来对时间数列进行修匀。移动平均法也是将原时间数列的时距扩大，和时距扩大法不同的是，它按照一定的间隔长度，采用逐期移动的办法，计算出扩大时距后的各个数值的序时平均数，形成一个新的时间数列。这种方法实质上是时距扩大法的改良。通过移动平均数形成的派生数列，可以消除原时间数列中的季节变动或循环变动和不规则变动，以显示数列的长期趋势。

移动平均法包括奇数项、偶数项两种移动平均。

奇数项移动平均所得的各项移动平均值放在中间一项的位置上，与各期原值对正，一次就能得到趋势值；偶数项移动平均所得的平均值对着两期的中间，即放在中间两项位置之间，相差半期，需要移正，此时，可再做一次"移正平均"，即将第一次移动平均值再进行一次两项移动平均，使之对正各期的原值。

应用移动平均法分析长期趋势时，应注意以下几个问题：

第一，用移动平均法对原时间数列进行修匀，修匀程度的大小与平均的项数多少有关。例如，用5项移动平均比3项移动平均效果要好。也就是说，修匀的项数越多，效果越好，长期趋势越为明显。

第二，移动平均时所采用的移动时期的长度，应视时间数列本身的特点而定，一般若原时间数列有明显的周期波动，则移动的项数要以周期为长度。例如，季度资料可四项移动平均；各年月资料，可十二项移动平均，这样可消除季节性变动的影响，能较准确地揭示现象发展的长期趋势。若原数列水平无明显的周期波动，也应采取逐步扩大移动时期长度的办法，直到所求的移动平均数能呈现出现象变动趋势为止。

第三，移动平均后的时间数列，较之原数列项数要少。移动时采用的项数越多，虽能更好地修匀数列，但所得的趋势值的项数就越少。一般情况下，移动平均项数（设为K）与趋势值的项数的关系为：若采用奇数项移动平均，所得新数列首尾各少$\frac{K-1}{2}$项，共少$K-1$项；若按偶数项移动平均，则新数列首尾各少$\frac{K}{2}$项，共少K项。所以，移动平均法使数列首尾各丢失部分信息量，而且移动平均时间越长，丢失项数越多。因此，移动平均时间不宜过长。同时，移动平均法采用简单算术平均法来计算各期趋势值，不适宜对曲线型数据进行修匀，也不宜直接根据其进行预测。

【例5.21】表5-19是某企业2013年各月销售额的资料，利用3项、4项移动平均法分别进行修匀，计算其各个移动平均数。

表 5-19 某企业 2013 年各月销售额移动平均计算

月份	销售额（万元）	3 年移动平均	4 年移动平均	
			第一次移动平均	第二次移动平均（移正平均）
1	71.0	—	—	—
2	60.0	68.4		—
3	74.2	69.4	69.8	71.3
4	74.0	77.0	72.8	76.1
5	82.8	81.2	79.5	80.9
6	86.8	85.0	82.3	84.1
7	85.4	87.0	86.0	87.6
8	88.8	90.0	89.2	89.8
9	95.8	92.1	90.4	91.2
10	91.7	93.0	92.0	93.2
11	91.5	94.0	94.5	
12	98.8	—		

由原数列可以看到，由于偶然因素引起的不规则变动的干扰，该企业商品的销售额在中间某些月份有所起伏，但总的发展趋势是上升的。现做 3 年和 4 年移动平均：

1. 3 年移动平均

第一个平均数 $= \dfrac{71.0+60.0+74.2}{3} = 68.4$（万元），对正第二年的原值；第二个平均数 $= \dfrac{60.0+74.2+74.0}{3} = 69.4$（万元），对正第三年的原值；依次移动平均下去，得到 3 年移动平均新数列共 10 项。

2. 4 年移动平均

第一个平均数 $= \dfrac{71.0+60.0+74.2+74.0}{4} = 69.8$（万元），对着第二年和第三年的中间；第二个平均数 $= \dfrac{60.0+74.2+74.0+82.8}{4} = 72.8$（万元），对着第三年和第四年的中间。依次移动平均下去，得到 4 年移动平均新数列共 9 项，每个平均数与原时间数列错半期。移正方法是从 4 年平均数的第一项起，进行两项移正平均，如移正平均的第一个移正值 $= \dfrac{69.8+72.8}{2} = 71.3$（万元），对正第三年的原值。依次移正，最后得到 4 年移正平均数共 8 项。

根据表 5-19 的 3 年移动平均数和 4 年移正平均数的结果可以看出，整个时间数列被修得更加平滑，波动趋于平稳。

值得注意的是，采用移动平均法所计算出来的新数列比原时间数列的项数要少。上例中，按三项移动平均，所得新数列首尾各少一项；按四项移动平均，所得新数列首尾各少两项。可以推出，设移动项数为 N，若采用奇数项移动平均，所得新数列首尾各少 $\frac{N-1}{2}$ 项；若按偶数项移动平均，则新数列首尾各少 $\frac{N}{2}$ 项。这样，在一定程度上减少了研究最初水平和最末发展阶段显示趋势值特点的可能性。因此，移动平均法只便于求时间数列各期的趋势值和观察长期趋势，而不便直接根据派生数列进行预测。

5.4.2.3 趋势方程拟合法

趋势方程拟合法是根据时间数列的发展趋势，用适当的数学模型对时间数列配合一个趋势方程式，据以计算各期的趋势值，是研究现象长期发展趋势和预测最常用的方法。

利用直线回归的方法对原时间数列拟合线性方程，消除其他因素的变动，从而揭示出用最小平方法建立趋势方程必须满足以下两个条件：

第一，原时间数列中各期的指标数值（y）与配合出来的趋势方程求得的各期对应的趋势值（y_c）的离差平方和为最小。即

$$\sum (y - y_c)^2 = 最小值 \qquad (5-8)$$

第二，原时间数列中各期的指标数值（y）与配合出来的趋势方程求得的各期对应的趋势值（y_c）的离差之和为零。即

$$\sum (y - y_c) = 0 \qquad (5-9)$$

趋势方程拟合法既可以配合直线，也可以配合曲线。在测定长期趋势时，可根据时间数列中各期对应的 t 与 y 值，在直角坐标系中作散点图，若散点图大体呈直线变动，就配合直线方程；若散点图大体呈曲线变动，就配合相应的曲线方程，如二次曲线方程和指数曲线方程。此外，也可以大致按如下原则拟合：若时间数列逐期增长量大体相同，可拟合直线；若时间数列的二级增长量（即逐期增长量的逐期增长量）大体相同，可拟合二次曲线；若时间数列的环比速度大体相同，则可拟合指数曲线。这里仅介绍直线趋势方程的拟合方法。

当长期趋势为直线形式时，直线趋势方程的形式为

$$y_c = a + bt \qquad (5-10)$$

式中：y_c 表示时间数列 y 的长期趋势值，t 表示时间数列的时间，a、b 为参数，分别表示趋势直线的截距和斜率。

直线趋势方程中的两个参数 a 和 b 通常按最小平方法求得。该方法是根据回归分析中的最小二乘法原理，对时间数列配合一条趋势线，使之满足条件：数列实际值与趋势值的离差平方和为最小，即 $\sum (y - y_c)^2 = 最小值$。然后，根据所确定的趋势方程计算出各个时期的趋势值，从而观察和描述现象发展的变动趋势，并对未来的趋势值进行预测。

根据回归分析中的方法，参数 a、b 的最小二乘法估计为：

$$b = \frac{n\sum ty - \sum t \cdot \sum y}{n\sum t^2 - (\sum t)^2}$$

$$a = \frac{\sum y}{n} - b\frac{\sum t}{n} = \bar{y} - b\bar{t}$$

将式 (5-10) 代入式 (5-8) 中，得 $\sum(y-y_c)^2 = \sum(y-a-bt)^2$，对 a 和 b 求偏导并令其等于零，得

$$\sum 2(t - a - bt)(-1) = 0$$
$$\sum 2(y - a - bt)(-t) = 0$$

整理两个方程，可得到求参数 a、b 的标准方程

$$\sum y = na + b\sum t$$
$$\sum ty = a\sum t + b\sum t^2$$

解此方程组得

$$b = \frac{n\sum ty - \sum t \cdot \sum y}{n\sum t^2 - (\sum t)^2}$$

$$a = \frac{\sum y}{n} - b\frac{\sum t}{n} = \bar{y} - b\bar{t}$$

式中：n 表示时间数列的项数。

计算时，可将已知时间数列的时间 t 编出序号，时间序号 t 可以根据需要编制，但必须注意时间间隔相同，t 值的差距也相等。计算出 $\sum t$、$\sum y$、$\sum t^2$、$\sum ty$ 的数值，与 n 一并代入 a、b 公式，求得 a、b 值，再代入直线趋势方程 $y_c = a + bt$ 中，即得所求时间数列的趋势方程。

【例 5.22】某地区 2008—2013 年粮食总产量如表 5-20 所示：

表 5-20 某地区 2008—2013 年粮食总产量资料

单位：万吨

年份	产量 y	逐期增长量	时间序号 t	ty	t^2	$y_c = 80.23 + 5.32t$
2008	85.6	—	1	85.6	1	85.6
2009	91.0	5.4	2	182	4	90.9
2010	96.1	5.1	3	288.3	9	96.2
2011	101.2	5.1	4	404.8	16	101.5
2012	107.0	5.8	5	535	25	106.8
2013	112.2	5.2	6	673.2	36	112.1
合 计	593.1	—	21	2168.9	91	593.1

从表 5-20 中可以看出，该地区粮食总产量的逐期增长量除 2012 年以外，其他年份大体相同，所以可拟合直线趋势方程，将表 5-21 中的有关数据代入 a、b 的计算公式，得：

$$b = \frac{6 \times 2168.9 - 21 \times 593.1}{6 \times 91 - (21)^2} = 5.32$$

$$a = \frac{593.1}{6} - \frac{5.32 \times 21}{6} = 80.23$$

则所拟合的直线趋势方程为 $y_c = 80.23 + 5.32t$。

依次将各年的时间序号代入上述方程，即可得出每年的预测值，见表 5-21 的最后一列。若预测 2014 年该地区的粮食总产量，将 $t=7$ 代入方程，得

$$y_c = 80.23 + 5.32 \times 7 = 117.47 \text{（万吨）}$$

为简化 a 和 b 的计算，在编制时间序号时，可设法令 $\sum t = 0$。若时间数列为奇数项时，可令中间一项的时间为原点，即 $t=0$，原点以前各期的 t 值为负，依次为 -1，-2，-3，…；原点以后各期的 t 值为正，依次为 1，2，3，…。若时间数列为偶数项时，原点可设在数列中间两项的中点，即中间两项 t 值定为 -1 和 $+1$，前后各期的 t 值按正负对称编制，分别为 -3，-5，-7，…与 $+3$，$+5$，$+7$，…。这样可有 $\sum t = 0$，计算 a、b 的公式可简化为

$$b = \frac{\sum ty}{\sum t^2}, \quad a = \frac{\sum y}{n}$$

【例 5.23】根据表 5-20 中的资料，用简捷法计算，如表 5-21 所示。

表 5-21　某地区 2008—2013 年粮食总产量资料

单位：万吨

年份	产量 y	时间序号 t	ty	t^2	$y_c = 98.85 + 2.66t$
2008	85.6	-5	-428	25	85.6
2009	91.0	-3	-273	9	90.9
2010	96.1	-1	-96.1	1	96.2
2011	101.2	1	101.2	1	101.5
2012	107.0	3	321	9	106.8
2013	112.2	5	561	25	112.2
合计	593.1	0	186.1	70	593.1

根据表中的资料用简捷法计算：

$$a = \frac{593.1}{6} = 98.85$$

$$b = \frac{186.1}{70} = 2.66$$

则所拟合的直线趋势方程为 $y_c = 98.85 + 2.66t$

如果预测 2014 年该地区的粮食总产量，将 $t = 7$ 代入方程，得

$$y_c = 98.85 + 2.66 \times 7 = 117.47 \text{（万吨）}$$

可见，两种方法计算的趋势预测值结果完全相同。

5.4.3 季节变动的测定与预测

季节变动是指某些社会现象由于受生产条件或自然条件等因素的影响，在 1 年内随着季节的变动而呈现出比较有规律的变动。季节性变动具有三个特点：一是季节性变动每年重复进行；二是季节性变动按照一定的周期进行；三是每个周期变化强度大体相同。

分析季节性变动，还可以根据季节性变动规律，配合适当的季节性模型，结合长期趋势，进行经济预测，计划未来行动。研究季节性变动的目的在于了解季节变动对人们经济生活的影响，以便更好地组织生产和安排生活。

测定季节变动一般是通过计算季节指数来进行，季节指数高说明是"旺季"，反之说明是"淡季"。季节指数的计算，从是否考虑其受长期趋势的影响来看，有两种方法：一是不考虑长期趋势的影响，直接根据原始的时间数列来计算，常用的方法是按月（季）平均法；二是根据剔除长期趋势影响后的数列来计算，常用的方法是移动平均趋势剔除法。

5.4.3.1 按月（季）平均法

按月（季）平均法是依据若干年资料的数据，求出各年同月份（季）的平均水平与全数列总平均月份（季）水平，然后对比得出各月份（季）各季节指数。为了较准确地观察季节性变动情况，一般用连续 3 年以上的发展水平资料加以平均分析。其计算步骤如下：

（1）将各年同月（或季）的数字加总，计算出各年同月（季）的平均水平。

（2）将各年所有月（或季）的数字加总，计算出各年所有月（季）的总平均水平。

（3）将各年同月（季）的平均水平与各年所有月（季）的总平均水平对比，即得季节指数：

$$\text{季节指数} = \frac{\text{各月（季）平均水平}}{\text{全期各月（季）总平均水平}} \times 100\%$$

【例 5.24】某市邮政支局 2010—2013 年各月包裹收寄量资料如表 5 – 22 所示，试用按月（季）平均法计算各月的季节指数。

表 5-22　某市邮政支局 2010—2013 年各月包裹收寄量资料

月份	各年包裹收寄量（百件）				四年合计（百件）	各年同月平均(百件)	季节指数（％）
	2010 年	2011 年	2012 年	2013 年			
	（1）	（2）	（3）	（4）	（5）	（6）	（7）
1	213	298	261	304	1076	269	143.99
2	181	191	175	290	837	209.25	105.01
3	128	131	164	210	633	158.25	79.41
4	133	143	166	220	662	165.5	83.05
5	122	156	174	230	682	170.5	85.56
6	145	158	177	228	708	177	88.82
7	124	146	175	200	645	161.25	80.92
8	150	153	206	210	719	179.75	90.20
9	131	157	180	220	688	172	86.31
10	139	151	168	215	673	168.25	84.43
11	196	227	274	270	967	241.75	121.32
12	287	327	361	300	1275	318.75	159.96
合计	1949	2238	2481	2897	9565	2391.25	1200
月平均	162.4167	186.5	206.75	241.4167	199.2708	199.2708	100

具体计算过程如下：

第一步，计算各年同月份平均水平。

1 月份平均数 $= \dfrac{213+298+261+304}{4} = 269$（百件），其余各月份类推；

第二步，计算各年所有月份的总平均水平。

总平均月份水平 $= \dfrac{9565}{48} = 199.2708$（百件）

或总平均月份水平 $= \dfrac{162.4167+186.5+206.75+241.4167}{4} = 199.2708$（百件）

或总平均月份水平 $= \dfrac{2391.25}{12} = 199.2708$（百件）

第三步，计算季节指数。

1 月份的季节指数 $= \dfrac{269}{199.2708} = 143.99\%$，其余各月类推。

从表 5-22 中计算出的季节指数可以看出该市邮政包裹收寄量的季节变动趋势：11 月到次年 2 月是旺季，其中 12 月份达到最高峰，其余各月是淡季，起伏不大。

使用按月（季）平均法计算季节指数，12 个月的季节指数之和应为 1200%，或

4个季度的季节指数之和应为400%，但在实际计算过程中，有时会因舍入误差使季节系数之和不等于1200%或400%，这时就需要进行调整。调整的方法为

$$调整系数 = \frac{1200\%（400\%）}{调整前各月（季）季节指数之和}$$

调整后各月（季）季节指数 = 调整前各月（季）季节指数 × 调整系数

按月（季）平均法计算简便，容易掌握，缺点是没有考虑长期趋势的影响，它计算的季节指数不够精确。从理论上来讲，在计算月（季）平均数时，各年同月（季）的数值起着同等重要的作用，如果前后期各月水平波动较大，比如后期各月水平较前期水平有较大提高，此时后期各月水平对平均数的影响较大，从而影响了季节指数的准确性。为了弥补这个缺点，可以采用移动平均趋势剔除法来测定季节变动。

5.4.3.2 移动平均趋势剔除法

如果所给的时间数列呈现出明显上升或下降的长期趋势，应先从时间数列中将长期趋势剔除掉，然后再应用"同期平均法"剔除循环变动和不规则变动，最后通过计算季节指数来测定季节变动的程度。序列中的趋势值可以采用移动平均法和最小二乘方法求得。前者称为移动平均趋势剔除法，后者称为趋势剔除法。

下面主要分析移动平均趋势剔除法的基本原理。

移动平均趋势剔除法假定时间序列各构成要素的关系结构为 $Y = T \times S \times C \times I$，假定各年度不规则波动 I 彼此独立。首先，对原始时间数列计算各月（季）移动平均数，作为相应时期的长期趋势值（T）。其次，将实际值（Y）除以对应的移动平均数，得出剔除长期趋势因素后的新数列 $\frac{Y}{T} = S \times I$，称为修匀比率。最后，将所得的各年同月（季）的修匀比率重新按月（季）排列，求出同月（季）平均数，再将其除以总平均数，即得到季节指数。

【例5.25】 表5-23中的资料是某企业2011—2013年的销售量采用12个月移动平均趋势剔除法计算季节指数。

表5-23 12个月移动平均趋势剔除计算表

年份	月份	销售量（万件） Y	12个月移动平均	长期趋势值 （T）（正位平均）	修匀比率（%） $\frac{Y}{T} = S \times I$
		(1)	(2)	(3)	(4) = (1) ÷ (3)
2011	1	40	—	—	—
	2	35	—	—	—
	3	30	—	—	—
	4	26	—	—	—
	5	27	—	—	—
	6	32	—	—	—

续表

年份	月份	销售量（万件）Y (1)	12个月移动平均 (2)	长期趋势值（T）（正位平均）(3)	修匀比率（%）$\dfrac{Y}{T}=S\times I$ (4)＝(1)÷(3)
2011	7	55	45.17	47.04	116.92
	8	72	48.92	50.71	141.98
	9	77	52.50	54.17	142.15
	10	68	55.83	57.38	118.51
	11	42	58.92	59.67	70.39
	12	38	60.42	61.96	61.33
2012	1	85	63.50	65.71	129.36
	2	78	67.92	71.71	108.77
	3	70	75.50	79.58	87.96
	4	63	83.67	86.33	72.98
	5	45	89.00	91.21	49.34
	6	69	93.42	95.58	72.19
	7	108	97.75	99.21	108.86
	8	163	100.67	102.71	160.26
	9	175	102.75	103.92	168.40
	10	132	105.08	106.00	124.53
	11	95	106.92	109.00	87.16
	12	90	111.08	112.58	79.94
2013	1	120	114.08	117.29	102.31
	2	103	120.50	122.58	84.03
	3	98	124.67	127.17	77.06
	4	85	129.67	132.83	63.99
	5	95	136.00	138.08	68.80
	6	105	140.17	141.71	74.09
	7	185	143.25	—	—
	8	213	—	—	—
	9	235	—	—	—
	10	208	—	—	—
	11	145	—	—	—
	12	127	—	—	—

从表5-23中第(1)栏资料可以看出,销售量不仅有季节性变动,而且有较明显的长期增长的趋势,所以需要用移动平均趋势剔除法。具体计算过程如下:

(1) 将第(1)栏中的资料计算12月移动平均数,消除季节变动,得到表5-23中的第(2)栏。

(2) 因移动项数为偶数,需再对第(2)栏资料计算移正平均数,得到表中的第(3)栏资料,作为长期趋势值T。

(3) 用第(1)栏中的实际值Y除以第(3)栏中的长期趋势值T,得到第(4)栏的修匀比率Y/T,剔除了长期趋势,但还包含由季节变动和偶然因素引起的不规则变动。

(4) 将表5-23中第(4)栏的修匀比率重新整理,排列成表5-24,计算各年同月平均,即得出消除不规则变动的季节指数。

(5) 由于12个月的季节指数之和为1185.68%,不等于1200%,需要用调整系数加以调整。

$$调整系数 = \frac{1200}{1185.68} = 1.0121$$

1月份调整后的季节指数 = 115.84% × 1.0121 = 117.24%

2月份调整后的季节指数 = 96.40% × 1.0121 = 97.57%

……

以下各月依此类推。

表5-24 各年同月的平均修匀比率

单位:%

	2011	2012	2013	各年同月合计	各年同月平均修匀比率	调整后的季节指数
1	—	129.36	102.31	231.67	115.84	117.24
2	—	108.77	84.03	192.80	96.40	97.57
3	—	87.96	77.06	165.02	82.51	83.51
4	—	72.98	63.99	136.97	68.49	69.32
5	—	49.34	68.80	118.14	59.07	59.78
6	—	72.19	74.09	146.28	73.14	74.02
7	116.92	108.86	—	225.78	112.89	114.26
8	141.98	160.26	—	302.24	151.12	152.95
9	142.15	168.40	—	310.55	155.28	157.16
10	118.51	124.53	—	243.04	121.52	122.99
11	70.39	87.16	—	157.55	78.78	79.73
12	61.33	79.94	—	141.27	70.64	71.49
合计				2371.31	1185.68	1200.00

应用季节变动的资料可以进行某些预测。预测方法如下：

1. 已知下一年度全年预测值，预测月（季）的预测值

某月（季）的预测值 = 全年平均月（季）预测值 × 该月（季）的季节指数

【例5.26】根据【例5.25】的资料和分析结果，如果已预测到2014年该企业的销售量为2000万件，则

2014年1月份销售量的预测值 $= \frac{2000}{12} \times 117.24\% = 195.4$（万件）

2014年2月份销售量的预测值 $= \frac{2000}{12} \times 97.57\% = 162.62$（万件）

其余各月销售量的预测值依次类推。

2. 已知本年度前几个月（季）的实际值，推算本年度以后月（季）的预测值

$$\frac{\text{以后某月（季）}}{\text{的预测值}} = \frac{\text{已知本年度各月（季）}}{\text{的实际水平之和}} \times \frac{\text{该月（季）的季节指数}}{\text{已知各月（季）的季节指数之和}}$$

【例5.27】根据【例5.25】的资料和分析结果，如果已知2014年1月的销售量为150万件，2月的销售量为130万件，则

2014年3月销售量的预测值 $= (150 + 130) \times \frac{83.51\%}{117.24\% + 97.57\%} = 108.85$（万件）

2014年4月销售量的预测值 $= (150 + 130) \times \frac{69.32\%}{117.24\% + 97.57\%} = 90.36$（万件）

其余各月销售量的预测值依次类推。

本章小结

时间序列是将不同时间上的同类统计指标数值按时间先后顺序排列而形成的数列。

总量指标时间序列是基本的时间序列，分为时期序列和时点序列，相对指标和平均指标时间序列是由总量指标时间序列派生的。

时间序列运用一系列动态分析指标，如平均发展水平、平均增长水平、发展速度、平均发展速度、平均增长速度等。这些指标对经济现象不仅能从纵向、横向进行比较，而且可以概括其发展变化的过程和特征。

通常可以把时间序列的总变动分解为：长期趋势、季节变动、循环变动、不规则变动进行测定，可以具体地认识时间序列的特征与选择适合的预测模型。

长期趋势的测定方法有：时距扩大法、移动平均法和最小平方法。当确定了趋势模型后，要对趋势方程中的参数进行估计，最常用的方法是最小二乘法。

测定季节变动的常用方法有两种：按月（季）平均法和移动平均趋势剔除法。

思考与练习

一、单项选择题

1. 下列数列中哪一个属于时间数列（　　）。
   A. 学生按学习成绩分组形成的数列
   B. 工业企业按地区分组形成的数列
   C. 职工按工资水平高低排列形成的数列
   D. 出口额按时间先后顺序排列形成的数列

2. 某地区 2005—2014 年排列的每年年终人口数时间数列是（　　）。
   A. 绝对数时期数列　　　　　　　B. 绝对数时点数列
   C. 相对数时间数列　　　　　　　D. 平均数时间数列

3. 某地区 2005—2014 年按年排列的每人分摊粮食产量的时间数列是（　　）。
   A. 绝对数时间数列　　　　　　　B. 绝对数时点数列
   C. 相对数时间数列　　　　　　　D. 平均数时间数列

4. 根据时期数列计算序时平均数应采用（　　）。
   A. 几何平均法　　　　　　　　　B. 加权算术平均法
   C. 简单算术平均法　　　　　　　D. 首末折半法

5. 2014 年 11 月某企业在册工作人员发生了如下变化：11 月 1 日在册 919 人，11 月 6 日离开 29 人，11 月 21 日录用 15 人，则该企业 11 月份日平均在册工作人员数为（　　）。
   A. 900　　　　B. 905　　　　C. 912　　　　D. 919

6. 某企业 4 月、5 月、6 月、7 月的平均职工人数分别为：290 人、295 人、293 人和 301 人，则该企业二季度的平均职工人数的计算方法为（　　）。
   A. (290 + 295 + 293 + 301)/4
   B. (290 + 295 + 293)/3
   C. (290/2 + 295 + 293 + 301/2)/(4 − 1)
   D. (290/2 + 295 + 293 + 301/2)/4

7. 已知环比增长速度为 9.2%、8.6%、7.1%、7.5%，则定基增长速度为（　　）。
   A. 9.2% ×8.6% ×7.1% ×7.5%
   B. (9.2% ×8.6% ×7.1% ×7.5%) −100%
   C. 109.2% ×108.6% ×107.1% ×107.5%
   D. (109.2% ×108.6% ×107.1% ×107.5%) −100%

8. 下列等式中，不正确的是（　　）。
   A. 发展速度 = 增长速度 + 1

B. 定基发展速度 = 相应各环比发展速度的连乘积

C. 定基增长速度 = 相应各环比增长速度的连乘积

D. 平均增长速度 = 平均发展速度 – 1

9. 累计增长量与其相应的各个逐期增长量的关系表现为（　　）。

　　A. 累计增长量等于相应的各个逐期增长量之积

　　B. 累计增长量等于相应的各个逐期增长量之和

　　C. 累计增长量等于相应的各个逐期增长量之差

　　D. 以上都不对

10. 广东省第三产业增加值 2014 年比 2008 年增加了 219.67%，则广东省这几年第三产业增加值的平均发展速度为（　　）。

　　A. $\sqrt[7]{219.67\%}$　　B. $\sqrt[6]{219.67\%}$　　C. $\sqrt[7]{319.67\%}$　　D. $\sqrt[6]{319.67\%}$

11. 某种股票的价格周二上涨了 10%，周三下跌了 2%，周四上涨了 5%，这三天累计涨幅为（　　）。

　　A. 13%　　　　B. 13.19%　　　　C. 14.10%　　　　D. 17.81%

12. 某企业生产某种产品，其产量年年增加 5 万吨，则该产品产量的环比增长速度（　　）。

　　A. 年年下降　　B. 年年增长　　C. 年年保持不变　　D. 无法做结论

13. 今年某月发展水平除以去年同期发展水平的指标是（　　）。

　　A. 定基发展速度　　　　　　B. 环比发展速度

　　C. 平均发展速度　　　　　　D. 年距发展速度

14. 若要观察现象在某一段时期内变动的基本趋势，需测定现象的（　　）。

　　A. 长期趋势　　B. 季节变动　　C. 循环变动　　D. 不规则变动

15. 若无季节变动，则各季的季节指数为（　　）。

　　A. 0　　　　B. 100%　　　　C. 小于 100%　　　　D. 大于 100%

16. 时间数列与变量数列（　　）。

　　A. 都是根据时间顺序排列的

　　B. 都是根据变量值大小排列的

　　C. 前者是根据时间顺序排列的，后者是根据变量值大小排列的

　　D. 前者是根据变量值大小排列的，后者是根据时间顺序排列的

17. 时间数列中，数值大小与时间长短有直接关系的是（　　）。

　　A. 平均数时间数列　　　　　B. 时期数列

　　C. 时点数列　　　　　　　　D. 相对数时间数列

18. 发展速度属于（　　）。

　　A. 比例相对数　　B. 比较相对数　　C. 动态相对数　　D. 强度相对数

19. 计算发展速度的分母是（　　）。

　　A. 报告期水平　　B. 基期水平　　C. 实际水平　　D. 计划水平

20. 某车间月初工人人数资料如表 5 – 25 所示：

表 5-25　月初人数资料

月份	1	2	3	4	5	6	7
月初人数（人）	280	284	280	300	302	304	320

则该车间上半年的平均人数约为（　　）。

　　A. 296 人　　　　B. 292 人　　　　C. 295 人　　　　D. 300 人

21. 某地区某年 9 月末的人口数为 150 万人，10 月末的人口数为 150.2 万人，该地区 10 月的人口平均数为（　　）。

　　A. 150 万人　　　B. 150.2 万人　　C. 150.1 万人　　D. 无法确定

22. 由一个 9 项的时间数列可以计算的环比发展速度（　　）。

　　A. 有 8 个　　　　B. 有 9 个　　　　C. 有 10 个　　　D. 有 7 个

23. 采用几何平均法计算平均发展速度的依据是（　　）。

　　A. 各年环比发展速度之积等于总速度
　　B. 各年环比发展速度之和等于总速度
　　C. 各年环比增长速度之积等于总速度
　　D. 各年环比增长速度之和等于总速度

24. 某企业的产值 2015 年比 2010 年增长了 58.6%，则该企业 2010—2015 年间产值的平均发展速度为（　　）。

　　A. $\sqrt[5]{58.6\%}$　　B. $\sqrt[5]{158.6\%}$　　C. $\sqrt[6]{58.6\%}$　　D. $\sqrt[6]{158.6\%}$

25. 根据牧区每个月初的牲畜存栏数计算全牧区半年的牲畜平均存栏数，采用的方法是（　　）。

　　A. 简单平均法　　　　　　　　　B. 几何平均法
　　C. 加权序时平均法　　　　　　　D. 首末折半法

26. 时间序列在一年内重复出现的周期性波动称为（　　）。

　　A. 长期趋势　　B. 季节变动　　C. 循环变动　　D. 随机变动

二、多项选择题

1. 时间数列中，各项指标数值直接相加没有实际意义的有（　　）。

　　A. 时点数列　　　　B. 时期数列　　　C. 相对数时间数列
　　D. 平均数时间数列　E. 绝对数时间数列

2. 构成时间数列的两个基本要素是（　　）。

　　A. 指标名称　　　　B. 指标数值　　　C. 指标单位
　　D. 现象所属的时间　E. 分解模型

3. 时点数列的特点有（　　）。

　　A. 数列中各个指标数值可以相加
　　B. 数列中各个指标数值不具有可加性
　　C. 指标数值是通过一次登记取得的
　　D. 指标数值是通过连续不断登记取得的

E. 指标数值的大小与间隔长短没有直接联系

4. 下面哪几项是时期数列（　　）。
   A. 我国近几年的耕地总面积　　　B. 我国历年新增人口数
   C. 我国历年图书出版量　　　　　D. 我国历年的黄金储备
   E. 某地区国有企业历年资金利税率

5. 下列数列哪些属于由两个时期数列对比构成的相对数或平均数时间数列（　　）。
   A. 工业企业全员劳动生产率数列
   B. 百元产值利润率时间数列
   C. 产品产量计划完成程度时间数列
   D. 某单位人员构成时间数列
   E. 各种商品销售额所占比重时间数列

6. 下面属于时点数列的是（　　）。
   A. 历年旅客周转量　　　　　　B. 某工厂每年设备台数
   C. 历年商品销售量　　　　　　D. 某高校历年毕业生人数
   E. 某银行储户存款余额

7. 根据时间数列中不同时期的发展水平所求的平均数称为（　　）。
   A. 序时平均数　　　　　　　　B. 算术平均数
   C. 几何平均数　　　　　　　　D. 平均发展水平
   E. 平均发展速度

8. 某水产公司 2001 年产值为 2000 万元，2008 年产值为 2001 年的 300%，则该公司产值的年平均增长量及年平均增长速度为（　　）。
   A. 年平均增长量为 571.43 万元　　B. 年平均增长量为 500.00 万元
   C. 年平均增长速度为 16.99%　　　D. 年平均增长速度为 14.72%
   E. 年平均增长速度为 20.09%

9. 下面哪些现象侧重于用几何平均法计算平均发展速度（　　）。
   A. 基本建设投资额　　　　　　B. 商品销售量
   C. 垦荒造林数量　　　　　　　D. 居民消费支出状况
   E. 产品产量

10. 长期趋势的测定方法有（　　）。
    A. 季节比率法　　B. 移动平均法　　C. 最小平方法　　D. 时距扩大法
    E. 趋势剔除法

11. 对于时间数列，下列说法正确的有（　　）。
    A. 数列是按数值大小顺序排列的
    B. 数列是按时间顺序排列的
    C. 数列中的数值都有可加性
    D. 数列是进行动态分析的基础

E. 编制时应注意数值间的可比性

12. 时点数列的特点有（　　）。
    A. 数值大小与间隔长短有关
    B. 数值大小与间隔长短无关
    C. 数值相加有实际意义
    D. 数值相加没有实际意义
    E. 数值是连续登记得到的

13. 下列说法正确的有（　　）。
    A. 平均增长速度大于平均发展速度
    B. 平均增长速度小于平均发展速度
    C. 平均增长速度 = 平均发展速度 − 1
    D. 平均发展速度 = 平均增长速度 − 1
    E. 平均发展速度 × 平均增长速度 = 1

14. 下列计算增长速度的公式正确的有（　　）。

    A. 增长速度 = $\dfrac{增长量}{基期水平} \times 100\%$

    B. 增长速度 = $\dfrac{增长量}{报告期水平} \times 100\%$

    C. 增长速度 = 发展速度 − 100%

    D. 增长速度 = $\dfrac{报告期水平 - 基期水平}{基期水平} \times 100\%$

    E. 增长速度 = $\dfrac{报告期水平}{基期水平} \times 100\%$

15. 采用几何平均法计算平均发展速度的公式有（　　）。

    A. $\bar{x} = \sqrt[n]{\dfrac{a_1}{a_0} \times \dfrac{a_2}{a_1} \times \dfrac{a_3}{a_2} \times \cdots \times \dfrac{a_n}{a_{n-1}}}$
    B. $\bar{x} = \sqrt[n]{\dfrac{a_n}{a_0}}$

    C. $\bar{x} = \sqrt[n]{\dfrac{a_n}{a_1}}$
    D. $\bar{x} = \sqrt[n]{R}$

    E. $\bar{x} = \dfrac{\sum x}{n}$

16. 某公司连续五年的销售额资料如表 5 − 26 所示：

表 5 − 26　连续五年销售额资料

时间	第一年	第二年	第三年	第四年	第五年
销售额（万元）	1000	1100	1300	1350	1400

根据上述资料计算的下列数据正确的有（　　）。
    A. 第二年的环比增长速度 = 定基增长速度 = 10%
    B. 第三年的累计增长量 = 逐期增长量 = 200 万元
    C. 第四年的定基发展速度为 135%

D. 第五年增长1%绝对值为14万元
E. 第五年增长1%绝对值为13.5万元

17. 关于季节变动的测定，下列说法正确的是（　　）。
    A. 目的在于掌握事物变动的季节周期性
    B. 常用的方法是按月（季）平均法
    C. 需要计算季节比率
    D. 按月计算的季节比率之和应等于400%
    E. 季节比率越大，说明事物的变动越处于淡季

18. 时间数列的可比性原则主要指（　　）。
    A. 时间长短要一致　　　　　　B. 经济内容要一致
    C. 计算方法要一致　　　　　　D. 总体范围要一致
    E. 计量单位要一致

三、计算题

1. 某企业2013年职工人数资料如表5－27所示：

表5－27　2013年职工人数资料

日　期	1月1日	4月1日	5月1日	11月1日	12月31日
职工人数（人）	3020	3260	2950	3200	3270

计算该企业2013年全年平均职工人数。

2. 某企业2013年各季度实际完成利润和利润计划完成程度的资料如表5－28所示：

表5－28　2013年各季度实际完成利润和利润计划完成程度资料

季度	一季	二季	三季	四季
实际利润（万元）	860	887	875	898
利润计划完成程度（%）	130	135	138	125

试计算该企业年度利润计划平均完成百分比。

3. 某企业集团公司2013年第三季度职工人数及产值资料如表5－29所示：

表5－29　2013年第三季度职工人数及产值资料

月份	7月	8月	9月
产值（万元）	8000	8400	9000
月初人数（人）	4640	4660	4680

要求：（1）计算第三季度的月平均劳动生产率。
（2）计算第三季度的劳动生产率。

4. 某企业2009—2014年间某产品产量资料如表5－30所示：

表 5-30 2009—2014 年间某产品产量资料

年份	2009	2010	2011	2012	2013	2014
产量（万件）	500					
逐期增长量（万件）	—	50.00				
累计增长量（万件）	—		44.00			
环比发展速度（%）	—					
环比增长速度（%）						5.00
定基发展速度（%）				132.80		
定基增长速度（%）						
增长 1% 的绝对值（万件）						7.00

要求：(1) 将表中空格数据填齐。

(2) 计算 2009—2014 年间该企业的年平均产量、年平均增长量和年平均增长速度。

5. 2008 年末，我国人口为 13.28 亿人，为争取 2020 年末我国人口控制在 15 亿人之内，要求：

(1) 计算年人口平均增长率。

(2) 若从 2009 年起今后年人口平均增长率控制在 1% 之内，试计算 2020 年末我国人口数。

6. 某市制订城市社会发展十年规划，该市 10 年后人均绿化面积要在 2010 年的人均 $4m^2$ 的基础上翻一番，试问：

(1) 若在 2020 年达到翻一番的目标，每年的平均发展速度是多少？

(2) 如果希望提前两年达到翻一番的目标，每年的平均增长速度是多少？

(3) 若 2011 年和 2012 年的平均发展速度为 110%，那么后 8 年应该以怎样的平均增长速度才能实现这一目标？

7. 2010—2014 年，广东省国内生产总值环比增长速度依次为：12.2%，10.0%，8.2%，8.5%，7.8%，试计算广东省这几年国内生产总值的平均增长速度。若按照此速度发展，广东省需要多少时间可以实现国内生产总值翻两番？

8. 某企业连续 6 年的销售额资料如表 5-31 所示：

表 5-31 2010—2015 年销售额资料

年份	销售额（万元）
2010	85.6
2011	91.0
2012	96.1
2013	101.2
2014	107.0
2015	112.2

要求：（1）试用最小平方法建立恰当的趋势方程。
（2）试预测该企业2016年和2017年的销售额。

9. 某公司某年9月末有职工250人，10月上旬的人数变动情况是：10月4日新招聘12名大学生上岗，6日有4名老职工退休离岗，8日有3名青年工人应征入伍，同日又有3名职工辞职离岗，9日招聘7名营销人员上岗。试计算该公司10月上旬的平均在岗人数。

10. 某银行2014年部分月份的现金库存额资料如表5－32所示：

表5－32　2014年1—7月现金库存额资料

日期	1月1日	2月1日	3月1日	4月1日	5月1日	6月1日	7月1日
库存额（万元）	500	480	450	520	550	600	580

要求：（1）具体说明这个时间序列属于哪一种时间序列。
（2）分别计算该银行2014年第一季度、第二季度和上半年的平均现金库存额。

11. 某单位上半年职工人数统计资料如表5－33所示：

表5－33　上半年职工人数资料

时间	1月1日	2月1日	4月1日	6月30日
人数（人）	1002	1050	1020	1008

要求计算：（1）第一季度平均人数。（2）上半年平均人数。

12. 某企业2013年上半年的产量和单位成本资料如表5－34所示：

表5－34　2013年上半年产量和单位成本资料

月份	1	2	3	4	5	6
产量（件）	2000	3000	4000	3000	4000	5000
单位成本（元）	73	72	71	73	69	68

试计算该企业2013年上半年的产品单位成本。

四、分析题

某市2012—2014年水产品销售量情况如表5－35所示。

表5－35　2012—2014年水产品销售量资料

单位：千吨

月份	2012年	2013年	2014年
1	0.80	1.70	2.40
2	0.70	1.56	2.06
3	0.60	1.40	1.96

续表

月份	2012 年	2013 年	2014 年
4	0.52	1.26	1.70
5	0.54	0.90	1.90
6	0.64	1.38	2.10
7	1.10	2.16	3.70
8	1.42	3.26	4.26
9	1.54	3.50	4.70
10	1.36	2.64	4.16
11	0.84	1.90	2.90
12	0.76	1.80	2.54

要求：(1) 试判断用"按月（季）平均法"还是用"移动平均趋势剔除法"求季节指数？为什么？用你选择的方法计算季节指数。

(2) 若 2015 年预计该市水产品的销售量可达到 40 千吨，试预测 2015 年各月的水产品销售量。

(3) 若 2015 年 1—4 月份该市水产品的实际销售量为 9.5 千吨，试预测 2015 年 5—12 月的水产品销售量。

第6章 统计指数

【开篇案例】

2013年中国各省（市）幸福指数调查

幸福指数是人们幸福感的度量值，它是反映民众生活质量的核心指标。最早提出"幸福指数"概念的是20世纪50年代美国经济学家、诺贝尔奖得主萨缪尔森。目前，西方很多国家都非常关注"幸福指数"这一软指标，纷纷研究并计划设立衡量人们幸福感的指标，使它与GDP一样成为衡量一个国家发展水平的标准。幸福指数概念作为最重要的非经济因素，它是社会运行状况和民众生活状态的晴雨表，也是社会发展和民心向背的风向标。

2013年8月，由中宏保险与《理财周报》联合发起的"中国中产家庭幸福指数调查"在沪出炉，调查是通过对全国10个城市7万余名20～40岁中产收入人群发放问卷统计结果所得，选择中产家庭的标准为年收入在5万元以上。

调查结果显示，重庆、四川、江苏、福建四地幸福指数最高，有近半被调查者对家庭生活现状表示满意。而经济最为发达的深圳、北京、上海、浙江幸福指数最低，成为中产家庭心中"不够幸福"的城市。

八成受访者幸福感达标但存有"伪现象"

据称，家庭幸福指数的总体平均值旨在反映中国中产家庭生活幸福感的总体状况和发展趋势。经过此次涉及数万人的大调查，有近35%的人为自己的家庭幸福打了"70～80分"，表明自己正享受着中等水平的家庭幸福；有近25%的人打了"80～90分"，表明他们有着明显的家庭幸福感；选择"非常幸福"，为自己的家庭幸福打了"90～100分"的受访者也占总数量的10%。在本次调查中，中国中产家庭的总体幸福感还是比较高的，幸福感合格的受访者超过80%。

随着经济水平和社会保障的不断完善，中国家庭的生活幸福指数也在逐年提高。通过调查发现，中产阶级的幸福感提升速度和程度较之其他阶层更快也更为明显，但却存在着"伪幸福"现象，在看似幸福的背后其实蕴藏着一定的"幸福危机"。中国中产家庭在住房改善、子女教育、财富管理等方面仍然存在着诸多的困惑和不足。

北京、上海、深圳均处于合格线以下

通过比较10个具有典型代表性地区的调查数据得出全国中产家庭幸福指数平均数，而在开展调查的10个地区中，北京、上海、深圳、浙江家庭幸福平均指数略低于全国平均水平，江苏、四川、福建、重庆家庭幸福平均指数明显高于全国平均水平，山东、广东处于全国平均水平。

调查显示，北京、上海、深圳、浙江四个地区，家庭幸福指数均在合格线以下，其中深圳和北京两地的家庭幸福指数更是位居本次调查地区的倒数两位。住房压力大、工作压力大、交通状况不佳、缺少与家人相处的时间，是影响受访者幸福感的重要因素。

广东、山东的家庭幸福指数处于全国平均水平，大多数受访者的幸福观是：健康平安、和谐和睦、吃穿不愁、安居乐业。这种幸福观比较简单直白，也反映了他们喜欢安逸的生活，对当前生活状况持基本满意的态度。较好的经济收入、良好的家庭成员关系、稳定的社会环境，也使得这两个地区的中产家庭对幸福生活的感受较为强烈。

引例思考：

1. 生活中我们总会听到有人谈起指数，如股票价格指数、消费者物价指数、房地产价格指数、穿衣指数、廉政指数、幸福指数等，指数到底是什么？

2. 家庭主妇为什么会知道，如果预期价格指数要上升，把钱存在银行就不明智了？

3. 炒股的人为什么根据指数变动的轨迹决定股票投资决策？

4. 企业的总经理十分关心本企业各种产品产量和价格的动态变化，为什么也要利用指数的概念和方法来解决他的问题？

6.1 统计指数概述

6.1.1 统计指数的概念

在对社会经济现象进行动态分析时有两种情况：一种是单个现象，即只由一种事物构成的现象，如研究一种商品的销售量或购买价格的变化；另一种是不能直接加总的多个个体组成的现象，如多种商品的销售量、多种工业产品产量等。要综合反映其变动，就不能用一般的发展速度，而要采用统计指数的方法来解决。时间数列分析法侧重于单个个体现象的发展变化情况，而统计指数分析法着重于多个个体现象的发展变化情况。

统计指数最早是从反映物价变化的物价指数中产生的，距今已有数百年的历史了。随着时间的推移，统计指数的应用越来越广泛，逐渐渗透到社会经济领域的方方面面。例如，居民生活费用价格指数、消费品价格指数，可以反映价格波动对人们日常生活的影响；工业生产指数是衡量经济增长水平的重要指标之一；而股票价格指数则会对人们的投资活动产生直接影响。统计指数，作为一种经济分析工具，在经济分析的各个领域，都具有广泛的应用价值。因此，统计指数也常常被称为"经济指数"。

指数作为一种对比性的统计指标具有相对数的形式，通常表现为百分数。它表明：若把作为对比基准的水平（基数）视为100，则所要考察的现象水平相当于基数的多少。譬如，已知某年全国的零售物价指数为105%，这就表示：若将基期年份（通常为上年）的一般价格水平看成100%，则当年全国的价格水平就相当于基年的105%，或者说，当年的价格上涨了5%。因此一定要区分指数和增长（上升）率之间的关系，指数=增长（上升）率+1。

从对比性质来看，指数通常是不同时间的现象水平的对比，它表明现象在时间上的变动情况（动态）。此外，指数还可以是不同空间（如不同国家、地区、部门、企业等）的现象水平的对比，或者现象的实际水平与计划（规划或目标）水平的对比，这些可以看成是动态对比指数方法的拓展。可见，指数在经济分析上具有十分广阔的应用领域。

统计界认为，统计指数的概念有广义和狭义两种理解。广义指数是指反映社会经济现象数量对比关系的相对数，是一种对比性的分析指标。如动态相对数、比较相对数、计划完成程度相对数，都可以称为指数。狭义指数是指一种特殊的相对数，是表明复杂社会经济现象总体数量综合变动的相对数。所谓复杂总体，是指由于各个部分性质、计量单位不同而在研究其数量特征时不能直接加总或直接对比的总体。例如，由所有零售商品所构成的总体，由于不同的商品具有不同的使用价值和不同的计量单位，在反映价格等数量方面时，是不能直接进行加总的，即是一个复杂的总体。社会经济统计学中的统计指数主要是指狭义的指数。

6.1.2 统计指数的分类

1. 根据反映对象的范围不同，可将统计指数分为个体指数和总指数

个体指数是说明个体现象或个别事物数量变动的相对数。如某种商品的销售量指数、某支股票的价格指数等。个体指数是在简单现象总体条件下编制的，属于广义指数的范畴。

总指数是说明复杂社会经济现象总体数量综合变动的相对数。如反映多种股票价格综合变动的股价指数、反映居民主要消费品价格变化的居民消费价格指数等。总指数是在复杂社会经济现象总体条件下编制的，属于狭义指数的范畴。总指数根据编制方法的不同可以分为综合指数和平均数指数两种。

在个体指数和总指数之间还有类指数，用以说明总体中某一组（某一类）现象数量综合变动的相对数，其编制方法与总指数相同，只是包含的项目相对少于总指数，如我国 CPI 计算时就有 8 个类指数的计算。

2. 根据反映对象的性质不同，可将统计指数分为数量指标指数和质量指标指数

数量指标指数是根据数量指标编制的，是指反映社会经济现象总规模、总水平综合变动的相对数，如产品产量指数、商品销售量指数、职工人数指数等。

质量指标指数是根据质量指标编制的，是反映社会经济现象总体相对水平、一般水平综合变动的相对数，如价格指数、单位成本指数、劳动生产率指数等。

在总体指数的编制过程中，数量指标指数和质量指标指数分别采用不同的编制方法，要注意两者的区分。

3. 根据指数的表现形式不同，统计指数可分为综合指数和平均指标指数

综合指数是通过两个有联系的综合问题指标的对比计算的总指数，它从数量上表明不能直接相加的社会经济现象的总体变动，反映出不同个体在总指数中比例（权数）的差异化。

平均指标指数是用加权平均的方法计算出来的总指数。它是以个体指数为基础，采取平均形式编制的总指数。平均指标指数反映出不同个体不管其数量和价格的差异，对总指数的影响都是相同的。

4. 根据所采用的基期不同，统计指数可以分为定基指数和环比指数

在统计实务中，指数时常是连续编制的，例如我国 CPI 每个月中旬都由国家统计局公布，形成在时间上前后衔接的指数数列。定基指数是指在指数数列中，每个指数都是以某一个固定时期为基期所计算的指数。环比指数是指以报告期前一期作为基期所计算的指数。

6.1.3 统计指数的作用

1. 综合反映事物的变动方向和变动程度

在统计实践中，经常要研究多种商品或产品价格的综合变动情况、多种商品的销售量或产品产量的总变动、多种产品的成本总变动及多种股票价格的综合变动等。这类问题由于各种商品或产品的使用价值不同、各种股票价格涨跌幅度和成交量不同，所研究总体中的各个个体不能直接相加。指数法的首要任务就是把不能直接相加的总的现象过渡到可以加总对比，从而反映复杂经济现象的总变动方向及变动幅度。比如通过观看股票价格指数，我们就可以很清晰地看出现在股票市场总体的变动情况及所处的位置。

2. 分析现象总变动中各因素变动的影响方向及影响程度

利用指数体系理论可以测定复杂社会经济现象总变动中，各构成因素的变动对现象总变动的影响情况，并对经济现象变化作综合评价。任何一个复杂现象都是由多个因子构成的，如：销售额 = 价格 × 销售量。

又如影响利润总额变化的各种因素有产品产量、产品销售量、产品成本、产品销售价格等。运用指数法编制商品零售价格指数和零售量指数，可分析它们的变动对商品零售总额变动的影响。编制产品产量指数、产品销售量指数、产品成本指数和产品销售价格指数等并分别对它们进行测定，根据同度量因素变动影响，可综合评价利润总额变动的情况。

3. 反映同类现象在较长时间内的变化趋势

将各个时期反映同一内容的指数按时间先后顺序排列，称为指数数列。借助指数数列，可以揭示出事物在长时期内的发展趋势。例如，根据 1995—2010 年共 15 年的零售商品价格资料，编制 15 个环比价格指数，从而构成价格指数数列。这样，就可以揭示价格的变动趋势，研究物价变动对经济建设和人民生活水平的影响程度。

此外，利用统计指数还可以进行地区经济综合评价和对比，研究计划执行情况。

6.2 综合指数

6.2.1 综合指数概述

6.2.1.1 综合指数的含义和特点

综合指数是通过两个具有经济意义并紧密联系的问题指标对比求得的指数。计算综合指数的分子和分母都是由两个或两个以上因素所决定的总量指标，其中一个因素就是指数化因素，其他因素则是把不能直接相加的指数化因素转化为能直接相加的量的因素，称为同度量因素。由于综合指数反映的是复杂现象总体某一因素的数量总变动，因此要求分子、分母的研究对象（如商品）、资料范围等必须一致，并且具备完整的各因素不同时间或空间的数据。

编制综合指数的特点是：先综合，后对比。所谓先综合，就是要先通过同度量因素，把总体中不能直接相加的各事物或各项目的指数化因素综合为能直接相加的总量指标，解决复杂现象总体内各事物或各项目的数量不能直接相加或相加后不可比的问题。例如，要编制物价以反映商品价格的变化，由于不同商品的价格不能直接相加，因此无法直接进行对比，必须先借助商品销售量这个同度量因素把它转化为商品销售额这个能直接相加的量，进而综合为可比的商品销售总额。在对比时，处于分子的指数化因素属于报告期，处于分母的指数化因素则属于基期。

6.2.1.2 综合指数编制要注意的问题

（1）在决定问题指标的各因素中，指数化因素与同度量因素的区别是相对的，实际上它们互为同度量因素。例如，在决定商品销售总额的因素中，商品的价格以销售量为同度量因素，商品销售量以价格为同度量因素。

（2）在编制综合指数时，同度量因素的时间或空间必须加以固定，即分子、分母总量指标中的同度量因素的数量是相同的，只有这样才能反映指数化因素的变化情况。

（3）同度量因素在起到同度量作用的同时，也起到一定的加权作用，即指数化因素与同度量因素乘积大的事物或项目，其指数化因素变动对总指数的影响就大。

（4）在两因素问题中，确定同度量因素的性质（数量化因素还是质量化因素）比较容易，而在超过两因素的问题中，确定同度量因素的性质就困难一些，必须注重各因素的内在联系。

6.2.2 综合指数编制一般原则

在两因素的综合指数中，习惯上以 q 表示数量化因素，以 p 表示质量化因素，以 1 表示报告期，以 0 表示基期，以 K 表示指数，以 Kq 表示数量指标指数，以 Kp 表示质量指标指数。

编制数量指标指数时，可以用基期的质量指标为同度量因素，也可以用报告期的质量指标为同度量因素；编制质量指标指数时，可以用基期的数量指标为同度量因素，也可以用报告期的数量指标为同度量因素。但是，选择不同时期的指标数值为同度量因素，计算结果是不同的，其经济含义也有差异。

由于对如何固定同度量因素的时间有很多不同的意见，使综合指数也有很多不同的形式或编制方法，最主要的有拉氏指数、派氏指数、费希尔指数、马-艾指数和杨格指数这五种形式，其中拉氏指数和派氏指数最为常用。

6.2.2.1 拉氏（Laspeyers）指数

拉氏指数的特点是将同度量因素的时间固定在基期，因而能单纯反映指数化因素的变动情况，能够比较客观地反映指数化因素较长时期的变化过程。

$$拉氏数量指标指数：K_q = \frac{\sum q_1 p_0}{\sum q_0 p_0}$$

$$拉氏质量指标指数：K_p = \frac{\sum p_1 q_0}{\sum p_0 q_0}$$

6.2.2.2 派氏（Paasche）指数

派氏指数的特点是将同度量因素的时间固定在报告期。派氏指数与拉氏指数相比，在反映指数化因素变动的同时，也包含了同度量因素的实际变化。

$$派氏数量指标指数：K_q = \frac{\sum q_1 p_1}{\sum q_0 p_1}$$

$$派氏质量指标指数：K_p = \frac{\sum p_1 q_1}{\sum p_0 q_1}$$

拉氏指数公式和派氏指数公式是编制综合指数的基本公式。由于二者对同度量因素所属时期的选择不同，即使采用完全相同的资料，计算结果一般也有差异。根据统计实践的应用情况，确定同度量因素所属时期的一般原则是：编制数量指标指数时，以基期的质量指标作为同度量因素；编制质量指标指数时，以报告期的数量指标作为同度量因素。根据这一原则，在编制数量指标指数时，应采用拉氏指数公式；在编制质量指标指标时，应采用派氏指数公式。

6.2.3 数量指标综合指数的编制

数量指标指数是反映数量指标综合变动的相对数，如产量指数、职工人数指数等，在计算过程中一般以符号 Kq 表示。下面以【例6.1】中的销售量指数的编制为例来说明数量指标指数的编制原理。

【例6.1】某商业企业经营三种商品，其基期和报告期的有关资料如表6-1所示，要求编制商品销售量指数。

表 6-1　某商业企业三种商品销售量和价格资料

商品名称	计量单位	销售量		价格（元）	
		基期	报告期	基期	报告期
甲	件	100	125	1500	1500
乙	吨	50	60	3000	1150
丙	米	300	270	980	1200
合　计	—				

由于三种商品的使用价值各不相同，在反映销售量综合变动时，不能直接相加、直接对比。在编制销售量指数时，应当以价格为同度量因素，销售量乘以价格为销售额，这样指数的分子、分母同为总量指标销售额，就可以直接对比了。本例中以基期的价格为同度量因素，计算公式如下：

$$K_q = \frac{\sum q_1 p_0}{\sum q_0 p_0}$$

式中：q 代表销售量

　　　p 代表价格

　　　0 代表基期

　　　1 代表报告期

　　　K_q 代表销售量指数

用表 6-1 中的资料代入公式计算：

$$K_q = \frac{\sum q_1 p_0}{\sum q_0 p_0} = \frac{125 \times 1500 + 60 \times 3000 + 270 \times 980}{100 \times 1500 + 50 \times 3000 + 300 \times 980} = \frac{632100}{594000} = 106.41\%$$

计算结果表明，该企业经营的三种商品的销售量报告期比基期增长了 6.41%（106.41% - 100% = 6.41%），6.41% 表示的是三种不同商品的销售量变动的综合结果。

由于销售量的增长而增加的销售额为

$$\sum q_1 p_0 - \sum q_0 p_0 = 632100 - 594000 = 38100(元)$$

即由于销售量变化而导致销售额增加的绝对值为 38100 元。

以上公式是计算数量指标指数的一般公式，它是以基数的质量指标为同度量因素的。习惯上，我们采用拉氏指数形式来编制数量指标指数。从理论上讲，在编制数量指标指数时同样可以以报告期的质量指标为同度量因素。

6.2.4　质量指标指数的编制

质量指标指数是反映质量指标综合变动的相对数，如价格指数、工资水平指数等，在计算过程中一般以符号 K_p 表示。仍以【例 6.1】价格指数的编制为例来说明质量指标指数的编制。

由于三种商品的计量单位各不相同，在反映价格综合变动时不能直接相加。在编制价格指数时，应当以销售量为同度量因素，价格乘以销售量为销售额，这样指数的分子、分母同为总量指数销售额，就可以直接对比了。本例中以报告期的销售量为同度量因素。计算公式如下：

$$K_p = \frac{\sum p_1 q_1}{\sum p_0 q_1}$$

式中：q 代表销售量

p 代表价格

0 代表基期

1 代表报告期

K_p 代表价格指数

该公式中，分子 $\sum p_1 q_1$ 表示报告期的销售额，分母 $\sum p_0 q_1$ 是以基数的价格乘以报告期的销售量表示假定的销售额。分子、分母都是销售额，可以直接对比了。分子、分母中的销售量都是报告期的，该指数反映的是在相同销售量基础上的价格的综合变动。

用表 6-1 中的资料计算：

$$K_p = \frac{\sum p_1 q_1}{\sum p_0 q_1} = \frac{125 \times 1500 + 60 \times 1150 + 275 \times 1200}{125 \times 1500 + 60 \times 3000 + 270 \times 980} = \frac{580500}{632100} = 91.84\%$$

计算结果表明，三种商品的价格报告期比基期下降了 8.16%（100% - 91.84% = 8.16%），由于价格的增长而增加的销售额为

$$\sum p_1 q_1 - \sum p_0 q_1 = 580500 - 632100 = -51600（元）$$

即由于价格变动而使报告期的销售额比基期减少了 51600 元。

以上公式是计算质量指标指数的一般公式，它是以报告期的销售量为同度量因素的。习惯上，我们采用派氏指数形式来编制质量指标指数。从理论上讲，在编制质量指标指数时，也可以以基期的数量指标为同度量因素。

6.3 平均指标指数

综合指数是编制总指数的基本形式，但综合指数需要有全面的资料，即数量指标和质量指标的完整资料（p_0，p_1，q_0，q_1），以便满足数量指标综合指数和质量指标综合指数中的 3 个问题指标（$\sum p_0 q_0$，$\sum q_0 p_1$，$\sum p_1 q_1$）的计算，这使综合指数在实际应用上就受到一定的限制。就物价指数而言，计算它不仅要有全部商品的价格和销售量资料，而且还要有不同时期的系统记录。在统计工作中，要搜集到全部商品不

同时期的价格和销售量资料，显然存在着一定困难。而个体指数在统计实务中容易取得，因此可以从个体指数出发来编制总指数。这时，可以通过综合指数公式的变形，以个体指数为基础采用加权平均计算法来测定现象总的变动程度，这种总指数称为平均指标指数（也称为平均数指数）。

6.3.1 平均指数的概念和种类

平均指数是总指数编制的另一种重要形式，它从构成复杂的社会经济现象的各种因素出发，首先计算出个体指数，再将个体指数进行加权平均即求得总指数。由于各个个体指数的重要性不同，所以平均指数通常都不能运用简单平均法进行计算，而必须给个体指数赋予适当的权数，运用加权平均法进行计算。由此可知，编制平均指数有两大问题：

1. 采用哪种加权平均法，是加权算术平均法还是加权调和平均法？

从实用的角度看，加权算术平均法计算较为简便，也比较直观，所以在计算总指数时，加权算术平均法的应用较为普遍。加权调和平均法，虽然计算较为复杂，也不太直观，但根据所掌握的数据和服从研究目的之需要，也有一定的实用价值。

2. 权数如何确定？

权数的确定，既要考虑指数分析的实际经济意义，又要考虑权数资料获取的可行性和简便性。通常采用的权数主要有基期总值（p_0q_0）、固定权数（w）和报告期总值（p_1q_1）等三种。

从综合指数公式推导出平均数指数公式有两种：加权算术平均数指数和加权调和平均数指数。但要指出的是平均指数不只是作为综合指标的变形来使用，它作为一种独立的指数（固定权数的平均指标指数），其本身具有广泛的应用价值。

6.3.2 通过综合指数变形而得的平均数指数

6.3.2.1 加权算术平均数指数

加权算术平均数指数，是以个体指数为变量值，以一定时期的总值资料为权数，对个体指数加权算术平均以计算总指数的方法。这个指数是用基期的 p_0q_0 为权数加权计算，是综合指数的有关变形，用公式可以表示如下：

$$\text{加权算术平均数数量指数}: K_q = \frac{\sum \frac{q_1}{q_0}(q_0 p_0)}{\sum (q_0 p_0)} = \frac{\sum p_0 q_1}{\sum p_0 q_0} = \text{拉氏数量指数}$$

$$\text{加权算术平均数价格指数}: K_p = \frac{\sum \frac{p_1}{p_0}(q_0 p_0)}{\sum (q_0 p_0)} = \frac{\sum p_1 q_0}{\sum p_0 q_0} = \text{拉氏价格指数}$$

【例6.2】某商场三种商品的销售资料如表6-2所示，计算与分析三种商品的销售量的综合变动情况。

表6-2 某商场三种商品的销售资料

商品名称	计量单位	基期销售额	销售量	
			基期	报告期
甲	件	150000	100	125
乙	吨	150000	50	60
丙	米	294000	300	270
合 计	—	594000	—	—

解：先根据表6-2的资料计算出三种商品的销售量个体指数（q_1/q_0 分别为 125%、120%、90%），再以基期销售额加权，由上述公式可得销售量总指数如下：

$$K_q = \frac{\sum \frac{q_1}{q_0}(q_0 p_0)}{\sum (q_0 p_0)}$$

$$= \frac{1.25 \times 150000 + 1.2 \times 150000 + 0.90 \times 294000}{594000} = \frac{632100}{594000} = 106.41\%$$

不难发现，上述结果与前面由拉氏指数公式得到的计算结果相同。实质上，当个体指数与其对应权数两者的计算范围都完全一致时，基期总值加权的算术平均指数是拉氏综合指数的变形，两者只是计算形式不同，而计算结果和经济意义都完全相同。

6.3.2.2 加权调和平均数指数

调和平均数指数是将个体指数（q_1/q_0，p_1/p_0）进行调和平均来求得的总指数，通常采用报告期总值（$q_1 p_1$）为权数，其计算公式为

加权调和平均数数量指数：$K_q = \dfrac{\sum (q_1 p_1)}{\sum \dfrac{1}{\dfrac{q_1}{q_0}}(q_1 p_1)} = \dfrac{\sum p_1 q_1}{\sum p_1 q_0}$ ＝派氏数量指数

加权调和平均数价格指数：$K_p = \dfrac{\sum (q_1 p_1)}{\sum \dfrac{1}{\dfrac{p_1}{p_0}}(q_1 p_1)} = \dfrac{\sum p_1 q_1}{\sum p_0 q_1}$ ＝派氏价格指数

【例6.3】某商场三种商品的销售资料如表6-3所示，计算与分析三种商品价格的综合变动情况。

表6-3 某商场三种商品的销售资料

商品名称	计量单位	报告期销售额	价格	
			基期	报告期
甲	件	187500	1500	1500
乙	吨	69000	3000	1150
丙	米	324000	980	1200
合 计	—	580500	—	—

解：先根据表 6 – 3 的资料计算出三种商品的价格个体指数（p_1/p_0 分别为 100%、38.33%、122.45%）；再以报告期销售额加权，由上述公式可得价格总指数如下：

$$K_p = \frac{\sum(q_1 p_1)}{\sum \frac{1}{p_1/p_0}(q_1 p_1)} = \frac{580500}{\frac{187500}{100\%} + \frac{69000}{38.33\%} + \frac{324000}{122.45\%}} = \frac{580500}{632113.45} = 91.83\%$$

上述结果与由派氏指数公式计算的结果相同。实质上也不难证明，当个体指数与其对应权数两者的计算范围都完全一致时，报告期总值加权的调和平均数指数是派氏综合指数的变形，两者只是计算形式不同，而计算结果和经济意义都完全相同。

一般来说，在实践工作中，加权算术平均数指数主要用来编制数量指标指数，多用基期总值法。加权调和平均数指数主要用来编制质量指标指数，多用报告期总值法。

6.3.3 固定权数的算术平均数指数

在广泛使用的加权算术平均数指数中，所使用的权数有时是固定的权数 w，而这个固定权数是经过调整计算的不变权数，它不是 $p_0 q_0$，而是常用比重数表示，两者的口径与范围不同。用公式表示如下：

固定权数数量指数：$K_q = \dfrac{\sum \dfrac{q_1}{q_0} w}{\sum w}$

固定权数价格指数：$K_p = \dfrac{\sum \dfrac{p_1}{p_0} w}{\sum w}$

固定权数的平均指数具有很多优越性，它不仅计算简便，而且也排除权数变动对总指数的影响，还可以很方便地进行环比指数与定基指数之间的推算。我国居民消费价格指数就是采用这种方法编制的，下面简单给大家介绍一下 CPI 的计算原理。

居民消费价格指数是各国政府都非常重视的一种经济指数，在国外称为"消费者价格指数"（Consumer Price Index，简记为 CPI）。它综合反映居民家庭所购买的各种消费品和服务的价格变动程度。这一指标通常影响着政府关于财政、货币、消费、工资、社会保障等政策的制定，是研究人民生活水平、监测社会稳定性、进行宏观经济分析和调控的重要依据。其具体应用主要有以下几个方面。

（1）用来测定通货膨胀

测定通货膨胀的程度通常以报告期的上期为基期，最常见的方法就是用居民消费价格指数的增长率作为通货膨胀率的一种测度。通货膨胀率大于 0 表示出现通货膨胀，而小于 0 时表示出现通货紧缩。

（2）反映货币购买力的变动程度

货币购买力是指单位货币所能购买的消费品和服务的数量。价格上升意味着货币贬值，货币购买力下降；反之，价格下降意味着货币升值，货币购买力上升。货币购买力指数通常就是用居民消费价格指数的倒数来计算的。将价值量指标的名义值减缩为实际值，以消除价格变化的影响。如用名义工资除以居民消费价格指数，得到实际工资。类似地，可测定居民实际可支配收入水平和实际消费水平等。

我国把居民消费分为食品、烟酒及用品、衣着、家庭设备用品及服务、医疗保健及个人用品、交通和通信、娱乐教育文化用品及服务、居住等八大类。每个大类又分为若干中类，中类还有基本分类，共有251个基本分类。基本分类中包括若干代表规格品。目前我国居民消费价格指数的编制，所选择的代表性商品和服务项目约600种，数据采集覆盖了从全国抽选出的226个地区，包括146个城市和80个县。该指数每月编制并公布，具有较强的及时性。为了满足分层面分析的需要，不仅编制全国的，也编制分地区的、分城乡的居民消费价格指数。2001年起，将对比基准固定为2000年平均价格水平，以后每五年或十年更换一次对比基期。权数根据城乡居民家庭生活支出构成确定。例如食品大类的权数为食品类支出额占全部支出额的比重，粮食中类的权数为粮食支出在食品大类支出额中所占的比重。

为了分析价格变动对居民家庭生活费支出的影响，需要对各阶层的居民家庭进行调查，掌握其日常生活开支的内容，即生活费构成，作为编制居民消费价格指数的基础。大多数国家都是以各类生活消费品消费额占全部生活消费品消费额的比重 w 为权数，对各类代表性生活消费品（包括商品和劳务）的价格个体指数 K_p，采用固定权数加权算术平均法来计算居民生活费价格总指数，其公式为：

$$K_p = \frac{\sum K_p w}{\sum w}$$

公式中的权数 w 通常根据居民家庭生活收支调查资料确定，而且一经确定几年不变。

6.3.4 综合指数与平均指数的关系

综合指数与平均指数都是计算总指数的方法，它们之间既有联系又有区别。其联系是：在一定权数下，平均指数是综合指数的变形，两种指数的计算公式可以互变。两者的区别是出发点不同：综合指数是从经济现象的总量出发，找出同度量因素后，用相对数反映现象变动的程度，用分子与分母之差额反映现象变动的经济效果，从而正确地说明不同度量现象的总变动，而平均指数是从个体指数出发，将它们加权后再平均，从而正确地说明个体指数的平均变动程度。

平均指数作为计算总指数的一种独立方法之一，就在于它的权数可做多种选择，既可根据全面调查资料，也可根据非全面调查资料；既可以用实际的资料，又可进行绝对数分布。平均数指数尤其是由非全面资料计算的平均数指数，一般仅作相对数分析，不作绝对数分析。

6.4 指数体系与因素分析

6.4.1 指数体系的概念与作用

6.4.1.1 指数体系的含义

社会经济现象是复杂的,许多现象之间存在着相互依存、相互制约的关系,某一现象的变动,往往受其他因素变动的影响,这些因素之间的联系往往可以通过指标之间的经济关系式反映出来。例如:

$$商品销售额 = 商品销售量 \times 销售价格$$
$$原材料费用 = 产量 \times 单位产品原材料消耗量 \times 单位原材料价格$$

可见,商品销售额的变动受商品价格和商品销售量变动的影响;原材料费用的变动受产量、单位产品原材料消耗量及单位原材料价格变动的影响。现象之间的这种联系反映在指数关系上就形成指数体系。上述指数之间的关系可以用下列等式表示(相对数分析):

$$商品销售额指数 = 商品销售量指数 \times 销售价格指数$$
$$原材料费用总额指数 = 产量指数 \times 单耗指数 \times 原材料价格指数$$

统计上把反映现象间的经济联系、在数量上保持一定关系的若干个有联系的指数构成的整体叫作指数体系。一般而言,在上述指数体系中,等式左边的称为总额指数,而等式右边的称为因素指数。

在指数体系中,若干个影响因素指数的乘积等于总指数(相对数分析),若干个影响因素指数差额的总和应等于实际发生的总差额(绝对数分析),即:

$$商品销售额的增减额 = 销售量变动的影响额 + 商品价格变动的影响额$$
$$原材料总费用的增减额 = 产品产量变动的影响额 + 原材料消耗量变动的影$$
$$响额 + 原材料价格变动的影响额$$

在本书中仅介绍这类指数体系的分析方法。

6.4.1.2 指数体系的作用

指数体系在统计和经济分析中有着重要的作用,其主要表现在以下两个方面。

1. 利用指数体系,可进行指数之间的相互推算

根据指数体系中各个指数之间的联系,可以利用已知的指数对未知指数进行推算,这在统计实践中有着广泛的应用。例如消费者在报告期用同样多的货币只能购买到相当于基期90%的商品数量,问物价涨了多少?

因为:购买额指数 = 购买量指数 × 价格指数

$$价格指数 = 购买额指数 \div 购买量指数 = 100\% \div 90\% = 111.11\%$$

可推算价格上涨了11.11%。

2. 通过指数体系可以对复杂社会经济现象的数量变动进行因素分析,测定和分

析各个因素变动对复杂现象变动的影响方向和程度

6.4.1.3 构建指数体系的基本原则

指数体系是因素分析的基本依据,因此在构建指数体系时应遵循下列基本原则。

(1) 指数体系中各个指数之间必须保持等式关系,以便从相对数和绝对数两方面进行因素分析。一般来说,相对数之间是乘除的关系,绝对数之间是加减的关系。

(2) 在利用指数体系进行多因素分析时,必须分清各个因素的性质,即科学区分数量指标和质量指标,以便选择合适的方法来编制各相关的指数。

(3) 指数体系是进行因素分析的根据,要求各个指数之间在数量上要保持一定的联系。因此,如果编制产品产量指数时用基期价格作为同度量因素,那么编制产品价格指数时就必须用报告期的产品产量作为同度量因素;如果编制产品产量指数时报告期价格作为同度量因素,那么编制产品价格指数时就必须用基期的产品产量作为同度量因素。一般来说,在一个统计指数体系中,质量指标指数采用派氏形式,数量指标指数采用拉氏形式。

同样,完美的指数体系是不存在的,因为指数的编制具有一定的假定性,所以指数体系的构建也就具有相应的假定性。

6.4.2 因素分析

6.4.2.1 因素分析的概念

利用统计指数对社会经济现象的总变动及各个构成因素的变动方向和变动程度的分析,在统计中叫作因素分析法。指数体系是进行因素分析的重要工具。构建指数体系的目的,就是要分析多种因素的变动对某种社会经济现象总体变动情况的影响。例如,用指数体系来分析价格、销售量的变动对销售额的影响,分析工资水平、工人结构、工人总数的变动对工资总额的影响等。

1. 因素分析的对象是复杂现象

这里所说的复杂现象,是指受多因素影响的现象,它的量表现为若干因素的乘积,其中任一因素的变动都会使总量发生变化。如生产总成本表现为单位产品成本和产量的乘积,单位成本和产量中任一个发生变化,都会使总成本产生变动。因素分析的目的就是要测定这些因素的变动对总成本变动的影响方向和影响程度。

2. 因素分析中的指数体系以等式的形式表现

编制指数体系的基本思想是:测定一个因素的变动时假定其他因素不变,并以等式来表现体系。例如,将生产总费用的变动分解为单位产品的材料消耗(单耗)、原材料单价、产量三个因素的影响。进行因素分析时,用固定价格、产量来编制单耗指数;用固定单耗、产量来编制价格指数;用固定单耗、价格编制产量指数,从而形成如下以等式形式表现的指数体系:

$$总费用指数 = 产量指数 \times 单耗指数 \times 价格指数$$

在因素分析中,所有的指数体系都以等式表现。

3. 因素分析的结果有相对数也有绝对数

指数体系的表现形式表明,若干因素指数的乘积等于总变动指数;若干因素的影响差额之和等于总体变动实际发生的总差额。

6.4.2.2 因素分析的类型

因素分析就是利用各个指数之间的数量关系,对现象总体总变动的各个影响因素进行分解,分析各因素变动对现象总体总变动的影响程度和绝对效果。按影响因素的数量不同,因素分析可分为两因素分析和多因素分析;按照分析的总变动指标性质不同,可分为总量指标分析和平均指标分析。

当然,由于指数体系具有的假定性,因而因素分析的结果也具有一定的假定性,即在所利用的指数体系的前提下说明各因素的影响程度和效果。

6.4.2.3 因素分析的步骤

(1) 根据社会经济现象之间的相互关系,编制合适的指数体系。
(2) 分析复杂现象总变动程度和总变动规模。
(3) 分别分析各个因素的变动对复杂现象总变动影响的相对程度和绝对值。
(4) 综合分析各个因素变动对复杂现象总的影响方向和程度。

6.4.3 指标因素分析

综合指数因素分析就是利用综合指数体系,对现象总体某种总量指标的变动原因进行分析。由于综合指数是统计指数的基本形式,因此综合指数因素分析也是指数因素分析的基础。

6.4.3.1 两因素分析

如果现象总体的某种问题指标的变动只受两个相关因素变动的影响,或只需要分解为两个影响因素,那么就可以进行两因素分析。总量指标的两因素分析,在指数体系上表现为总变动指数等于两个因素指数的乘积。要保证两个因素指数之积等于被研究现象变动的指数,最关键的是确定同度量因素的时期。确定同度量因素的时期一般应遵循的原则是:一个因素指数的同度量因素固定在报告期,则另一个因素指数的同度量因素固定在基期,即两个指数的同度量因素不能同时固定在报告期或同时固定在基期。下面以实例说明总量指标两因素分析的要领。例如:

$$商品销售量(q) \times 商品价格(p) = 商品销售额(qp)$$

在因素分析中,它的指数体系与绝对量的关系为:

$$\frac{\sum q_1 p_1}{\sum q_0 p_0} = \frac{\sum q_1 p_0}{\sum q_0 p_0} \times \frac{\sum q_1 p_1}{\sum q_1 p_0}$$

$$\sum q_1 p_1 - \sum q_0 p_0 = \left(\sum q_1 p_0 - \sum q_0 p_0\right) + \left(\sum q_1 p_1 - \sum q_1 p_0\right)$$

即:销售额变动指数 = 各因素指数连乘积

销售额实际变动额 = 各因素变动影响额之和

这里,销售量指数 $\dfrac{\sum q_1 p_0}{\sum q_0 p_0}$ 的同度量因素 p 固定在基期,价格指数 $\dfrac{\sum q_1 p_1}{\sum q_1 p_0}$ 的同

度量因素 q 固定在报告期，等式成立，各指数的含义为：

a. 销售额指数 $\dfrac{\sum q_1p_1}{\sum q_0p_0}$，表明商品销售额的变动方向和程度。分子与分母的差额 $\sum q_1p_1 - \sum q_0p_0$，说明销售额实际增加或减少的数额。这里，商品销售额是被研究的总量指标。

b. 销售量指数 $\dfrac{\sum q_1p_0}{\sum q_0p_0}$，表明销售量的变动程度及其对销售额变动的影响，分子与分母的差额 $\sum q_1p_0 - \sum q_0p_0$，说明销售量的上升或下降引起销售额增加或减少的数额。

c. 价格指数 $\dfrac{\sum q_1p_1}{\sum q_1p_0}$，表明价格的变动程度及其对销售额变动的影响。分子与分母的差额 $\sum q_1p_1 - \sum q_1p_0$，说明价格的上升或下降引起销售额增加或减少的数额。

【例6.4】某商业企业经营三种商品，其基期和报告期的有关资料如表6-4所示，对该企业三种商品销售额的变动进行因素分析。

表6-4 某商业企业三种商品销售量和价格资料

商品名称	计量单位	销售量		价格（元）		基期销售额	报告期销售额	计算栏 p_0q_1
		基期	报告期	基期	报告期			
甲	件	100	125	1500	1500	150000	187500	187500
乙	吨	50	60	3000	1150	150000	69000	180000
丙	米	300	270	980	1200	294000	324000	264600
合计	—	—	—	—	—	594000	580500	632100

这是总量指标的两因素分析，先写出分析的指数体系：

$$\dfrac{\sum q_1p_1}{\sum q_0p_0} = \dfrac{\sum q_1p_0}{\sum q_0p_0} \times \dfrac{\sum q_1p_1}{\sum q_1p_0}$$

根据表6-4中的资料，该企业三种商品的销售额总指数为：

$$K_{qp} = \dfrac{\sum q_1p_1}{\sum q_0p_0} = \dfrac{580500}{594000} = 97.73\%$$

报告期与基期销售额之差为：

$$\sum q_1p_1 - \sum q_0p_0 = 580500 - 594000 = -13500(元)$$

结果表明，该企业三种商品的销售额报告期比基期下降了2.27%，下降了13500元，

这一结果受到了销售量和销售价格两个因素变动的影响。

商品销售量总指数为:

$$K_q = \frac{\sum q_1 p_0}{\sum q_0 p_0} = \frac{632100}{594000} = 106.41\%$$

由于销售量的增长而增加的销售额为

$$\sum q_1 p_0 - \sum q_0 p_0 = 632100 - 594000 = 38100(元)$$

结果表明,在价格不变(固定在基期)的情况下,由于商品销售量增加使商品销售总额上升了 6.41%,增加的绝对值为 38100 元。

商品价格总指数为:

$$K_p = \frac{\sum p_1 q_1}{\sum p_0 q_1} = \frac{580500}{632100} = 91.84\%$$

$$\sum p_1 q_1 - \sum p_0 q_1 = 580500 - 632100 = -51600(元)$$

结果表明,在假定销售量不变(固定在报告期)的情况下,由于商品下降使商品销售总额下降了 8.16%,减少了 51600 元。

容易验证:97.73% = 106.41% × 91.84%
　　　　　-13500 = 38100 - 51600

综上所述,该企业三种商品的销售总额之所以下降了 2.27%、下降了 13500 元,是由于商品销售量上升了 6.41%,使销售总额增加了 38100 元以及商品价格下降了 8.16%,使销售总额减少了 51600 元的共同结果。

6.4.3.2 多因素分析

如果现象总体的某种总量指标的变动受到三个或三个以上因素变动的影响,那么就需要进行多因素分析。同样,要保证三个或三个以上因素指数之积等于被研究现象变动的指数,最关键的是确定同度量因素的时期。在实际分析时必须注意以下几个问题:

(1) 多因素分析必须遵循连环代替法的原则

在分析受多因素影响的事物的发展变化时,要逐项分析,逐项确定同度量因素。当分析第一个因素的变动影响后,接着分析第二个因素的变动影响,然后再分析第三个因素的变动影响,依此类推。

(2) 在多因素分析中,为了分析某一因素的影响,要把其余因素固定不变

具体方法是:当分析第一个因素的影响时,把其他所有因素作为同度量因素固定在基期。当分析第二个因素的变动影响时,则把已经分析过的因素固定在报告期,没有分析过的因素仍然固定在基期。当分析第三个因素的变动影响时,把分析过的两个因素固定在报告期,没有分析过的因素仍然固定在基期,依此类推。

(3) 对多因素的排列顺序,要具体分析现象总体的经济内容,使之符合客观事物的联系或逻辑

各因素顺序的排列一般应遵循数量指标因素在前、质量指标因素在后的原则。具体可采用逐项层层分解法来确定。

下面以工业企业生产原材料费用总额为例加以说明。工业企业生产的原材料费用总额取决于产品的数量和单位产品原材料消耗额，而单位产品原材料消耗额又取决于单位产品原材料消耗量和单位原材料价格，即：

原材料费用总额（qmp）= 产品数量（q）× 单位产品原材料消耗量（m）× 单位原材料价格（p）

指数体系可写为：

$$K_{qmp} = K_q \times K_m \times K_p$$

$$\frac{\sum q_1 m_1 p_1}{\sum q_0 m_0 p_0} = \frac{\sum q_1 m_0 p_0}{\sum q_0 m_0 p_0} \times \frac{\sum q_1 m_1 p_0}{\sum q_1 m_0 p_0} \times \frac{\sum q_1 m_1 p_1}{\sum q_1 m_1 p_0}$$

绝对数满足：

$$\sum q_1 m_1 p_1 - \sum q_0 m_0 p_0$$
$$= \left(\sum q_1 m_0 p_0 - \sum q_0 m_0 p_0\right) + \left(\sum q_1 m_1 p_0 - \sum q_1 m_0 p_0\right) + \left(\sum q_1 m_1 p_1 - \sum q_1 m_1 p_0\right)$$

【例6.5】假设某厂生产产品的有关资料见表6-5，要求运用指数体系分析产品产量、单位产品原材料消耗量及单位原材料价格对原材料费用总额的影响。

表6-5 某厂产品产量及原材料单耗情况表

名称	单位	产量数量（万件）		单耗（公斤/件）		单位原材料价格（元/公斤）	
		基期	报告期	基期	报告期	基期	报告期
一车间	台	90	95	25	26	10	9
二车间	件	85	90	21	19	8	9
三车间	套	80	90	22	21	7	9

依指数体系列计算栏见表6-6。

表6-6 原材料费用总额因素分析计算表

	$\sum q_0 m_0 p_0$（元）	$\sum q_1 m_1 p_1$（元）	$\sum q_1 m_0 p_0$（元）	$\sum q_1 m_1 p_0$（元）
一车间	22500	22230	23750	24700
二车间	14280	15390	15120	13680
三车间	12320	17010	13860	13230
合计	49100	54630	52730	51610

由表6-6可计算得到：

原材料费用额指数：

$$K_{qmp} = \frac{\sum q_1 m_1 p_1}{\sum q_0 m_0 p_0} = \frac{54630}{49100} = 111.26\%$$

$$\sum q_1 m_1 p_1 - \sum q_0 m_0 p_0 = 54630 - 49100 = 5530(\text{元})$$

产品产量指数：

$$K_q = \frac{\sum q_1 m_0 p_0}{\sum q_0 m_0 p_0} = \frac{52730}{49100} = 107.39\%$$

$$\sum q_1 m_0 p_0 - \sum q_0 m_0 p_0 = 52730 - 49100 = 3630(\text{元})$$

原材料单耗指数：

$$K_m = \frac{\sum q_1 m_1 p_0}{\sum q_1 m_0 p_0} = \frac{51610}{52730} = 97.88\%$$

$$\sum q_1 m_1 p_0 - \sum q_1 m_0 p_0 = 51610 - 52730 = -1120(\text{元})$$

原材料价格指数：

$$K_p = \frac{\sum q_1 m_1 p_1}{\sum q_1 m_1 p_0} = \frac{54630}{51610} = 105.85\%$$

$$\sum q_1 m_1 p_1 - \sum q_1 m_1 p_0 = 54630 - 51610 = 3020(\text{元})$$

综合影响：
各因素指数连乘积＝原材料费用总指数
$107.39\% \times 97.88\% \times 105.85\% = 111.26\%$
各因素影响绝对额之和＝原材料费用变动额
（3630）+（-1120）+（3020）=5530（元）

结果表明，该企业原材料费用总额报告期比基期增加了11.26%，增加了5530元。其中，产量增加了7.39%，使原材料费用总额增加了3630元；单位产品原材料消耗量减少了2.12%，使原材料费用总额减少了1120元；单耗价格增加了5.58%，使原材料费用总额增加了3020元。

此外，还可分析四因素、五因素等更多的因素，限于篇幅，从略。

本章小结

指数是指反映复杂现象总体某一方面数量的综合变化方向和程度的相对数。指数是一种重要的统计分析方法，从广义上讲，所有反映社会经济现象数量变动的相对数，都称其为指数。本章所研究的是狭义的指数，是指综合反映复杂社会经济现象总体的数量变化的总指数。指数的分类主要有：个体指数和总指数；数量指标指数和质量指标指数；综合指数和平均指数。

总指数的计算形式有两种形式：综合指数和平均指数。综合指数是总指数的基本编制形式，是由两个有联系的总量指标对比的结果。要求对比的总量指标要能够分解成为两个或两个以上的因素，在对比过程中，仅分析其中一个因素的变化，而把剩余的一个或一个以上的因素固定下来。平均数指数是总指数编制的另一种重要形式，是从构成复杂社会经济现象的各种因素出发，首先计算个体指数，通过对个体指数进行加权平均而得到总指数。

指数体系是指若干个在经济上有联系、数量上有关系的指数所形成的整体。指数体系是因素分析的基本依据。因素分析，就是利用指数体系中各个指数之间的数量关系，对现象总体总变动的各个影响因素进行分解，分析各因素变动对现象总体总变动的影响程度和绝对效果。最基本的因素分析是两因素分析。

思考与练习

一、单项选择题

1. 统计指数是说明社会现象数量对比关系的（　　）
   A. 相对数　　　B. 绝对数　　　C. 平均数　　　D. 倒数
2. 按照指数的性质不同，指数可分为（　　）
   A. 个体指数和总指数　　　　　　B. 平均指数和加权指数
   C. 数量指标指数和质量指标指数　　D. 动态指数和静态指数
3. 根据指数研究范围的不同，可以把它分为（　　）。
   A. 个体指数和总指数　　　　　　B. 平均指数和加权指数
   C. 数量指标指数和质量指标指数　　D. 动态指数和静态指数
4. 粮食价格指数为80%，工人工资水平指数为109%，这些指数都是（　　）。
   A. 数量指标指数　B. 平均指数　C. 质量指标指数　D. 个体指数
5. 按照一般原则，计算数量指标指数时，选择的同度量因素是（　　）
   A. 基期数量指标　　　　　　　　B. 报告期数量指标
   C. 基期质量指标　　　　　　　　D. 报告期质量指标
6. 按照一般原则，计算质量指标指数时，选择的同度量因素是（　　）
   A. 基期数量指标　　　　　　　　B. 报告期数量指标
   C. 基期质量指标　　　　　　　　D. 报告期质量指标
7. 计算综合指数时，同度量因素一方面起到同度量作用，另一方面起（　　）。
   A. 权数作用　　B. 平均作用　　C. 固定作用　　D. 比较作用
8. 若粮食作物播种面积增加5.0%，粮食作物平均亩产提高2.0%，则粮食总产量增加（　　）。
   A. 7.0%　　　　B. 10.0%　　　　C. 7.1%　　　　D. 3.0%

9. 设 p 表示商品的价格，q 表示商品的销售量，$\dfrac{\sum p_1 q_1}{\sum p_0 q_1}$ 说明了（　　）。

　　A. 在基期销售量条件下，价格综合变动的程度

　　B. 在报告期销售量条件下，价格综合变动的程度

　　C. 在基期价格水平下，销售量综合变动的程度

　　D. 在报告期价格水平下，销售量综合变动的程度

10. 某企业 2014 年比 2013 年产量增加了 15%，单位产品成本下降了 4%，2013 年企业总成本为 3000 万元，则 2014 年的总成本比 2013 年增加了（　　）万元。

　　A. 30　　　　　　B. 450　　　　　　C. 312　　　　　　D. 138

11. 某工厂报告期与基期比较，某产品的产量增长了 6%，其单位产品成本下降了 6%，那么该产品报告期的生产总成本比基期（　　）。

　　A. 增加了　　　B. 减少了　　　C. 不变　　　D. 无法确定

12. 因素分析法的依据是（　　）。

　　A. 指标体系　　B. 拉氏指数　　C. 派氏指数　　D. 指数体系

13. 指数的产生首先是从（　　）开始的。

　　A. 成本指数　　B. 平均指数　　C. 物价指数　　D. 个体指数

14. 若销售量增加，销售额持平，则物价指数（　　）。

　　A. 降低　　　　B. 增长　　　　C. 不变　　　　D. 趋势无法确定

15. 在物价上涨后，同样多的人民币少购买 3% 的商品，则物价指数为（　　）。

　　A. 97%　　　　B. 103.09%　　　C. 3%　　　　D. 109.13%

二、多项选择题

1. 下列属于数量指标指数的有（　　）。

　　A. 农产品产量指数　　B. 商品销售额指数　　C. 商品销售量指数

　　D. 劳动生产率指数　　E. 商品价格指数

2. 下列属于质量指标指数的有（　　）。

　　A. 农产品价格指数　　　　　　B. 工业产品产量指数

　　C. 工业生产成本指数　　　　　D. 职工工资水平指数

　　E. 居民消费价格指数

3. 指出下列指数公式中的派氏指数公式（　　）。

　　A. $\dfrac{\sum p_0 q_1}{\sum p_0 q_0}$　　B. $\dfrac{\sum p_1 q_0}{\sum p_0 q_0}$　　C. $\dfrac{\sum p_1 q_1}{\sum p_0 q_1}$　　D. $\dfrac{\sum p_1 q_1}{\sum p_1 q_0}$

　　E. $\dfrac{\sum \dfrac{p_1}{p_0}(q_0 p_0)}{\sum (q_0 p_0)}$

4. 全社会零售商品价格指数属于(   )。
   A. 个体指数				B. 总指数
   C. 数量指标指数			D. 质量指标指数
   E. 平均指标指数

5. 使用报告期商品销售量作权数计算的商品价格综合指数(   )。
   A. 消除了销售量变动对指数的影响
   B. 包含了销售量变动对指数的影响
   C. 单纯反映了商品价格的综合变动
   D. 同时反映了商品价格和消费结构的变动
   E. 反映了商品价格变动对销售额的影响

6. 某商业企业今年同去年相比，各种商品的价格总指数为138%，这一结果说明(   )。
   A. 商品零售价格平均上涨了38%
   B. 商品零售额平均上涨了38%
   C. 商品零售量平均上涨了38%
   D. 由于价格提高使零售额上涨了38%
   E. 由于价格提高使零售量下降了38%

7. 在由两个因素构成的加权综合指数体系中，为使总量指数等于各因素指数的乘积，(   )。
   A. 两个因素指数必须都是数量指数
   B. 两个因素指数必须都是质量指数
   C. 两个因素指数一个是数量指数，一个是质量指数
   D. 两个因素指数中的权数必须是同一时期的
   E. 两个因素指数中的权数必须是不同时期的

8. 指数体系中，总指数与各因素指数之间的关系是(   )。
   A. 总指数等于各因素指数之和
   B. 总指数等于各因素指数之商
   C. 总指数等于各因素指数之积
   D. 总量的变动差额等于各因素变动差额之和
   E. 总量的变动差额等于各因素变动差额之积

9. 某工业局所属企业报告期的生产费用总额为50万元，比基期多8万元，单位成本报告期比基期上升7%，于是(   )。
   A. 生产费用总额指数为119.05%
   B. 成本总指数为107%
   C. 产品产量总指数为111.26%

D. 由于产量变动而增加的生产费用额为 4.73 万元

E. 由于单位成本变动而增加的生产费用额为 3.27 万元

三、计算题

1. 某对外贸易公司经营三种商品，其基期和报告期的有关资料如表 6-7 所示：

表 6-7　商品销售量及价格资料

商品名称	计量单位	销售量		价格（元）	
		基期	报告期	基期	报告期
皮鞋	双	310	300	230	240
茶叶	千克	75	80	300	290
小米	吨	120	105	600	700

要求：（1）分别计算三种商品价格和销售量的个体指数。

（2）编制商品价格综合指数。

（3）编制商品销售量综合指数。

2. 某超市经营的三种商品销售量个体指数与基期销售额数据如表 6-8 所示：

表 6-8　商品销售量及基期销售额资料

商品名称	计量单位	销售量个体指数（%）	基期销售额（元）
牛奶	箱	110	12500
可乐	瓶	105	7000
果冻	袋	95	8200
合　计	—	—	27700

要求：计算销售量总指数。

3. 某市出口的四种商品资料如表 6-9 所示：

表 6-9　出口价格及出口额资料

商品名称	计量单位	出口价格升（+）跌（-）%	出口额（万美元）	
			上年同期	本年同期
A	吨	-2	3885	4200
B	百张	+6	3897	4100
C	百米	-3	3276	3280
D	吨	+5	2445	2560

要求：计算出口价格总指数。

4. 某商店三种商品的销售资料如表 6-10 所示：

表 6-10 商品销售量及价格资料

商品名称	计量单位	销售量		价格（元）	
		基期	报告期	基期	报告期
甲	双	1000	2000	20	21
乙	件	2000	3000	10	10
丙	套	2000	2500	4	4.5
合　计	—	—	—	—	—

要求对该商店三种商品销售额的变动进行因素分析：

(1) 计算销售额指数。

(2) 计算销售量指数和价格指数。

(3) 试从相对数和绝对数两方面简要分析销售额变动所受的因素影响。

5. 某年我国商业部门的商品收购额为 1992.4 亿元，比上年增长 14.5%，剔除价格提高因素，实际增长了 4.5%，试计算价格水平提高的幅度，并计算由于价格上调，商业部门多支付的货币额。

第7章 抽样估计

【开篇案例】
（1）某水泥厂加强产品质量控制和管理，需考察水泥标号是否达到规定标准，其方法是将水泥做成试块进行耐压试验。由于这种试验是一种破坏性试验，显然不能把全部水泥都做成试块，只能从全部水泥中抽取部分进行试验。

（2）某省政府部门欲了解全省农民收入的平均水平。该省幅员辽阔，人口众多，如果采用普查则工作量及调查费用将异常庞大。一个可行的方法是在全省抽取部分农户进行调查，根据这部分调查所得收入数据资料去推断全省农民收入的平均水平。

（3）某地为加强环境保护，加强水质监测，考察河水中某种污染物质是否超标。显然对河水进行全部检验是不可能的，只能从河水中按照一定地点定时取样检验，根据检验结果推断河水中的污染物是否超标。

以上例子都说明在统计实践中，因人力、物力、财力等方面的限制，或者不可能收集全面的资料，对此，我们采取抽样调查的方式来解决这些问题。

7.1 抽样推断概述

7.1.1 抽样推断概念及适用范围

抽样推断是在根据随机原则从总体中抽取部分实际数据的基础上，运用数理统计方法，对总体某一现象的数量性做出具有一定可靠程度的估计判断。也就是说，抽样推断是在抽样调查的基础上，利用样本实际资料计算的样本的指标数值，推断统计总体相应指标数量特征的统计方法。

抽样推断的应用场合包括：用于无法采用或不必采用全面调查的现象；对全面调查的结果进行复核；对生产过程进行质量控制；对总体的假设进行检验。

7.1.2 抽样推断的特点

抽样推断具有以下四个特点：
1. 抽样推断是一种部分推断整体的研究方法

在总体中抽取样本，对样本指标进行分析，是了解和认识总体的手段。抽样推断原理科学地论证了样本指标与对应的总体参数之间存在着内在联系，而且它们之间的误差也是有规律可循的，这就有效地提供了通过实际调查所得到的部分信息，来推断总体数量特征的方法，提高了统计分析的认识能力。

2. 抽样推断建立在随机取样的基础上

抽样的随机原则是抽样推断的前提。抽样调查有概率抽样和非概率抽样之分，概率抽样在抽取样本时，是按随机原则进行的。这样，才能保证样本变量是随机变量，抽取的样本才具有代表性。

3. 抽样推断运用的是概率估计的方法

抽样推断是一种非全面调查方式，其调查目的并不是了解部分单位（样本）的情况，而是作为认识总体的一种手段，利用样本的部分信息，推断总体的相关信息。因为所抽取的样本是随机变量，因此，用样本指标数值去推断总体相应的指标数值，其可靠性是可以保证的。

4. 抽样推断的误差可以事先计算，并加以控制

用样本指标数值推断总体相应指标数值存在一定的误差。但是，由于抽样推断是有科学根据的，所以，抽样误差范围可以事先通过有关资料加以计算，并且可以控制，从而使抽样推断具有一定的可靠程度。这是其他估算方法所不及的。

7.1.3 抽样推断的内容

抽样推断的主要内容有两个方面，即参数估计和假设检验。虽然这两方面的内容都是利用样本观察值所提供的信息对总体做出估计或判断，但它们所要解决问题的侧重点有所不同。

1. 参数估计

参数估计是根据从总体中抽取的样本估计总体分布中包含的未知参数的方法。人们常常需要根据手中的数据，分析或推断数据反映的本质规律。即根据样本数据如何选择统计量去推断总体的分布或数字特征等。它是统计推断的一种基本形式，是数理统计学的一个重要分支，分为点估计和区间估计两部分。

2. 假设检验

假设检验又称统计假设检验，是一种基本的统计推断形式，也是数理统计学的一个重要的分支，用来判断样本与样本、样本与总体的差异是由抽样误差引起还是本质差别造成的统计推断方法。

其基本原理是先对总体的特征做出某种假设，然后通过抽样研究的统计推理，对此假设应该被拒绝还是接受做出推断。

3. 参数估计与假设检验的区别与联系

例如，我们对45钢的断裂韧性作了测定，取得了一批数据，然后要求45钢断裂韧性的平均值，或要求45钢断裂韧性的单侧下限值，或要求45钢断裂韧性的分散度，这就是参数估计的问题。

又如，经过长期的积累，知道了某材料的断裂韧性的平均值和标准差，经改进热处理后，又测得一批数据，试问新工艺与老工艺相比是否有显著差异，这就是假设检验的问题。

这样可以看出，参数估计是假设检验的第一步，没有参数估计，也就无法完成假设检验。

7.1.4 有关抽样的基本概念

7.1.4.1 总体和样本

总体是表示考察对象的全体，又称母体。总体中每个成员称为个体。例如考察某厂生产的灯泡的使用寿命，该厂生产的所有灯泡的使用寿命为总体，每个灯泡的使用寿命为一个个体。

当总体中所含的个体总数有限时，称为有限总体，否则，称为无限总体。在实际中全面了解总体的情况，往往难以办到，如不可能对所有灯泡进行试验，记录每一个灯泡的使用寿命。所以常通过观测部分个体获得总体的信息。

研究中实际观测或调查的一部分个体称为样本，又称子样。为了使样本能够正确反映总体情况，对总体要有明确的规定：总体内所有观察单位必须是同质的；在抽取样本的过程中，必须遵守随机化原则；样本的观察单位还要有足够的数量。

7.1.4.2 总体参数与样本统计量

所谓总体参数是指总体中对某变量的概括性描述。比如说总体的均值、方差等都是总体参数。

抽样推断中常用的总体参数有：总体平均数、总体成数、总体标准差、总体方差。

总体平均数：根据总体各单位的变量值计算出来的平均数，通常用符号 $\bar{X}$ 表示。

总体成数：当交替标志的表现形式只有两种时，具有某种标志表现或不具有某种表现的单位数占总体单位数的比重，通常用符号 P 表示。其计算方法为：

$$P = \frac{N_1}{N}; \tag{7.1}$$

$$Q = \frac{N_0}{N} \text{或} \frac{N_0}{N} = (1-P) \tag{7.2}$$

式中：N 代表总体单位数

N_1 代表具有某种属性的总体单位数

N_0 代表具有某种相反属性的总体单位数

Q 代表具有某种相反属性的总体单位数占总体单位数的比重

由于 $N_1 + N_0 = N$，所以，$P + Q = 1$，$Q = 1 - P$。

总体标准差：总体所有单位变量值与其算术平均数的离差之平方平均数，通常用 σ 表示。

总体标准差的平方就是总体方差，通常用 σ^2 表示。

样本统计量（也称为抽样指标或样本指标）是根据抽样总体单位变量值计算的综合指标。它不是一个确定量，而是一个随样本数量的变化而变化的随机变量。

统计量与总体参数相对应，也有抽样平均数（$\bar{x}$）、抽样成数（p）、样本标准差

(s) 和样本方差（s^2）等具体指标。

7.1.4.3 样本容量与样本个数

样本的单位数称为样本容量，通常用 n 来表示。对统计总体的单位数 N 来说，n 是很小的数，它可以是 N 的几十分之一、几百分之一、几千分之一，甚至几万分之一，还可能更小。

一般而言，样本容量在 30 以下时（即 $n<30$），称为"小样本"；样本容量达到或超过 30 时（即 $n\geqslant 30$），称为"大样本"。

在进行抽样调查时，样本容量的确定，必须根据统计研究的目的、任务和研究对象的性质而定。无论是大样本还是小样本，样本容量与统计总体单位数和抽样比例有关，一般说来，样本容量与统计总体单位数和抽样比例都呈正比例关系，即，在抽样比例不变时，总体越大则样本容量也相应越大；在总体不变时，抽样比例越大则样本容量也越大。

一般而言，社会经济现象的抽样调查多取大样本，而对自然现象的试验则多取小样本。

在抽样调查中，如果说统计总体是唯一确定的，那么，样本就完全不是这样。一个统计总体可能有多个样本总体，全部样本的可能数目既和每一样本容量有关，也和随机抽样方法有关，因此，样本是不确定的。

7.1.4.4 重复抽样与不重复抽样

重复抽样又称放回式抽样。每次从总体中抽取的样本单位，经检验之后又重新放回总体，参加下次抽样，这种抽样的特点是总体中每个样本单位被抽中的概率是相等的。

例如：总体 A，B，C，D 个单位，用重置抽样的方法从中抽 2 个单位构成一个样本。即抽取第 1 个样本单位时，有 4 种取法，抽取第 2 个样本单位时，还是有 4 种取法，则全部可能抽取的样本共有 $4\times 4=16$ 个，它们是：

AA，AB，AC，AD，BB，BA，BC，BD，CC，CA，CB，CD，DD，DA，DB，DC。

不重复抽样亦称不放回式抽样。每次从总体中抽取的样本单位，经检验之后不再放回总体，在下次抽样时不会再次抽到前面已抽中过的样品单位。总体每经一次抽样，其样品单位数就减少一个，因此每个样品单位在各次抽样中被抽中的概率是不同的。

不重复抽样过程为：从总体 N 个单位中要抽取一个量为 n 的样本，每次从总体中抽取一个单位，连续进行 n 次抽选，构成一个样本。但每次抽选一个单位就不再放回。不重置抽样的样本是由 n 次连续抽选的结果组成，实质上等于一次同时从总体中抽 n 个单位组成一个样本。连续 n 次抽选的结果不是相互独立的，第一次抽选的结果影响下一次抽样，每抽一次，总体的单位数就少一个。因此，每个单位的中选或下次中选机会不同。

例如：总体 A，B，C，D 个单位，用不重置抽样的方法从中抽 2 个单位构成一个

样本。全部可能抽取的样本共有 $4 \times 3 = 12$ 个,它们是:

AB,AC,AD,BA,BC,BD,CA,CB,CD,DA,DB,DC。

一般来说,从总体 N 个单位中,随机不重置抽取 n 个单位构成一个样本,其数目为:样本数目 $= n(n-1)(n-2)\cdots(n-n+1)$。

7.2 抽样的组织方式

7.2.1 简单随机抽样

一般地,设一个总体含有 N 个个体,如果通过逐个抽取的方法从中抽取一个样本,且每次抽取时各个个体被抽到的概率相等,则这样的抽样方法叫作简单随机抽样。

简单随机抽样的特点是:每个样本单位被抽中的概率相等,样本的每个单位完全独立,彼此间无一定的关联性和排斥性。

(1) 简单随机抽样要求被抽取的样本的总体个数 N 是有限的。
(2) 简单随机样本数 n 小于或等于样本总体的个数 N。
(3) 简单随机样本是从总体中逐个抽取的。
(4) 简单随机抽样是一种不放回的抽样。
(5) 系统抽样的每个个体入样的可能性均为 n/N。

简单随机抽样只适用于总体单位数量有限的情况,否则编号工作繁重;对于复杂的总体,样本的代表性难以保证;不能利用总体的已知信息等。在市场调研范围有限,或调查对象情况不明、难以分类,或总体单位之间特性的差异程度小时采用此法效果较好。

简单随机抽样最基本的抽样方法分为重复抽样和不重复抽样。在重复抽样中,每次抽中的单位仍放回总体,样本中的单位可能不止一次被抽中。不重复抽样中,抽中的单位不再放回总体,样本中的单位只能抽中一次。社会调查采用不重复抽样。

7.2.2 类型抽样

类型抽样,也叫分层抽样,就是将总体各单位按其属性特征或主要标志分成若干类型或层,然后在各个类型或层中,采用随机抽样或机械抽样方式,确定所要抽取的单位。

类型的划分,必须有清楚的划类界限,必须知道各类中的数目和比例,分类的数目不宜太多,否则将失去类型的特征,不便于在每类中抽样。

类型抽样由于通过划类分层,增大了各类型中单位间的共同性,因此,类型抽样容易抽出具有代表性的调查样本。

类型抽样在各个类型中抽取的单位数目,有等比例分配抽样单位数和不等比例分配抽样单位数两种。

（1）等比例分配抽样单位数

等比例分配抽样单位数就是按照各个类型中的单位数占总体单位总数的比例，等比例分配各个类型的抽样单位数。

（2）不等比例分配抽样单位数

不等比例分配抽样单位数就是指分配到各类型的抽样单位数不按照各类型的单位数占总体单位总数的比例来分配。可以平均分配，也可以按照其他比例分配。

类型抽样适用于总体情况复杂、各单位之间差异较大、单位较多的情况。

7.2.3 等距抽样

等距抽样也称为系统抽样或机械抽样，它是首先将总体中各单位按一定顺序排列，根据样本容量要求确定抽选间隔，然后随机确定起点，每隔一定的间隔抽取一个单位的一种抽样方式，是纯随机抽样的变种。

在系统抽样中，先将总体从 $1\sim N$ 相继编号，并计算抽样距离 $K=N/n$。式中 N 为总体单位总数，n 为样本容量。然后在 $1\sim K$ 中抽一随机数 k_1，作为样本的第一个单位，接着取 k_1+k，k_1+2k……，直至抽够 n 个单位为止。

等距抽样的特点是抽出的单位在总体中是均匀分布的，且抽取样本可少于纯随机抽样。

等距抽样方式相对于简单随机抽样方式最主要的优势就是经济性。等距抽样方式比简单随机抽样更为简单，花的时间更少，并且花费也少。使用等距抽样方式最大的缺陷在于总体单位的排列上。一些总体单位数可能包含隐蔽的形态或者是"不合格样本"，调查者可能疏忽，把它们抽选为样本。由此可见，只要抽样者对总体结构有一定了解时，充分利用已有信息对总体单位进行排列后再抽样，则可提高抽样效率。

在定量抽样调查中，等距抽样常常代替简单随机抽样。由于该抽样方法简单实用，所以应用普遍。等距抽样得到的样本几乎与简单随机抽样得到的样本是相同的。

样本距离可通过下面的公式确定：样本距离＝总体单位数÷样本单位数

例如，你使用本地电话本并确定样本距离为100，那么100个中取1个组成样本。这个公式保证了整个列表的完整性。

等距抽样方式随意用一个起点，例如，如果你把一本电话本作为抽样框，必须随意取出一个号码决定从该页开始翻阅。假设从第5页开始，在该页上再另选一个数决定从该行开始。假定从第3行开始，这就决定了开始的位置。

7.2.4 整群抽样

整群抽样又称聚类抽样，是将总体中各单位归并成若干个互不交叉、互不重复的集合，称之为群；然后以群为抽样单位抽取样本的一种抽样方式。

应用整群抽样时，要求各群有较好的代表性，即群内各单位的差异要大，群间差异要小。

整群抽样的好处是抽选时不必编制总体单位的名单，只需编制群的名单。同时，抽取的单位比较集中，调查比较方便，可以节省人力、物力和财力。

整群抽样误差受三个因素影响：

（1）抽出的群数多少

设所有的群数为 R，抽出的群数为 r，显然抽出的数目越多，则抽样误差越小。

（2）群间方差

群间方差也称组距方差，它说明群和群之间的差异程度。整群抽样时，群内方差无论多大都不会影响抽样误差。因为对每一个群来讲，进行的是全面调查，不发生抽样误差问题。

（3）抽样方法

为避免抽样误差过大，整群抽样都采用不重置抽样方法。

7.2.5 多阶段抽样

多阶段抽样是指将抽样过程分阶段进行，每个阶段使用的抽样方法往往不同，即将各种抽样方法结合使用，其在大型流行病学调查中常用。其实施过程为，先从总体中抽取范围较大的单元，称为一级抽样单元，再从每个抽得的一级单元中抽取范围更小的二级单元，依此类推，最后抽取其中范围更小的单元作为调查单位。

多阶段抽样具体操作过程是：

第一阶段，将总体分为若干个一级抽样单位，从中抽选若干个一级抽样单位入样。

第二阶段，将入样的每个一级单位分成若干个二级抽样单位，从入样的每个一级单位中各抽选若干个二级抽样单位入样……，依此类推，直到获得最终样本。

如果我们面对的一阶单元内总体基本单元数相当大，作全面的调查就会比较困难，或者一阶单元内各二阶单元可以给出相近的结果，作全面的调查又无必要。此时从费用和抽样估计效率考虑，便可以从总体中随机抽取一部分一阶单元，然后再从被抽中的一阶单元内随机抽取部分二阶单元并对他们作全面调查，我们把这种抽样技术称为二阶抽样。

如果在被抽中的二阶单元中，再抽取部分三阶单元组成样本，并对抽中的三阶单元进行全面的调查，这就是三阶抽样。类似地，可以定义四阶抽样或更高阶的抽样，通常将两阶以上的抽样称为多阶段抽样。

需要指出的是，多阶段抽样中，各阶可以采用不同的抽样方法，也可采用同一种抽样方法，要视具体情况和要求而定。

7.3 抽样误差

7.3.1 抽样误差概念

抽样误差是指用样本统计值与被推断的总体参数出现的偏差、由于抽样的随机性引起的样本结果与总体真值之间的误差。抽样误差主要包括样本平均数与总体平均数之差、样本成数与总体成数之差。

统计误差的来源主要有登记性误差和代表性误差,代表性误差又包括系统性误差和偶然性误差,而抽样误差特指偶然性误差。

影响误差大小的因素主要有:
(1) 总体单位的标志值的变异程度:变异程度越大,误差越大。
(2) 样本单位数的多少:在其他条件相同的情况下,样本单位数越多,则误差越小。
(3) 抽样方法:抽样方法不同,抽样误差也不相同,一般来说,重复抽样比不重复抽样误差要大些。
(4) 抽样误差的组织形式、计算方法。

7.3.2 抽样平均误差

7.3.2.1 抽样平均误差的含义

抽样平均误差是抽样误差的平均数,即一系列抽样指标的抽样平均数或抽样成数的标准差。它反映了样本统计量与相应总体参数的平均误差程度,也表示用样本统计量推断总体的精准程度。

以 μ_x 表示抽样平均数的抽样平均误差,μ_p 表示抽样成数的抽样平均误差,M 表示全部可能的样本数目,则

$$\mu_x = \sqrt{\frac{\sum [\bar{x} - E(\bar{x})]^2}{M}} = \sqrt{\frac{\sum (\bar{x} - \mu)^2}{M}} \tag{7.3}$$

$$\mu_p = \sqrt{\frac{\sum [p - E(p)]^2}{M}} = \sqrt{\frac{\sum (p - P)^2}{M}} \tag{7.4}$$

7.3.2.2 抽样平均误差的计算

1. 重复抽样条件下平均数的抽样平均误差的计算

重复抽样条件下,抽样平均数的平均误差和总体差异变异程度、样本容量有关,与总体单位数的多少无关。其计算公式如下:

$$\mu_x = \sqrt{\frac{\sigma^2}{n}} = \frac{\sigma}{\sqrt{n}} \tag{7.5}$$

式中：$\mu_{\bar{x}}$ 表示平均数的抽样平均误差；σ 表示总体标准差；n 表示样本容量。

从上述公式可见，抽样平均误差的大小和总体标准差成正比，而与样本容量的平均根成反比；另外，抽样平均误差比总体标准差小，仅为总体标准差的 $1/\sqrt{n}$。

【例 7.1】 有 4 个工人，每人每月产量分别为 4、5、6、7 件，随机从其中抽取 2 人，求平均加工零件数，用以代表 4 人总体的平均产量水平。

如果采用重复抽样方法，则所有可能样本以及平均产量资料见表 7-1。

表 7-1 样本平均数与抽样平均误差计算表

序号	样本变量 x		样本平均数 $\bar{x}$	平均数离差 $[\bar{x} - E(\bar{x})]$	离差平方 $[\bar{x} - E(\bar{x})]^2$
	(1)	(2)			
1	4	4	4.00	-1.50	2.25
2	4	5	4.50	-1.00	1.00
3	4	6	5.00	-0.50	0.25
4	4	7	5.50	0.00	0.00
5	5	4	4.50	-1.00	1.00
6	5	5	5.00	-0.50	0.25
7	5	6	5.50	0.00	0.00
8	5	7	6.00	0.50	0.25
9	6	4	5.00	-0.50	0.25
10	6	5	5.50	0.00	0.00
11	6	6	6.00	0.50	0.25
12	6	7	6.50	1.00	1.00
13	7	4	5.50	0.00	0.00
14	7	5	6.00	0.50	0.25
15	7	6	6.50	1.00	1.00
16	7	7	7.00	1.50	2.25
合计	—	—	88.00	—	10.00

按抽样平均误差的定义计算如下：

样本平均数的平均数 $E(\bar{X}) = \dfrac{\sum \bar{x}}{\text{样本可能数目}} = \dfrac{88.00}{16} = 5.5(\text{件})$

抽样平均误差 $\mu_{\bar{x}} = \sqrt{\dfrac{\sum [\bar{x} - E(\bar{x})]^2}{M}} = \sqrt{\dfrac{10}{16}} = 0.79(\text{件})$

按抽样平均误差的计算公式计算如下：

总体平均产量 $\bar{X} = \dfrac{\sum X}{N} = \dfrac{22}{4} = 5.5(\text{件})$

标准差 $\sigma = \sqrt{\dfrac{\sum(X-\bar{X})^2}{N}} = \sqrt{\dfrac{5}{4}} = 1.12$(件)

抽样平均误差 $\mu_{\bar{x}} = \sqrt{\dfrac{\sigma^2}{n}} = \dfrac{\sigma}{\sqrt{n}} = \dfrac{1.12}{\sqrt{2}} = 0.79$(件)

可见两者的计算结果是相同的，都是 0.79 件。0.79 件是指对于 16 个样本，无论抽到哪个样本，平均来说误差为 0.79 件。

2. 不重复抽样条件下平均数的抽样平均误差的计算

不重复抽样条件下，抽样平均数的平均误差不但和总体变异程度、样本容量有关，也与总体单位数的多少有关。其计算公式如下：

$$\mu_{\bar{x}} = \sqrt{\dfrac{\sigma^2}{n}\left(\dfrac{N-n}{N-1}\right)} \tag{7.6}$$

式中：$\mu_{\bar{x}}$ 表示平均数的抽样平均误差；σ 表示总体标准差；n 表示样本容量，N 表示总体单位数。

当 N 较大时，则有：

$$\mu_{\bar{x}} = \sqrt{\dfrac{\sigma^2}{n}\left(1 - \dfrac{n}{N}\right)} \tag{7.7}$$

【例 7.2】4 个工人，每人每月产量分别为 4、5、6、7 件，现采用不重复抽样的方法，随机从其中抽取 2 人，求平均加工零件数，用以代表 4 人总体的平均产量水平。则所有可能样本及平均产量资料见表 7-2。

表 7-2 样本平均数与抽样平均误差计算表

序号	样本变量 x		样本平均数 $\bar{x}$	平均数离差 $[\bar{x}-E(\bar{x})]$	离差平方 $[\bar{x}-E(\bar{x})]^2$
	(1)	(2)			
1	4	5	4.50	-1.00	1.00
2	4	6	5.00	-0.50	0.25
3	4	7	5.50	0.00	0.00
4	5	4	4.50	-1.00	1.00
5	5	6	5.50	0.00	0.00
6	5	7	6.00	0.50	0.25
7	6	4	5.00	-0.50	0.25
8	6	5	5.50	0.00	0.00
9	6	7	6.50	1.00	1.00
10	7	4	5.50	0.00	0.00
11	7	5	6.00	0.50	0.25
12	7	6	6.50	1.00	1.00
合计	—	—	66.00	—	5.00

按抽样平均误差的定义计算如下：

样本平均数的平均数 $E(\bar{X}) = \dfrac{\sum \bar{x}}{\text{样本可能数目}} = \dfrac{66.00}{12} = 5.5$（件）

抽样平均误差 $\mu_x = \sqrt{\dfrac{\sum [\bar{x} - E(\bar{x})]^2}{M}} = \sqrt{\dfrac{5}{12}} = 0.65$（件）

按抽样平均误差的计算公式计算如下：

抽样平均误差 $\mu_x = \sqrt{\dfrac{\sigma^2}{n}\left(\dfrac{N-n}{N-1}\right)} = \sqrt{\dfrac{1.12^2}{2} \times \left(\dfrac{4-2}{4-1}\right)} = 0.65$（件）

由此可见，两者计算结果也是相同的，同时我们也看到不重复抽样的抽样平均误差小于重复抽样的抽样平均误差。

3. 重复抽样条件下成数的抽样平均误差的计算

重复抽样条件下，抽样成数的抽样平均误差的计算公式为

$$\mu_P = \sqrt{\dfrac{P(1-P)}{n}} \qquad (7.8)$$

4. 不重复抽样条件下成数的抽样平均误差的计算

不重复抽样条件下，抽样成数的抽样平均误差的计算公式为

$$\mu_P = \sqrt{\dfrac{P(1-P)}{n}\left(\dfrac{N-n}{N-1}\right)} \approx \sqrt{\dfrac{P(1-P)}{n}\left(1 - \dfrac{n}{N}\right)} \qquad (7.9)$$

【例7.3】某大学调查学生英语课程的学习情况，现采用不重复抽样的方法抽取了5%的学生组成一个200人的样本。对样本的统计结果为：平均成绩为75分，标准差为17分，及格率为90%，求及格率的抽样平均误差。

本例采用样本方差代替总体方差，其计算结果如下：

$$\mu_P = \sqrt{\dfrac{P(1-P)}{n}\left(1 - \dfrac{n}{N}\right)} = \sqrt{\dfrac{0.9(1-0.9)}{200}(1-5\%)} = 2.07\%$$

另外需要注意的是，计算抽样平均误差时，需要使用全及总体方差 σ^2 和 $P(1-P)$，但是在抽样调查的实践中，这两个指标一般都是未知的，通常用以下几种方法解决：

（1）用过去调查所得到的资料（可以用全面调查的资料也可以用抽样调查的资料），如果有几个不同的总体方差的资料，则用数值较大的。

（2）用估计的资料。例如，在灯泡使用时限的抽样调查中，根据预估的使用时限资料计算出方差，作为总体的方差。

（3）用样本方差的资料代表总体方差。

（4）用小规模调查资料。如果没有过去的资料，又需要在调查之前就估计出抽样误差，则可以在大规模调查之前，组织一次小规模的试验性调查。

7.3.3 抽样极限误差

抽样极限误差又称"置信区间和抽样允许误差范围"，是指在一定的把握程度

(P)下保证样本指标与总体指标之间的抽样误差不超过某一给定的最大可能范围,记作 Δ。

则平均数的抽样极限误差为:

$$|\bar{x} - \bar{X}| \leq \Delta_{\bar{x}}$$

总体平均数的估计区间为:

$$\bar{x} - \Delta_{\bar{x}} \leq \bar{X} \leq \bar{x} + \Delta_{\bar{x}}$$

而成数的抽样极限误差为:

$$|p - P| \leq \Delta_p$$

总体成数的估计区间为:

$$p - \Delta_p \leq P \leq p + \Delta_p$$

基于理论上的要求,抽样极限误差需要用抽样平均误差 $\mu_{\bar{x}}$ 或 μ_p 为标准单位来衡量。于是有:

$$\Delta_{\bar{x}} = t\mu_{\bar{X}}, \quad \Delta_p = t\mu_p \tag{7.10}$$

其中,t 称为抽样误差的概率度。

在统计推断中,常用的数据如表 7-3 所示。

表 7-3 概率度与概率对照表

概率度 t	误差范围 Δ	概率 $F(t)$	概率度 t	误差范围 Δ	概率 $F(t)$
0.50	0.50μ	0.3829	1.96	1.96μ	0.9500
1.00	1.00μ	0.6827	2.00	2.00μ	0.9545
1.50	1.50μ	0.8664	3.00	3.00μ	0.9973

7.4 参数估计

参数估计是根据从总体中抽取的样本估计总体分布中包含的未知参数的方法。它是统计推断的一种基本形式,是数理统计学的一个重要分支,分为点估计和区间估计两部分。

7.4.1 点估计

点估计,又称定值估计,就是用实际样本指标数值作为总体参数的估计值。例如,用样本平均数的实际值直接估计总体平均数,用样本成数的实际值直接估计总体成数等。

【例7.4】某地对股民的资金账户余额及盈亏情况进行调查,现按随机原则抽取了一个1000人的样本,对样本的调查结果是:资金账户平均余额为8万元,盈利股民比重为28%。试对该地全部股民的资金账户平均余额和盈利股民比重进行点估计。

进行点估计就是直接用样本统计量估计总体参数：
$$\bar{X} = \bar{x} = 8（万元），P = p = 28\%$$
该地全部股民的资金账户平均余额为 8 万元，盈利股民比重为 28%。

点估计的优点是它能提供对于总体参数一个确定的估计值，然而这个确定的估计值有多大的误差是未知的，这就是点估计的不足之处。

7.4.2 区间估计

区间估计是参数估计的一种形式。通过从总体中抽取的样本，根据一定的正确度与精确度的要求，构造出适当的区间，以作为总体的分布参数（或参数的函数）的真值所在范围的估计。

用数轴上的一段距离或一个数据区间，表示总体参数的可能范围。这一段距离或数据区间称为区间估计的置信区间。

区间估计是从点估计值和抽样标准误差出发，按给定的概率值建立包含待估计参数的区间。其中这个给定的概率值称为置信度或置信水平，这个建立起来的包含待估计参数的区间称为置信区间，指总体参数值落在样本统计值某一区内的概率；而置信区间是指在某一置信水平下，样本统计值与总体参数值间的误差范围。置信区间越大，置信水平越高。划定置信区间的两个数值分别称为置信下限和置信上限。

区间估计步骤如下：

（1）计算样本指标，即计算样本平均数 $\bar{x}$、成数 p、样本平均数或成数的抽样平均误差 μ。

（2）确定把握程度，即依据推断要求确定置信度 t，据此查表得概率度，计算极限误差 Δ。

（3）估计总体的置信区间。

【例 7.5】某公司出产一种中药，抽样检验结果及相关指标的计算数据见表 7-4。

表 7-4 中药抽查检验资料

每包重量（克）	组中值 x	包数 f（包）	xf	$(x-\bar{x})^2 f$
198～199	198.5	10	1985	32.4
199～200	199.5	20	3990	12.8
200～201	200.5	50	10025	20.0
201～202	201.5	20	4030	28.8
合　计	—	100	20030	76.0

试以 99.73% 的概率估计这批中药的重量范围。

解：（1）计算样本指标：

$$\bar{x} = \frac{\sum xf}{\sum f} = \frac{20030}{100} = 200.3（克）$$

$$S^2 = \frac{\sum(x-\bar{x})^2 f}{\sum f} = \frac{76}{100} = 0.76(克)$$

$$\mu_{\bar{x}} = \sqrt{\frac{\sigma^2}{n}} = \sqrt{\frac{0.76}{100}} = 0.087(克)$$

（2）确定把握程度，$F(t) = 0.9973$，见表 7-3 得到概率度 $t = 3$。

计算极限误差 $\Delta_{\bar{x}} = t\mu_{\bar{x}} = 3 \times 0.087 = 0.261(克)$

（3）估计总体的置信区间为：

$\bar{x} - \Delta_{\bar{x}} = 200.3 - 0.261 = 200.039(克)$

$\bar{x} + \Delta_{\bar{x}} = 200.3 + 0.261 = 200.561(克)$

计算结果表明，有 99.73% 的可靠程度认为该中药的重量在 200.039～200.561 克。

【例 7.6】对一批产品按不重复抽样方法抽取 200 件进行检验，发现有废品 8 件，又知抽样比例为 1/30。当概率为 95% 时，估计这批产品中废品率的区间范围。

解：（1）计算样本指标：

已知 $n = 200$，$n_1 = 8$，$\frac{n}{N} = \frac{1}{30}$，则

$$p = \frac{n_1}{n} = \frac{8}{200} = 0.04$$

$$p(1-p) = 0.04(1-0.04) = 0.0384$$

$$\mu_p = \sqrt{\frac{p(1-p)}{n}\left(1-\frac{n}{N}\right)} = \sqrt{\frac{0.0384}{200}\left(1-\frac{1}{30}\right)} = 0.0136$$

（2）确定把握程度，$F(t) = 0.95$，见表 7-3 得到概率度 $t = 1.96$。

计算极限误差 $\Delta_p = t\mu_p = 1.96 \times 0.0136 = 0.0267$

（3）估计总体的置信区间为：

$p - \Delta_p = 0.04 - 0.0267 = 0.0133 = 1.33\%$

$p + \Delta_p = 0.04 + 0.0267 = 0.0667 = 6.67\%$

计算结果表明，有 95% 的可靠程度认为该批产品废品率在 1.33%～6.67%。

7.5 假设检验

7.5.1 假设检验的基本原理

7.5.1.1 反证法思想

反证法，又称归谬法、背理法，是一种论证方式，其方法是首先假设某命题的否命题成立（即在原命题的条件下，结论不成立），然后推理出明显矛盾的结果，从而下结论说原假设不成立，原命题成立，得证。

假设检验的基本思想是先对所研究的命题提出一种假设，即无显著性差异的假设，称为原假设 H_0，假定 H_0 成立，即"H_0 为真"，如果检验中出现不合理的现象，则表明"H_0 为真"是个错误的假设，应该拒绝 H_0，反之，如果检验中未出现不合理现象，则表明"H_0 为真"是正确的假设，应该接受 H_0。

7.5.1.2 小概率原理

一个事件如果发生的概率很小的话，那么它在一次试验中是几乎不可能发生的，但在多次重复试验中几乎是必然发生的，数学上称之为小概率原理。

如果在假设检验中小概率事件在取得该样本的一次试验中发生了，就有理由怀疑原来对该事件的假设的正确性，从而拒绝原假设成立。

统计学中，一般认为等于或小于 0.05 或 0.01 的概率为小概率。

7.5.2 假设检验的步骤

7.5.2.1 建立统计假设

建立统计假设即根据已知信息，提出原假设和备择假设。其中，原假设是检验中要予以拒绝或接受的假设，如果原假设被拒绝，就接受备择假设。

例如，要检验一批薄钢板是否符合平均厚度 4 毫米的标准，可事先设置如下假设：该批钢板的平均厚度等于 4 毫米，然而从这批钢板中抽取一个样本并计算样本的钢板平均厚度，以此来检验所作的假设是否正确。若结果被证实，被检验的假设就是原假设，记为：

$$H_0: \mu = 4 \text{ 毫米}$$

当上述原假设被拒绝后，就采用备择假设，记为：

$$H_1: \mu \neq 4 \text{ 毫米}$$

而当统计分析关注的不是总体参数是否等于假定参数，而是总体参数与假设参数是否发生指定方向的差异时，那么上述例子如果事先假设薄钢板的平均厚度小于等于 4 毫米，则有：

$$H_0: \mu \leq 4 \text{ 毫米}, \quad H_1: \mu > 4 \text{ 毫米}$$

7.5.2.2 选择检验的显著性水平

显著性水平一般记为 α，要结合事物本身的特点来确定，在统计实践中一般以 0.05 为显著性水平，以 0.01 为高显著性水平。

7.5.2.3 确定检验统计量，并根据样本信息计算检验统计量的实际值

假设检验并不是直接通过样本观察值进行的，而是通过样本所构造的适当的统计量进行的。

7.5.2.4 将实际求得的检验统计量取值与临界值进行比较，做出决策

如果样本统计量的值超过临界值，则拒绝原假设；如果样本统计量的值小于临界值，则接受原假设，或作进一步的检验。

7.5.3 统计参数的假设检验方法

7.5.3.1 总体平均数的检验

大样本情况下,样本平均数服从或趋近于其期望值为总体平均数 μ_0,其方差为样本抽样方差 σ^2/n 的正态分布。而概率度则服从于或趋近于其期望值为 0、方差为 1 的标准正态分布。

$$t = \frac{\bar{x} - \mu_0}{\sigma^2/\sqrt{n}} \sim N(0, 1) \tag{7.11}$$

【例 7.7】 某企业生产一种零件,过去的大量资料表明,零件的平均长度为 4 毫米,标准差为 0.1 毫米。改革技术后,抽取 100 个零件,计算得到样本平均长度为 3.94 毫米。试问:技术革新前后零件的长度是否发生了显著的变化?假设显著性水平为 0.05。

解:该题属于总体平均数的双侧检验

(1) 提出原假设和备择假设,$H_0: \mu = 4$ 毫米,$H_1: \mu \neq 4$ 毫米
(2) 规定显著性水平,$\alpha = 0.05$
(3) 根据样本资料计算出检验统计量的实际值

$$t = \frac{\bar{x} - \mu_0}{\sigma^2/\sqrt{n}} = \frac{3.94 - 4}{0.1/\sqrt{100}} = -6$$

(4) 把检验统计量的实际值与临界值比较,做出接受或拒绝原假设的结论

因为显著性水平为 0.05,而该题属于双侧检验,因此,两侧各为 0.05/2 = 0.025,故经查表得到临界值 $t_{\frac{\alpha}{2}} = t_{0.025} = 1.96$,拒绝域为 $(-\infty, -1.96]$ 和 $[1.96, +\infty)$,而由于 $t = -6 < -1.96$,落入拒绝域,所以拒绝原假设,即在 0.05 的显著性水平下,技术改革前后零件的长度发生了显著的变化。

【例 7.8】 某度假胜地周边有 500 张床位,正常时间每张床位的日租金为 100 元,平均入住率为 70%,即平均每天出租 350 张床位。现该地政府推出一项旨在刺激旅游业的措施,采用补贴方式,将房价降低 20%,结果 36 天中平均每天出租床位 406 张,其标准差为 78 张。试以 0.05 的显著性水平评估这项政策是否有明显效果。

解:该题要求检验是否超过原总体平均数,因而属于单侧检验

$$H_0: \mu \leq 350, \quad H_1: \mu > 350$$

显著性水平 $\alpha = 0.05$,因为是单侧检验,所以其临界值为 $t_{0.05} = 1.645$

检验统计量 $t = \dfrac{\bar{x} - \mu_0}{\sigma/\sqrt{n}} = \dfrac{406 - 350}{78/\sqrt{36}} = 4.3$

由于实际的 t 值大于临界值 $t_{0.05}$,即 $4.3 > 1.645$,落入拒绝域,故拒绝原假设,即该地方政策推出的政策使平均入住率有显著的提高。

7.5.3.2 总体成数的检验

成数,也就是比率,总体成数的检验方法与总体平均数的检验方法基本相同。不过,总体成数所用的检验方法是基于二项分布的。但在大样本条件下,二项分布逼近

正态分布，因此，可以把问题转化为正态分布来处理，其统计量一般也选择 t 统计量。

【例 7.9】 某企业开发一种新产品，根据试产资料，产品的合格率仅为 30%。现对工艺改进后，随机抽取了 600 个产品进行检验，有 220 件产品是合格的，试以 0.05 的显著性水平检验工艺改革对产品的合格率是否有显著提高。

解：该题为单侧检验

$$H_0: P \leqslant 30\%, \quad H_1: P > 30\%$$

给定显著性水平 $\alpha = 0.05$，因为是单侧检验，查表得其临界值为 $t_{0.05} = 1.645$。根据资料计算样本观察值

$$p = \frac{220}{600} = 37\%$$

$$t = \frac{p - p_0}{\sqrt{p_0(1 - p_0)/n}} = \frac{37\% - 30\%}{\sqrt{30\%(1 - 30\%)/600}} = 3.74$$

由于实际的 t 值大于临界值 $t_{0.05}$，即 $3.74 > 1.645$，落入拒绝域，故拒绝原假设，即该工艺改革使产品合格率有显著的提高。

7.5.3.3 假设检验的两类错误分析

原假设究竟是不是真实的，事实上并不知道。在参数检验中，利用小概率原理，接受原假设是因为它出现的可能性比较大，而拒绝原假设也是因为它出现的可能性较小。在这种情况下，并不能保证百分之百的正确，不论是接受原假设还是拒绝原假设都可能犯错，总是需要承担一定的风险，归纳为以下四类：

a. 原假设是真实的，而做出接受原假设的判断，这是正确的决定。
b. 原假设是不真实的，而做出拒绝原假设的判断，这是正确的决定。
c. 原假设是真实的，而做出拒绝原假设的判断，这是犯了第一类型的错误。
d. 原假设是不真实的，而做出接受原假设的判断，这是犯了第二类型的错误。

我们在做出检验决策的时候，当然希望所有真实的原假设都能得到接受，也希望所有不真实的原假设都被拒绝，少犯或不犯这两类错误，因此需要对可能犯错的概率作分析。

第一类型错误是原假设是真实的，而做出拒绝原假设的判断，犯这类错误的概率为 α。例如，某批产品的合格率为 97%，而抽取 10 件检验的结果为 1 件不合格，就认为这批产品合格率低于 97%，此时就犯了拒真的错误。

第二类型错误是原假设是假的，而做出了接受原假设的判断，犯这类错误的概率为 β。例如，企业称某批产品的合格率为 98%，而实际合格率为 87%，而抽取 10 件检验的结果全部合格，就推定企业的说法是正确的，此时就犯了拒真的错误。

实践中，我们都希望这两类错误的犯错概率尽可能的小，但是在一定样本容量下，减少 α 会引起 β 的增大，反之，减少 β 会引起 α 的增大，无法同时减少两类错误的犯错概率，因此，在一般检验原则下，我们事先规定 α，然后尽量减少 β。

本章小结

本章共分 5 部分，介绍了抽样推断、参数估计、假设检验的基本理论和主要方法。

本章首先介绍抽样推断及其有关的概念，随后详细介绍了抽样推断的基本知识。抽样推断是按照随机原则从调查对象的总体中抽取部分单位进行调查，并根据这部分单位的调查结果推断总体的数量特征。抽样推断涉及统计总体、样本、抽样单位、重复抽样、不重复抽样、统计量、抽样分布等基本概念。

其次，本章讨论了参数估计问题。参数估计是根据样本信息对统计总体指标进行估计或推算。参数估计从方法上可分为点估计和区间估计两类：点估计也称定值估计，它是以样本指标的计算结果作为总体参数估计的结果，即用样本指标值直接作为统计总体相应指标的代表值。点估计的优点是简单、具体、明确；其局限性是无法说明抽样误差大小，也无法说明估计结果究竟有多大的把握程度。区间估计是根据样本估计量以一定可靠程度推断总体参数所在的区间范围，在实践中应用较广。

第三，本章讨论了假设检验问题。假设检验是事先对总体参数或总体分布形式做出一个假设，然后利用样本信息来判断这一假设是否合理，即判断样本统计量的具体数值与原假设是否有显著差异，从而决定拒绝或接受原假设。

假设检验具有两个显著的特点：①采用反证法。首先假定原假设是正确的，然后根据抽样理论和样本信息，观察由此假设而导致的结果是否合理，从而判断是否接受原假设。②依据"小概率事件在一次试验中不能发生"的原理。即在一次观察中小概率事件（检验统计量的具体值落在拒绝区域内）发生了，则认为原假设不合理，从而否定原假设。

统计假设检验的一般步骤如下：

(1) 提出原假设（H_0）和备择假设（H_1）。
(2) 选择检验用统计量，并确定其分布形式。
(3) 选择显著性水平 α，确定决策临界值。
(4) 根据检验统计量的具体数值，做出决策。

思考与练习

一、单项选择题

1. 不重复随机抽样的误差比重复随机抽样的误差（　　）。
   A. 大　　　　　　B. 小　　　　　　C. 相等　　　　　　D. 有时大，有时小
2. 在其他条件不变的情况下，抽样平均误差的大小与总体标准差的大

小（　　）。
  A. 成正比　　B. 成反比　　C. 无关　　D. 以上都不对
 3. 在其他条件不变的情况下，抽样平均误差的大小与样本容量方根的大小（　　）。
  A. 成正比　　B. 成反比　　C. 无关　　D. 以上都不对
 4. 对重复随机抽样，若其他条件不变，样本容量增加3倍，则样本的平均抽样误差（　　）。
  A. 减少30%　　B. 增加30%　　C. 减少50%　　D. 增加50%
 5. 抽样成数 P 值愈接近1，则抽样成数平均误差值（　　）。
  A. 愈大　　B. 愈小　　C. 愈接近0.5　　D. 愈接近1
 6. 抽样结果的估计值与总体指标之间误差允许的限度称为（　　）。
  A. 极限误差　　B. 抽样误差　　C. 抽样平均误差　　D. 代表性误差
 7. 用重复随机抽样的平均抽样误差公式计算不重复随机抽样的平均抽样误差，将会（　　）。
  A. 高估了误差　　　　　　B. 低估了误差
  C. 既没高估也没低估　　　D. 以上都不对
 8. 在95.45%的概率保证程度下，当抽样极限误差为0.06时，则抽样平均误差等于（　　）。
  A. 0.02　　B. 0.03　　C. 0.12　　D. 0.18
 9. 有一项研究要调查中国人的主观幸福感，大约要抽取5000名被试，相对来说比较适宜的抽样方法是（　　）。
  A. 整群抽样　　B. 分层抽样　　C. 随机抽样　　D. 等距抽样
 10. 以下关于参数估计的说法正确的是（　　）。
  A. 区间估计优于点估计
  B. 样本容量越大，参数估计准确的可能性越大
  C. 样本容量越大，参数估计越精确
  D. 对于一个参数只能有一个估计值
 11. 参数估计的置信度为 $1-\alpha$ 的置信区间表示（　　）。
  A. 以 $1-\alpha$ 的可能性包含了未知总体参数真值的区间
  B. 以 α 的可能性包含了未知总体参数真值的区间
  C. 总体参数取值的变动范围
  D. 抽样误差的最大可能范围
 12. 参数估计与假设检验的关系是（　　）。
  A. 前者是描述统计的主要方法，后者是推断统计的主要方法
  B. 二者都是依据统计量对总体情况进行推断的方法
  C. 二者都涉及差异的比较
  D. 二者都提出待检验的假设

13. 事先将全及总体各单位按某一标志排列，然后依固定顺序和间隔来抽选调查单位的抽样组织方式叫作（   ）。
  A. 分层抽样 B. 简单随机抽样 C. 整群抽样 D. 等距抽样
14. 抽样误差是指（   ）。
  A. 计算过程中产生的误差 B. 调查中产生的登记性误差
  C. 调查中产生的系统性误差 D. 随机性的代表性误差
15. 整群抽样是对被抽中的群做全面调查，所以整群抽样是（   ）。
  A. 全面调查 B. 非全面调查 C. 一次性调查 D. 经常性调查
16. 对 400 名大学生抽取 19% 进行不重复抽样调查，其中优等生比重为 20%，概率保证程度为 94.45%，则优等生比重的极限抽样误差为（   ）。
  A. 4% B. 4.13% C. 9.18% D. 8.26%

二、多项选择题

1. 点估计（   ）。
  A. 考虑了抽样误差大小 B. 没有考虑抽样误差大小
  C. 能说明估计结果的把握程度 D. 是抽样估计的主要方法
  E. 不能说明估计结果的把握程度
2. 抽样调查中的抽样误差是（   ）。
  A. 不可避免的 B. 可以通过改进调查方法来消除的
  C. 可以事先计算并加以控制的 D. 抽样估计值与总体参数值之差
  E. 受总体标志变动程度的影响的
3. 影响抽样误差的主要因素有（   ）。
  A. 抽样数目的多少 B. 总体标志变异程度的大小
  C. 不同的组织方式 D. 抽样周期的长短
  E. 不同抽样方法
4. 抽样调查的特点是（   ）。
  A. 按随意原则抽取样本 B. 按随机原则抽取样本
  C. 由部分推断总体 D. 可以事先计算并控制抽样误差
  E. 缺乏科学性和可靠性
5. 对某大学学生进行消费支出调查，采用抽样的方法获取资料。按组织方式不同，常见的抽样方法有（   ）。
  A. 纯随机抽样 B. 等距抽样 C. 类型抽样 D. 整群抽样
  E. 不重复抽样和重复抽样
6. 抽样平均误差是（   ）。
  A. 反映样本指标与总体指标的平均误差程度
  B. 样本指标的标准差
  C. 样本指标的平均差
  D. 计算抽样极限误差的衡量尺度

E. 样本指标的平均数

7. 假设从 6 个人的总体中随机抽取 2 个人进行调查，可能有 15 个样本组合，所以说（ ）。

    A. 样本指标是随机变量　　　　　B. 总体指标是随机变量
    C. 样本指标是唯一确定的　　　　D. 总体指标是唯一确定的
    E. 样本指标是样本变量的函数

8. 重复抽样的特点是（ ）。

    A. 各次抽选相互影响
    B. 各次抽选互不影响
    C. 每次抽选时，总体单位数始终不变
    D. 每次抽选时，总体单位数逐渐减少
    E. 各单位被抽中的机会在各次抽选中相等

三、判断题

1. 抽样误差是抽样调查中无法避免的误差。（ ）
2. 抽样误差的产生是由破坏了随机原则造成的。（ ）
3. 重复抽样条件下的抽样平均误差总是大于不重复抽样条件下的抽样平均误差。（ ）
4. 在其他条件不变的情况下，抽样平均误差要减少为原来的 1/3，则样本容量必须增大到 9 倍。（ ）
5. 样本指标是一个客观存在的常数。（ ）
6. 抽样调查所遵循的基本原则是可靠性原则。（ ）
7. 抽样平均误差就是抽样平均数的标准差。（ ）

四、计算题

1. 某市场调查公司在一次调查中，询问 250 人关于获得某知名企业产品的主要途径，其中有 140 人认为他们是通过电视广告了解的。

  （1）试求总体中通过电视广告认识该厂家产品的人所占比率的 95% 置信区间。

  （2）若以 95% 的把握程度，允许误差为 0.01 时，为估计总体比率应选取多大的样本容量？

2. 某职业研究所为了解本地从事 IT 行业人员的薪金，随机抽取 100 名从事 IT 行业的人员组成样本，样本均值为 50124.58 元，样本标准差为 1685 元，试分别求 IT 行业人员薪金的总体均值 90%、95% 和 99% 的置信区间，当置信水平增大时，置信区间的宽度如何变化？是否合理？

3. 某食品厂用自动装袋机包装食品，每袋标准重量为 50 克，每隔一定时间抽取包装袋进行检验。现抽取 10 袋，测得其重量为（单位：克）：

  49.8，51，50.5，49.5，49.2，50.2，51.2，50.3，49.7，50.6

若每袋重量服从正态分布，每袋重量是否符合要求？（$\alpha = 0.05$）

4. 在一批产品中抽 40 件进行调查,发现次品有 6 件,试按显著性水平为 0.05 来判断该批产品的次品率是否高于 10%。

5. 某产品的废品率是 17%,经对该产品的生产设备进行技术改造后,从中抽取 200 件产品检验,发现有 28 件次品,能否认为技术改造后提高了产品的质量?($\alpha = 0.05$)

第8章 相关与回归分析

【开篇案例】

冰激凌和犯罪

在美国中西部的一个小镇,人们发现了一个不合乎逻辑的现象。地方警察局局长发现冰激凌消费量越多,犯罪率就越高。这个现象让警察局局长很困惑,直到他回想起他在大学时选修的统计学课程,他的这个困惑最后成为一个哈哈!他想这个问题非常容易。你能猜想到什么?

乔·鲍伯最近被选为城市议员,他知道了这些发现并且有了一个很好的想法,或者至少他的选民会喜欢他的这种想法(记住,他忽略了大学开设的统计学课程)。为什么不在夏天这几个月限制冰激凌的消费量,以便使犯罪率下降?听起来很合理,对吗?得了,不进一步检验就知道,这个结论根本没有意义。

(资料来源:韩宇. 统计学原理. 北京大学出版社,2012.)

8.1 相关与回归分析概述

相关与回归分析是现代统计学中非常重要的内容,是处理变量数据之间相关关系的一种统计方法。相关分析是研究现象之间是否存在某种依存关系,并对具体有依存关系的现象探讨其相关方向以及相关程度,是研究随机变量之间的相关关系的一种统计方法。回归分析是确定两种或两种以上变量间相互依赖的定量关系的一种统计分析方法,目的在于了解两个或多个变量间是否相关、相关方向与强度,并建立数学模型以便观察特定变量来预测研究者感兴趣的变量。相关与回归分析已经被广泛应用于企业管理、商业决策、金融分析以及自然科学和社会科学等众多领域中。

8.1.1 函数关系与相关关系

客观现象总是普遍联系和相互依存的。如商品价格的变化会刺激或抑制商品销售量的变化,居民收入高低会影响奢侈品的销售量等。客观现象之间的数量依存关系在形式上又表现为两种不同的类型:一种是函数关系,另一种是相关关系。

8.1.1.1 函数关系

函数关系是指现象变量之间客观存在的一种严格确定的依存关系,是一种确定的因果关系,在这种关系中,对于某一变量的每一个数值,都有另一变量的确定值与之相对应，并且这种关系可用一个数学表达式反映出来。例如，银行的1年期存款利率为年息4%，存入本金用 x 表示，到期本息和用 y 表示，则 $y = x(1+4\%)$；再如，圆面积 S 与半径 r 之间的关系表现为 $S = \pi r^2$ 这样一种函数关系。

8.1.1.2 相关关系

相关关系是指现象之间存在着非确定性的依存关系，它是一种现象之间确实存在的，但数量上不是严格对应的依存关系。这种关系通常必须在大量观察下才能找到，是一种从平均意义上所表现出现象变量之间的依存关系。这种依存关系的特点是：某一现象在数量上发生变化会影响另一现象在数量上的变化，而且这种变化在数量上具有一定的随机性。即当给定某一现象及一个数值时，另一个现象会有若干个数值与之对应，并且总是遵循一定规律，围绕这些数值的平均数上下波动。其原因是影响现象发生变化的因素不止一个。例如：成本的高低与利润的多少有密切关系，但某一确定的成本与相对应的利润却是不确定的，这是因为价格、供求平衡、消费偏好等因素也会对其有所影响；再如，农作物产量与施肥量之间也存在着一定的关系，但农作物产量也会受到日照时间、降雨量等因素的影响。

8.1.1.3 函数关系与相关关系之间的联系与区别

函数关系与相关关系是既有区别，又有联系的。相关关系是变量之间数量上不严格的依存关系，现象中变量关系完全对等；函数关系是变量之间数量上严格的依存关系，现象中变量关系不是对等的。二者虽然有明显的区别，但二者间并非存在不可逾越的界限。呈函数关系的变量由于受观测和实验出现的偏差影响，其关系值不可能绝对确定，因而函数关系往往通过相关关系表现出来。而在研究相关关系时，为了找到现象间数量关系的内在联系和表现形式，又常借助于函数关系的形式加以描述。

8.1.2 相关关系的种类

现象之间的相关关系从不同的角度可以区分为不同类型。

1. 按照相关的方向不同分为正相关和负相关

正相关是指当一个变量的值增加或减少时，另一个变量的值也随之增加或减少。如随着气温升高，冷饮销售量也升高；工人劳动生产率提高，产品产量也随之增加；居民的消费水平随个人所支配收入的增加而增加。

负相关是指当一个变量的值增加或减少时，另一变量的值反而减少或增加。如商品流转额越大，商品流通费用越低；利润随单位成本的降低而增加。

2. 按照相关表现形式不同分为线性相关和非线性相关

线性相关是指当一个变量的变量值每增加一个单位时，相关的另一个（或一组）变量的变量值发生大致等差形式的变动的相关关系，在坐标图上近似地表现为一条直线。如：凯恩斯消费理论认为消费与收入的关系为 $C = \beta_0 + \beta_1 Y$，就是一个线性相关；如果两相关现象之间并不表现为直线的关系，而是近似于某种曲线方程的关系，则这种相关关系称为非线性相关。如：科布－道格拉斯生产函数认为产量与劳动、资本的关系为 $Y = A(t) L^\alpha K^\beta \mu$，则是一种非线性关系。

3. 按相关程度分为完全相关、不完全相关和不相关

完全相关是指当一个变量的数量完全由另一个变量的数量变化所确定时，二者之间即为完全相关。例如，在价格不变的条件下，销售额与销售量之间的正比例函数关系即为完全相关，此时相关关系便成为函数关系，因此也可以说函数关系是相关关系的一个特例。

不完全相关指如果两个变量的关系介于完全相关和不相关之间，称为不完全相关。

不相关，又称零相关，当变量之间彼此互不影响，其数量变化各自独立时，则变量之间为不相关。例如，股票价格的高低与气温的高低一般情况下是不相关的。

4. 按研究的变量（或因素）的多少分为单相关、复相关和偏相关

单相关，又称一元相关，是指两个变量之间的相关关系，如广告费支出与产品销售量之间的相关关系。

复相关，又称多元相关，是指三个或三个以上变量之间的相关关系，如商品销售额与居民收入、商品价格之间的相关关系。

偏相关，在一个变量与两个或两个以上的变量相关的条件下，当假定其他变量不变时，其中两个变量的相关关系称为偏相关。例如，在假定商品价格不变的条件下，该商品的需求量与消费者收入水平的相关关系即为偏相关。

8.1.3 相关分析与回归分析

8.1.3.1 相关分析

相关分析是研究现象之间是否存在某种依存关系，并对具体有依存关系的现象探讨其相关方向以及相关程度，是研究随机变量之间的相关关系的一种统计方法。

相关分析既可用来分析同一时期的变量数列（静态分析），也可用来分析不同时期的时间数列（动态分析），在社会经济分析中具有重要作用。具体表现为：

a. 可以研究经济现象之间的相关形式、相关方向和密切程度，认识其数量变化的规律性。

b. 可以对经济现象进行推算和预测，为各级领导鉴往知来，为科学地制定经济政策和管理决策提供科学依据。

c. 可以用于补充缺少的资料。

相关分析的主要内容和步骤是，首先确定变量之间有无相关关系，以及相关关系的表现形式；然后确定相关关系的密切程度；最后对相关关系的显著性进行检验。

8.1.3.2 回归分析

回归分析是确定两种或两种以上变量间相互依赖的定量关系的一种统计分析方法。回归分析运用十分广泛，按照涉及的自变量的多少，可分为一元回归分析和多元回归分析；按照自变量和因变量之间的关系类型，可分为线性回归分析和非线性回归分析。如果在回归分析中只包括一个自变量和一个因变量，且二者的关系可用一条直线近似表示，这种回归分析称为一元线性回归分析。如果回归分析中包括两个或两个

以上的自变量，且因变量和自变量之间是线性关系，则称为多元线性回归分析。

8.1.3.3 相关分析与回归分析的关系

相关分析是回归分析的基础和前提，回归分析是相关分析的深入和继续。相关分析需要依靠回归分析来表现变量之间数量相关的具体形式，而回归分析则需要依靠相关分析来表现变量之间数量变化的相关程度。只有当变量之间存在显著相关时，进行回归分析寻求其相关的具体形式才有意义。

二者的区别主要有：

a. 回归分析是研究两变量之间的因果关系，所以必须通过定性分析来确定哪个是自变量，哪个是因变量。而相关分析要求两变量存在相关关系，但难以确定二者间的因果关系。

b. 回归分析是研究两变量具有因果关系的数学形式，自变量是给定的，因变量是随机的。相关分析中两变量都必须是随机变量，各自接受随机因素的影响。

c. 在回归分析中，对于互为因果的两变量，则有可能存在多个回归方程，既可以求出 y 倚 x 的回归方程，也可以求出 x 倚 y 的回归方程。相关分析两变量是对等的，若将两个变量互换位置，则计算的相关系数与原来是相同的。

8.1.4 相关表和相关图

在相关分析中，可以通过制作相关表与相关图直观地判断现象之间大致呈现何种关系。而计算相关系数则可以从数量上较为精确地分析相关表和相关图的方向和程度。

8.1.4.1 相关表的编制

研究现象之间的依存关系，首先要通过实际调查取得一系列成对的数据，作为相关分析的原始资料。相关表就是用表格形式表现变量之间的相关关系的。它又分为简单相关表和分组相关表。

1. 简单相关表

简单相关表是资料未经分组，只将一个变量的变量值按大小顺序排列，并配合其对应的变量值所形成的表。

【例8.1】某企业的生产规模及单位成本资料如表 8-1 所示，从表中可见，生产规模与单位成本呈负相关关系。

表 8-1 某企业产品产量与单位成本资料

产量 x（万件）	10	16	32	40	50	60
单位成本 y（元）	76	72	67	65	63	59

简单相关表适用于总体单位数比较少的情况。

2. 分组相关表

如果两个相关变量的观察值较多，为避免相关表过繁，可对资料进行分组后，编制分组相关表。

根据资料的具体情况，自变量分组可以是单项式的，也可以是组距式的，见表 8-2。

表8-2　某地区企业销售及盈利分布资料

按销售收入分组（万元）	企业数（个）	平均销售利润（万元）
500以下	1	60
500～1000	3	90
1000～1500	2	120
1500～2000	2	200
2000～2500	2	250
2500～3000	3	280
3000～3500	2	320
3500以上	1	400

8.1.4.2　相关图

相关图又叫散点图或散布图，是以某一变量 x 为横坐标，另一变量 y 为纵坐标，在直角坐标系上依次绘出散点 (x, y)，用于反映两变量之间相关关系的图形。它比相关表更明显、更直观地表现了现象之间的相关关系。

利用表8-3的资料绘制成如图8-1的相关图。

表8-3　某地人均年收入与人均年支出资料

人均年收入 x（千元）	人均年支出 y（千元）
1.0以下	0.5
1.0～2.0	1.2
2.0～3.0	1.8
3.0～4.0	2.2
4.0～5.0	3.6
5.0以上	4.0

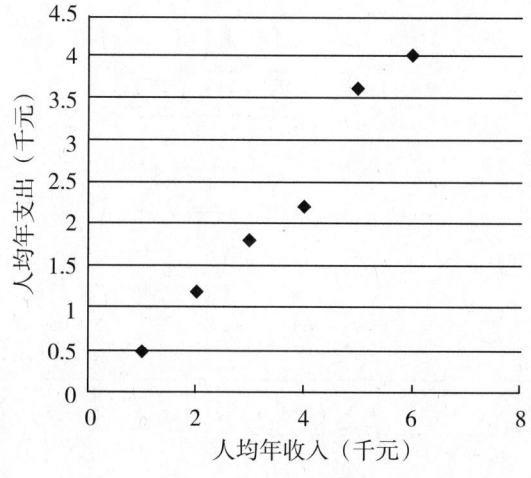

图8-1　人均年收入与人均年支出相关图

8.1.5 相关系数

相关表和相关图可反映两个变量之间的相互关系及其相关方向，但无法确切地表明两个变量之间相关的程度。于是，著名统计学家卡尔·皮尔逊设计了统计指标——相关系数。相关系数是用以反映变量之间相关关系密切程度的统计指标，相关系数的平方称为判定系数。

总体相关系数记为 ρ，其定义公式为：

$$\rho = \frac{\sigma_{XY}^2}{\sigma_X \sigma_Y} \tag{8.1}$$

上式中，σ_{XY}^2 是变量 X 和 Y 的协方差；σ_X 表示变量 X 的标准差；σ_Y 表示变量 Y 的标准差。而它们分别为：

$$\sigma_{XY} = \frac{\sum (X-\bar{X})(Y-\bar{Y})}{N}$$

$$\sigma_X = \sqrt{\frac{\sum (X-\bar{X})^2}{N}}$$

$$\zeta_Y = \sqrt{\frac{\sum (Y-\bar{Y})^2}{N}}$$

由于总体的数据一般不容易得到，因此，总体的相关系数一般不容易测定，只能通过样本的计算来得到样本相关系数。σ_{XY}^2、σ_X 和 σ_Y 对应的样本相关系数分别是 S_{xy}^2、S_x 和 S_y，即样本相关系数 r 的计算公式为：

$$r = \frac{S_{xy}^2}{S_x S_y} \tag{8.2}$$

式中，

$$S_{xy}^2 = \frac{\sum (x-\bar{x})(y-\bar{y})}{n-1}$$

$$S_x = \sqrt{\frac{\sum (x-\bar{x})^2}{n-1}}$$

$$S_y = \sqrt{\frac{\sum (y-\bar{y})^2}{n-1}}$$

由于，

$$r = \frac{S_{xy}^2}{S_x S_y} = \frac{\dfrac{\sum (x-\bar{x})(y-\bar{y})}{n-1}}{\sqrt{\dfrac{\sum (x-\bar{x})^2}{n-1}} \sqrt{\dfrac{\sum (y-\bar{y})^2}{n-1}}} = \frac{\sum (x-\bar{x})(y-\bar{y})}{\sqrt{\sum (x-\bar{x})^2 \sum (y-\bar{y})^2}}$$

$$\tag{8.3}$$

8.2 一元线性回归分析

8.2.1 一元线性回归模型

8.2.1.1 总体回归模型

在回归分析中,最简单的模型是只有一个因变量和一个自变量的线性回归模型。这一类模型就是一元线性回归模型,又称为简单线性回归模型。

该模型假定因变量 Y 主要受自变量 X 的影响,它们之间存在近似的线性函数关系,即有:

$$Y_t = A + BX_t + U_t \tag{8.4}$$

(8.4)被称为总体回归模型。式中的 A 和 B 是未知的参数,又叫回归系数;Y_t 和 X_t 分别是 Y 和 X 的第 t 次观测值;U_t 是随机误差项,又称随机干扰项,它是一个特殊的随机变量,反映未列入方程式的其他各种因素对 Y 的影响。

由于随机干扰项的存在,对于 X 某一确定的值,其对应的 Y 值是有波动的,但随机误差的期望值为零,即 $E(U_t) = 0$。故从平均意义上来说,简单线性方程为

$$Y = E(Y_t) = A + BX \tag{8.5}$$

简单线性回归方程的图示是一条直线,A 为回归直线的截距,B 是斜率,对于给定的 X 值,$E(Y_t)$ 是 Y 的平均值或期望值。因此随项误差项可定义为 $U_t = Y_t - E(Y_t)$。

8.2.1.2 样本回归模型

在现实问题的研究中,由于所要研究的现象的总体单位数一般是很多的,在有些场合甚至是无限的,因此无法掌握因变量 Y 总体的全部取值,也就是说,总体回归模型事实上是未知的,需要利用样本的信息对其进行估计。

根据样本数据拟合的直线,称为样本回归直线。显然,样本回归线的函数形式应与总体回归线的函数形式一致。一元线性回归模型的样本回归线可表示为:

$$y_t = a + bx_t + e_t \quad (t = 1, 2, \cdots, n) \tag{8.6}$$

式中的 e_t 是残差,n 是样本容量。

从一般意义上说,样本简单线性回归方程为:

$$y_c = a + bx \tag{8.7}$$

式中,a 是样本回归直线的截距,即 $x = 0$ 时 y_c 的值,从数学的角度来看,它表示在没有自变量 x 的影响时,其他各种因素对因变量 y 的平均影响;b 是斜率,它表示自变量 x 每变动一个单位时,因变量 y 平均变动 b 个单位;对于给定的 x 值,y_c 是 Y 的估计值。

8.2.1.3 样本回归模型与总体回归模型的关系

样本回归函数是对总体回归函数的近似反映。回归分析的主要任务就是要采用适当的方法,充分利用样本所提供的信息,使样本回归函数尽可能地接近于真实的总体

回归函数。

样本回归模型与总体回归模型的区别主要在于：①总体回归线是未知的，它只有一条；样本回归线则是根据数据拟合的，每抽取一个样本，便可以拟合一条样本回归线。②总体回归模型中的 A 和 B 是未知的参数，表现为常数；样本回归模型的 a 和 b 是随机变量，其具体数值随所抽取的样本观测值不同而变动。③总体回归模型中的 U_t 是 Y_t 与未知的总体回归线之间的纵向距离，它是不可以直接观测的；样本回归模型的 e_t 是 y_t 与样本回归线之间的纵向距离，当根据样本观测值拟合出样本回归线后，可以计算出 e_t 的具体数值。

8.2.2 一元线性回归模型的估计

8.2.2.1 随机误差项的标准假设

随机误差项 U_t 是无法直接观测的，为了进行回归分析，通常需要对其概率分布提出一些假设，这些假设称为高斯假设，是由德国数学家高斯最早提出的，包括以下5点：

a. 零均值假定。假定随机误差项的期望值为零，即 $E(U_t)=0$。

b. 同方差假定。假定随机误差项的方差相等且为常数，即 $Var(U_t)=E(U_t^2)=\sigma^2$。

c. 无自相关假定。假定随机误差项之间的协方差为零，即 $Cov(U_i,U_j)=E(U_i,U_j)=0\ (I\neq j)$。

d. 与自变量不相关假定。假定随机误差项与自变量线性无关，即 $Cov(U_t,X_t)=E(U_t,X_t)=0$。

e. 正态性假定。假设随机误差项服从正态分布，即 $U_t\sim N(0,\sigma^2)$。

满足以上假设的一元线性回归模型就称为标准的一元线性回归模型。

8.2.2.2 回归系数的估计

前面我们介绍了简单的回归线性方程 $y_c=a+bx$，现在我们利用最小二乘法来对式中的未知参数 a 和 b 进行估计。

最小二乘法的思路是：原始数据 y 与它的估计值 y_c 之间会有离差，如果在求解出 a、b 的同时，能使这些离差的平方之和为最小，那么得到的回归方程将是一条最能反映原始数据变化规律的理想直线。

其过程为：

$$Q=\sum e_t^2=\sum(y-y_c)^2=\sum(y-a-bx)^2=\min$$

现在，分别对 a、b 求一阶偏导，并令一阶偏导等于0，于是：

$$\frac{\partial Q}{\partial a}=-2\sum(y-a-bx)=0$$

$$\frac{\partial Q}{\partial b}=-2\sum(y-a-bx)x=0$$

整理后得到：

$$\sum y = na + b\sum x$$
$$\sum xy = a\sum x + b\sum x^2$$

解之得到：

$$b = \frac{n\sum xy - \sum x \sum y}{n\sum x^2 - (\sum x)^2}$$

$$a = \frac{\sum y}{n} - b\frac{\sum x}{n}$$

(8.8)

【例 8.2】 下面是 15 个居民家庭的人均月食品支出与人均月收入水平的数值（见表 8-4）。

表 8-4　15 个居民家庭的人均月食品支出与人均月收入水平的数值

单位：元

编号	人均月收入 x	人均月食品支出 y	xy	x^2
1	102	27	2754	10404
2	96	26	2496	9216
3	97	25	2425	9409
4	102	28	2856	10404
5	91	27	2457	8281
6	158	36	5688	24964
7	54	19	1026	2916
8	83	26	2158	6889
9	123	31	3813	15129
10	106	31	3286	11236
11	129	34	4386	16641
12	138	38	5244	19044
13	81	27	2187	6561
14	92	28	2576	8464
15	64	20	1280	4096
合计	1516	423	44632	163654

解：

$$b = \frac{n\sum xy - \sum x \sum y}{n\sum x^2 - (\sum x)^2} = \frac{15 \times 44632 - 1516 \times 423}{15 \times 163654 - 1516^2} \approx 0.1802$$

$$a = \frac{\sum y}{n} - b\frac{\sum x}{n} = \frac{423}{15} - 0.1802 \times \frac{1516}{15} \approx 9.9872$$

即样本回归方程为：
$y_t = 9.9872 + 0.1802 x_t$

0.1802 表示收入每增加 1 元，食品支出会增加 0.1802 元；9.9872 表示即使在收入为 0 的情况下，食品支出也需要 9.9872 元。

8.2.3 一元线性回归模型的检验

在建立起一元线性回归方程后，并不能立即运用其进行预测或是估计，因为该方程是根据样本数据得到的，它是否能真实反映变量 x 和 y 之间的关系，还需要通过检验才能证实。检验主要包括：拟合优度检验、线性关系检验、回归系数检验、残差的独立性检验。

8.2.3.1 拟合优度检验

所谓回归直线对数据的拟合优度是指回归直线与各观测点的接近程度。如果各观测点越是紧密围绕直线，说明直线对观测数据的拟合程度越好。通常我们用判定系数来评价回归方程的拟合优度。判断系数 R^2 的计算公式是：

$$R^2 = 1 - \frac{\sum(y - y_c)^2}{\sum(y - \bar{y})^2} \qquad (8.9)$$

R^2 的取值范围是 [0, 1]。R^2 越接近于 1，回归直线的拟合程度越好；R^2 越接近于 0，回归直线的拟合程度越差。

假定 R^2 等于 0.8，表明自变量 x 能够解释因变量 y 的 80% 的变动。

8.2.3.2 回归直线的显著性检验

回归直线的显著性检验称为 F 检验，即检验自变量与因变量之间的线性关系是否显著，实际上是检验线性回归模型整体的显著性。其步骤如下：

a. 提出检验假设。即：
$H_0: b = 0$（因变量与自变量之间的线性关系不显著）
$H_1: b \neq 0$（因变量与自变量之间的线性关系显著）

b. 选择显著性水平 α，α 可以是 0.01，0.05 和 0.1。

c. 采用 F 检验的方法，计算 F 统计量，与临界值（查 F 分布表，用 F_α 表示）进行比较，做出判断。

$$F = \frac{\sum(y - \bar{y})^2 / 1}{\sum(y - y_c)^2 / (n - 2)} \sim F(1, n-2) \qquad (8.10)$$

其中，$F(1, n-2)$ 表示第一自由度为 1、第二自由度为 $n-2$ 的 F 分布。

如果 $F \geq F_\alpha$，则拒绝 H_0，即说明两个变量 x 和 y 之间有显著的线性关系；反之，若 $F < F_\alpha$，则接受 H_0，说明两个变量 x 和 y 之间不存在显著的线性关系，也即说明回归方程不显著。

8.2.3.3 回归系数的显著性检验

回归系数的显著性检验简称为 T 检验，即检验自变量对因变量的影响是否显著，目的是为了判断总体自变量与因变量之间是否真正存在样本回归模型所表述的因果关系。a 和 b 的检验方法相同，但 b 的检验更为重要，因为 b 代表了自变量线性影响的程度。对 b 的检验步骤如下：

a. 提出检验假设。即：

$H_0: b=0$（自变量对因变量的影响是不显著的）

$H_1: b \neq 0$（自变量对因变量的影响是显著的）

b. 选择显著性水平 α，α 可以是 0.01，0.05 和 0.1。

c. 采用 T 检验的方法，计算 t 统计量，并与临界值进行比较，做出判断。

$$t = \frac{b}{s_b} \sim t(n-2) \tag{8.11}$$

其中，$t(n-2)$ 是自由度为 $n-2$ 的 t 分布；s_b 是 b 的标准差估计量。

如果 $t \geq t_{\frac{\alpha}{2}}$，则拒绝 H_0，即说明自变量对因变量的影响是显著的；反之，若 $t < t_{\frac{\alpha}{2}}$，则接受 H_0，说明自变量对因变量的影响是不显著的。

8.2.3.4 残差的独立性检验

在回归分析的假定条件中，有一个假定是无自相关假定，即要求 ε 的每一个值都相互独立，否则回归模型进行的估计或预测就要失效。残差的独立性检验就是检验模型是否存在自相关。

残差的独立性检验需要通过 DW 统计量来判断：

$$DW = \frac{\sum (e_i - e_{i-1})^2}{\sum e_i^2} \tag{8.12}$$

DW 的取值范围在 $0 \sim 4$，当 $DW=2$ 时，无自相关；如果 DW 在 $1.5 \sim 2.5$，可以认为不存在显著的自相关问题，即残差是独立的。

8.2.4 应用一元线性回归模型进行估计和预测

如果上述检验均表明变量 x 和 y 之间的关系在统计上是显著的，拟合的回归直线方程具有意义，则可以利用估计的回归方程进行估计和预测，并认为这是适宜的。

我们可以利用回归方程给出某一特定的值对 y 进行点估计。例如在【例 8.2】中得到的回归方程 $y_t = 9.9872 + 0.1802 x_t$，如果人均月收入为 180 元的话，那么其人均食品支出的点估计值为：

$y_t = 9.9872 + 0.1802 \times 180 = 42.42$（元）

即，当人均月收入为 180 元时，人均月食品支出的估计值为 42.42 元。

8.3　多元线性回归分析

前面所研究的一元线性回归模型，反映的是某一因变量与一个自变量之间的关系。但在现实中，客观现象之间的联系往往是复杂的，许多现象的变动涉及多个变量间的数量关系。例如商品的销售量不仅与商品的销售价格有关，还有居民的收入、替代品价格的变动、消费者偏好等有关。

在统计中，研究一个因变量与多个自变量之间的相关关系的理论和方法称为多元相关分析或复相关分析；而研究一个因变量与多个自变量的回归分析就是多元回归分析。

8.3.1 多元线性回归模型

多元线性回归模型是指对自变量 x_1，x_2，$\cdots$，x_n 与一个因变量 y 之间线性相关关系作定量描述的函数表达式。其一般形式为：

$$y = a + b_1 x_1 + b_2 x_2 + \cdots + b_n x_n + \varepsilon \tag{8.13}$$

式中：y 表示因变量，是随机变量；x_1，x_2，$\cdots$，x_n 表示 n 个自变量，是非随机变量；ε 表示随机误差项，代表所有未包括在模型中的其他因素的随机影响，是给定实际值与总体回归值的误差。a，b_1，$\cdots$，b_n 是模型的参数，其中 a 是常数项，代表排除在模型之外的全部因素对因变量 y 的平均影响；b_j（$j = 1$，2，$\cdots$，n）称为偏回归系数，它表示的意义为，如：b_k 表示当其他自变量 x_j（$j \neq k$）固定不变的条件下，自变量 x_k 每增加一个单位，使因变量 y 变化的平均改变量。

8.3.2 多元线性回归模型的估计

与研究一元回归时的情形相似，求参数 a，b_1，$\cdots$，b_n 方法仍采用最小二乘法。

现以二元回归为例来说明。

二元线性回归方程为：

$$y_c = a + b_1 x_1 + b_2 x_2 \tag{8.14}$$

a，b_1，b_2，参数的求解方程为：

$$\begin{cases} \sum y = na + b_1 \sum x_1 + b_2 \sum x_2 \\ \sum x_1 y = a \sum x_1 + b_1 \sum x_1^2 + b_2 \sum x_1 x_2 \\ \sum x_2 y = a \sum x_2 + b_1 \sum x_1 x_2 + b_2 \sum x_2^2 \end{cases} \tag{8.15}$$

解此方程组，可得 a，b_1，b_2 三个参数值，则二元线性方程即可建立。

【例 8.3】 某城市有关甲商品需求的统计数据如表 8-5 所示，试根据表中的数据，以每个居民的月平均收入（百元）和甲商品的价格（十元）为自变量，拟合甲商品的线性需求函数。

表 8-5 某城市有关甲商品需求的统计数据

年份	销售量 y	居民人均收入 x_1（百元）	单价 x_2（十元）	$x_1 y$	x_1^2	$x_1 x_2$	$x_2 y$	x_2^2
1	10	5	2	50	25	10	20	4
2	10	7	3	70	49	21	30	9

续表

年份	销售量 y	居民人均收入 x_1（百元）	单价 x_2（十元）	$x_1 y$	x_1^2	$x_1 x_2$	$x_2 y$	x_2^2
3	15	8	2	120	64	16	30	4
4	13	9	5	117	81	45	65	25
5	14	9	4	126	81	36	56	16
6	20	10	3	200	100	30	60	9
7	18	10	4	180	100	40	72	16
8	24	12	3	288	144	36	72	9
9	19	13	5	247	169	65	95	25
10	23	15	4	345	225	60	92	16
合计	166	98	35	1743	1038	359	592	133

解：根据表中的数据，我们可以建立方程组如下：

$166 = 10a + 98b_1 + 35b_2$

$1743 = 98a + 1038b_1 + 359b_2$

$592 = 35a + 359b_1 + 133b_2$

解之得：

$a = 4.5875$

$b_1 = 1.8685$

$b_2 = -1.7996$

即二元线性回归方程为：

$$y_c = 4.5875 + 1.8685x_1 - 1.7996x_2$$

8.4 非线性回归分析

8.4.1 非线性回归分析的意义

在现实生活中，严格的线性模型并不多见，它们或多或少带有某种程度的近似，许多现象的因变量与自变量的依存关系并非是线性的，而是某种曲线，例如抛物线、指数曲线、双曲线等。因此，在许多情况下，非线性模型更符合实际。这时，就需要拟合适当的曲线模型，统计上称之为非线性回归或曲线回归。

非线性回归分析必须着重解决以下两个问题：第一，如何确定非线性函数的具体形式；第二，如何估计函数中的参数。

非线性回归按自变量的多少分为一元非线性回归和多元非线性回归，下面所研究的问题以一元非线性回归分析为例。

8.4.2 非线性判定系数

在非线性回归分析中,可用非线性判定系数来度量两变量之间非线性相关的密切程度,记为 R^2。

$$R^2 = 1 - \sum(y - y_c)^2 / \sum(y - \bar{y})^2 \qquad (8.16)$$

R^2 的取值范围在 $0 \sim 1$,R^2 越接近于 1,表明变量间的非线性相关的程度越强,所配合的曲线效果越好,反之,R^2 越接近于 0,表明变量间的非线性相关程度越弱,所配合的曲线效果越差。

8.4.3 可线性化的常用曲线

8.4.3.1 指数函数

$$y = ae^{bx}$$

对上式两边取自然对数,得

$$\ln y = \ln a + bx$$

然后,令 $y' = \ln y$,$A = \ln a$,则有:

$$y' = A + bx$$

8.4.3.2 幂函数

$$y = ax^b$$

同样对上述公式两边取对数,得

$$\lg y = \lg a + b\lg x$$

令 $y' = \lg y$,$a = \lg a$,$x' = \lg x$,则有:

$$y' = a + bx'$$

8.4.3.3 双曲线函数

$$\frac{1}{y} = a + \frac{b}{x}$$

令 $y' = \frac{1}{y}$,$x' = \frac{1}{x}$,则有:

$$y' = a + bx'$$

8.4.3.4 对数函数

$$y = a + b\lg x$$

令 $x' = \lg x$,则有:

$$y = a + bx'$$

本章小结

本章是现代统计方法的重要内容之一,在社会经济领域和自然科学领域有着广泛

的应用。本章主要讲述了相关分析与回归分析的有关概念：相关关系与函数关系的概念、相关关系的种类、相关分析与回归分析的关系与一般程序、相关系数的计算、相关图与相关表；在线性回归分析中主要介绍了一元线性回归模型的建立、最小二乘法求解参数、线性方程的显著性检验，并简单介绍了多元线性分析的相关内容；在非线性回归分析中，主要介绍了可线性化的常用回归曲线类型。本章重点是掌握相关分析与回归分析的区别与联系，一元线性回归方程的建立、检验与运用。

思考与练习

一、单项选择题

1. 在线性回归模型中，随机误差 ε 被假定服从（　　）。
   A. 正态分布　　　B. 二项分布　　　C. 指数分布　　　D. t 分布
2. 利用一个已通过检验的回归模型，我们可以（　　）。
   A. 估计未来所需样本的容量
   B. 计算相关系数与判定系数
   C. 以给定的因变量的值估计自变量的值
   D. 以给定的自变量的值估计因变量的值
3. 以图形显示两变量 x 与 y 的关系，最好创建（　　）。
   A. 直方图　　　B. 圆形图　　　C. 柱形图　　　D. 散点图
4. 两变量 x 与 y 的相关系数为 0.8，则其回归直线的判定系数为（　　）。
   A. 0.50　　　B. 0.80　　　C. 0.64　　　D. 0.90
5. 下面的函数关系是（　　）。
   A. 销售人员测验成绩与销售额大小的关系
   B. 圆周的长度决定于它的半径
   C. 家庭的收入和消费的关系
   D. 数学成绩与统计学成绩的关系
6. 相关系数 r 的取值范围（　　）。
   A. $-\infty < r < +\infty$　　　　　　B. $-1 \leqslant r \leqslant +1$
   C. $-1 < r < +1$　　　　　　　　D. $0 \leqslant r \leqslant +1$
7. 年劳动生产率 z（千元）和工人工资 $y = 10 + 70x$，这意味着年劳动生产率每提高 1 千元时，工人工资平均（　　）。
   A. 增加 70 元　　B. 减少 70 元　　C. 增加 80 元　　D. 减少 80 元
8. 若要证明两变量之间线性相关程度是高的，则计算出的相关系数应接近于（　　）。
   A. +1　　　B. 0　　　C. 0.5　　　D. [1]
9. 进行相关分析，要求相关的两个变量（　　）。

A. 都是随机的 B. 都不是随机的
C. 一个是随机的，一个不是随机的 D. 随机或不随机都可以

10. 下列关系中，属于正相关关系的有（ ）。
    A. 合理限度内，施肥量和平均单产量之间的关系
    B. 产品产量与单位产品成本之间的关系
    C. 商品的流通费用与销售利润之间的关系
    D. 流通费用率与商品销售量之间的关系

11. 相关分析是研究（ ）。
    A. 变量之间的数量关系 B. 变量之间的变动关系
    C. 变量之间的相互关系的密切程度 D. 变量之间的因果关系

12. 在回归直线 $yc = a + bx$，$b < 0$，则 x 与 y 之间的相关系数（ ）。
    A. $r = 0$ B. $r = 1$ C. $0 < r < 1$ D. $-1 < r < 0$

13. 当相关系数 $r = 0$ 时，表明（ ）。
    A. 现象之间完全无关 B. 相关程度较小
    C. 现象之间完全相关 D. 无直线相关关系

二、多项选择题

1. 下列哪些现象之间的关系为相关关系（ ）。
    A. 家庭收入与消费支出关系 B. 圆的面积与它的半径关系
    C. 广告支出与商品销售额关系 D. 单位产品成本与利润关系
    E. 在价格固定的情况下，销售量与商品销售额关系

2. 相关系数表明两个变量之间的（ ）。
    A. 线性关系 B. 因果关系 C. 变异程度 D. 相关方向
    E. 相关的密切程度

3. 对于一元线性回归分析来说（ ）。
    A. 两变量之间必须明确哪个是自变量，哪个是因变量
    B. 回归方程是据以利用自变量的给定值来估计和预测因变量的平均可能值
    C. 可能存在着 y 倚 x 和 x 倚 y 的两个回归方程
    D. 回归系数只有正号
    E. 确定回归方程时，尽管两个变量也都是随机的，但要求自变量是给定的。

4. 单位成本（元）依产量（千件）变化的回归方程为 $yc = 78 - 2x$，这表示（ ）。
    A. 产量为 1000 件时，单位成本 76 元
    B. 产量为 1000 件时，单位成本 78 元
    C. 产量每增加 1000 件时，单位成本下降 2 元
    D. 产量每增加 1000 件时，单位成本下降 78 元
    E. 当单位成本为 72 元时，产量为 3000 件

5. 在直线相关和回归分析中（ ）。

A. 据同一资料，相关系数只能计算一个
B. 据同一资料，相关系数可以计算两个
C. 据同一资料，回归方程只能配合一个
D. 据同一资料，回归方程随自变量与因变量的确定不同，可能配合两个
E. 回归方程和相关系数均与自变量和因变量的确定无关

6. 相关系数 r 的数值（　　）。
   A. 可为正值　　B. 可为负值　　C. 可大于 1　　D. 可等于 −1
   E. 可等于 1

7. 当两个现象完全相关时，下列统计指标值可能为（　　）。
   A. r = 1　　B. r = 0　　C. r = −1　　D. Syx = 0
   E. Syx = 1

8. 在直线回归分析中，确定直线回归方程的两个变量必须是（　　）。
   A. 一个自变量，一个因变量　　B. 均为随机变量
   C. 对等关系　　D. 一个是随机变量，一个是可控制变量
   E. 不对等关系

9. 相关系数与回归系数（　　）。
   A. 回归系数大于零则相关系数大于零
   B. 回归系数小于零则相关系数小于零
   C. 回归系数大于零则相关系数小于零
   D. 回归系数小于零则相关系数大于零
   E. 回归系数等于零则相关系数等于零

三、判断题

1. 相关关系和函数关系都属于完全确定性的依存关系。（　　）

2. 如果两个变量的变动方向一致，同时呈上升或下降趋势，则二者是正相关关系。（　　）

3. 假定变量 x 与 y 的相关系数是 0.8，变量 m 与 n 的相关系数为 −0.9，则 x 与 y 的相关密切程度高。（　　）

4. 当直线相关系数 r = 0 时，说明变量之间不存在任何相关关系。（　　）

5. 相关系数 r 有正负、有大小，因而它反映的是两现象之间具体的数量变动关系。（　　）

6. 在进行相关和回归分析时，必须以定性分析为前提，判定现象之间有无关系及其作用范围。（　　）

7. 在直线回归分析中，两个变量是对等的，不需要区分因变量和自变量。（　　）

8. 进行相关与回归分析应注意对相关系数和回归直线方程的有效性进行检验。（　　）

9. 相关的两个变量，只能算出一个相关系数。（　　）

10. 正相关指的是两个变量之间的变动方向都是上升的。（　　）

四、计算题

1. 有 10 个同类企业的生产性固定资产年平均价值和工业总产值资料如表 8-6 所示：

表 8-6　10 个同类企业的生产性固定资产年平均价值和工业总产值资料

企业编号	1	2	3	4	5	6	7	8	9	10	合计
生产性固定资产年平均价值（万元）	318	910	200	409	415	502	314	1210	1022	1225	6525
工业总产值（万元）	524	1019	638	815	913	928	605	1516	1219	1624	9801

要求：①说明两变量之间的相关方向；②建立直线回归方程；③估计生产性固定资产（自变量）为 1100 万元时总产值（因变量）的可能值。

2. 检查 5 位同学统计学的学习时间与成绩分数如表 8-7 所示：

表 8-7　5 位同学统计学的学习时间与成绩分数

每周学习时数（小时）	4	6	7	10	13
学习成绩（分）	40	60	50	70	90

要求：①由此计算出学习时数与学习成绩之间的相关系数；②建立直线回归方程。

3. 某种产品的产量与单位成本的资料如表 8-8 所示：

表 8-8　某种产品的产量与单位成本的资料

产量 x（千件）	2	3	4	3	4	5
单位成本 y（元/件）	73	72	71	73	69	68

要求：①计算相关系数 r，判断其相关程度；②建立直线回归方程；③指出产量每增加 1000 件时，单位成本平均下降了多少元？

4. 某地高校教育经费（x）与高校学生人数（y）连续 6 年的统计资料如表 8-9 所示：

表 8-9　某地高校教育经费与高校学生人数连续 6 年的统计资料

年份	2009	2010	2011	2012	2013	2014
教育经费 x（万元）	316	343	373	393	418	455
在校学生数 y（万人）	11	16	18	20	22	25

要求：建立回归直线方程，估计教育经费为 500 万元的在校学生数。

第9章 统计预测与统计决策

【开篇案例】

2014年9月CPI的预测

随着鸡蛋和猪肉价格在连续上涨后迎来了首次回落，9月居民消费价格指数（CPI）涨幅走低也成为业内共识。多家机构预测，9月CPI涨幅将在1.5%～1.6%，较8月再次下跌并创出年内新低。未来CPI涨幅继续下行的可能性较大，全年CPI涨幅约为2.2%。

中信证券首席经济学家诸建芳分析，9月食品价格相对平稳，其中菜价有所上涨，肉价出现下降，但整体波动幅度相对较小，预计食品价格环比涨幅为0.9%左右；非食品类价格方面，预期娱乐服务相关价格还将略有上涨，油价回落继续带动交通价格下降，预期9月非食品环比增速为0，综合预计9月CPI涨幅在1.5%左右。

中国国际经济交流中心咨询研究部副部长王军预测，9月份，猪肉和鸡蛋价格出现回落态势，这将使CPI涨幅出现回落，2.1%～2.2%的区间或将成为9月份CPI的运行范围。

交通银行金融研究中心宏观分析师唐建伟则表示，根据商务部和国家统计局公布的数据，进入9月以来，食品价格运行总体平稳。初步判断，9月CPI涨幅可能在1.5%～1.7%，取中值为1.6%。

唐建伟表示，近两个月CPI同比持续回落主要是受到翘尾因素回落的带动，考虑到四季度翘尾因素都在低位，影响CPI同比的关键要看新涨价因素的波动。而从目前来看，猪肉价格同比仍是负增长，年内难有趋势性上升。虽然有干旱天气影响，但国内粮食价格总体运行平稳，没有明显波动。因此，在经济增速运行缓中趋稳的背景下，四季度CPI同比的新涨价因素不会明显上升。预计下半年CPI同比增速将小幅回调至2.1%左右，全年涨幅约为2.2%。

其他机构预测也大致相同。第一创业证券同样预测9月CPI同比上涨1.6%。上海证券首席宏观分析师胡月晓称，伴随猪肉价格的高位回落，物价压力完全释放。

展望全年CPI走势，业内多位专家认为，未来CPI同比增速继续下行的可能性较大，全年CPI涨幅约为2.2%。与此同时，近期经济下行压力加大，制造业复苏力度减弱，产能严重过剩行业违规项目清理整顿加码，中上游行业产品出厂价格水平或持续负增长。

中国银行战略发展部高级分析师周景彤认为，有两个苗头性问题需要关注。一是物价实际涨幅并未降低。如8月CPI上涨2%中，剔除翘尾因素，新涨价因素为

0.9%，比7月份还增加了0.2个百分点。二是猪肉等价格环比涨幅扩大。受辽宁、河南等粮食主产区气候干旱，饲料、人工成本等上涨的影响，近期肉禽价格环比出现明显上涨。8月肉禽及其制品环比涨幅达2.3%，比7月增加了2个百分点。

（资料来源：证券时报。）

本章开篇案例给出了多家机构对2014年9月CPI的预测，其给出的预测值为2%以下。由前面章节的学习可知，CPI全称为消费者价格指数，是度量一国物价水平的重要指标，其变动率的影响因素就是通货膨胀率。CPI一直是中央和地方各级政府首要关注的问题，无论是政府管理层，还是普通老百姓，都十分关注物价水平。多家机构对2014年9月CPI的预测有十分重要的意义。那么如何预测CPI的水平和走向呢？通过本章的学习，我们能掌握统计预测的基本方法，并能回答上述问题。还有，预测与决策是紧密联系在一起的。我国政府管理层不会对通货膨胀坐视不理，会采取各种措施压制通货膨胀。

9.1 统计预测

9.1.1 统计预测的概念与分类

9.1.1.1 统计预测的概念

任何事物的发展都有其过去、现在和未来。一般来说，事物未来的发展情况是不确定的，但大都有某种规律可循，我们可以根据事物的过去和现在推测未来。这种对未来的推测称为预测。统计预测就是以事物过去和现在的统计资料为依据，根据事物的内在联系与发展，运用统计方法，估计和推测现象在未来某一确定时间内可能达到的规模与水平。历史资料和现状统计资料是统计预测的基础，经济理论是预测的根据，数学模型是预测的手段，它们是预测的三个要素。

9.1.1.2 统计预测的分类

1. 按预测对象的范围不同，可分为宏观预测与微观预测

宏观预测是指以国家、地区或部门的社会经济活动为预测对象所进行的全局性与综合性预测。如国民经济发展速度预测、社会物价平均水平变化趋势预测、人口自然增长率预测等。微观预测是指以社会单元（企业、家庭或个人）的经济活动为预测对象所进行的各种预测。如对企业产品产量、产品成本、销售成本和销售量的预测。宏观预测应以微观预测为基础，微观预测应以宏观预测为指导。

2. 按预测的时间长短，可分为长期预测、中期预测、短期预测及近期预测

国民经济的远景规划一般称为长期预测，长期预测的预测时间为5年、10年或20年不等。长期预测是编制国民经济长期计划的重要依据，它适用于预测人口增长、科学技术进步、自然资源的开发和利用等有关社会经济发展的重要指标。

中期预测的预测期一般为3～5年，它是制订年度计划和5年计划的重要依据，

它适用于预测5年计划的完成情况、国民经济的发展速度、国民经济比例关系等。

短期预测的预测期一般为1~2年，它是制订经济发展的年度计划、季度计划和明确短期生产任务的依据。它适用于预测年度和季度计划完成情况、年度财政收支、物价变动等。

近期预测一般在1年以内，多以日、周、月、季为单位。它是编制生产作业计划，规定近期生产经营具体任务的依据，适用于预测生产进度和短期市场变化等。

3. 按预测方法的性质不同，可分为定性预测和定量预测

定性预测是指预测者以统计资料为依据，凭借个人的工作经验和分析问题的能力对事物的性质进行科学的分析研究，对事物的本质和发展前景作出判断。定性分析不要求用非常精确的数据来表达未来的情况，尽管有时伴有数量分析，但其主要目的并不在于预测事物未来发展的数量表现，如预测商品在市场上所处的阶段是滞销还是饱和等。这种方法简单易行，灵活性强，适用于对缺乏统计资料的事物进行预测。但其预测结果的准确程度往往受到预测者的观察分析能力、经验判断能力、逻辑思维能力和理论水平的限制。

定量预测是指预测者根据历史统计资料，运用统计方法与数学模型对事物进行科学的推算，以求得对事物未来发展的数量特征并给出数量描述。大部分统计预测方法都属于定量预测，常用的定量预测方法有时间数列预测法与回归预测法。

9.1.2 统计预测的基本原则

统计预测是一项复杂而严密的研究工作，应尽可能考虑周全。为了增加统计预测的科学性与有效性，在统计预测工作中必须遵循以下几项基本原则。

1. 连贯原则

连贯原则是指任何事物的发展都存在着一些惯性，按一定的规律发展变化。在事物的发展过程中，只要在未发生变化的条件下，其过去和现在的发展规律均可延伸到未来。根据连贯原则，可从事物的过去和现在推测未来。

2. 类推原则

类推原则是指客观事物存在着某种结构，这种结构的变化规律是有章可循的。事物发展变化的模式存在相似性，使得可以通过数学模型模拟事物及其发展。根据类推原则，可利用数学模型类推事物的过去和现在，预测未来。

3. 相关原则

相关原则是指事物之间存在因果关系，在进行统计预测时，必须深入分析事物的相互关系，研究影响事物的各种因素，找出预测对象和影响因素之间的基本数量关系，建立数学模型，利用影响因素来预测对象的未来。

9.1.3 统计预测的程序

1. 确定预测目标

目标要明确、具体，这是有效进行预测的前提，只有这样才能收集必要的统计资

料和选择恰当的预测方法。

2. 收集与分析资料

资料是进行预测的依据，它含有丰富的关于分析对象的信息，要尽可能使收集的资料全面、系统，并对资料进行整理、分析，剔除某些偶然出现的非正常因素。收集资料不是一次可以完成的，在预测过程中往往需要反复调查和不断地补充收集。

3. 选择预测模型与预测方法

预测模型是对预测对象发展规律的近似描述与模拟，应用统计方法建立预测模型，要尽量使它能够反映预测对象的未来发展规律，各种预测模型都有一定的适用条件。预测方法指用来估计模型参数的方法。

4. 进行预测计算

一旦模型确定后，需要根据整理后的统计资料，运用正确的统计方法，估计出模型中的参数，使模型具体化，然后用其进行预测。

5. 预测结果的分析

预测值与实际值难以完全相符，经常会有误差。若误差太大就失去了预测的意义与价值。因而需要对所求得的预测结果进行科学分析，比较、检查误差，分析产生误差的原因。如果是由于预测方法或数学模型的不完善，就需要改进并重新计算，使预测误差控制在一定范围内。

9.1.4 统计预测方法简介

统计预测的方法有很多，下面通过例子来介绍几种基本的统计预测方法。表 9–1 给出了 2012 年 1 月—2013 年 12 月共 24 个月的 CPI 的数据。

表 9–1 2012 年 1 月—2013 年 12 月共 24 个月的 CPI 数据

单位：上年同月为 100

序号	月份	CPI 数值	序号	月份	CPI 数值
1	2012.1	104.5	13	2013.1	102.0
2	2012.2	103.9	14	2013.2	102.6
3	2012.3	103.8	15	2013.3	102.4
4	2012.4	103.7	16	2013.4	102.4
5	2012.5	103.5	17	2013.5	102.4
6	2012.6	103.3	18	2013.6	102.4
7	2012.7	103.1	19	2013.7	102.4
8	2012.8	102.9	20	2013.8	102.5
9	2012.9	102.8	21	2013.9	102.5
10	2012.10	102.7	22	2013.10	102.6
11	2012.11	102.7	23	2013.11	102.6
12	2012.12	102.6	24	2013.12	102.6

资料来源：从中华人民共和国国家统计局的网站 http://www.stats.gov.cn/ 下载并整理。

根据通货膨胀率的计算公式，本期通货膨胀率＝（本期 CPI 数值－上期 CPI 数值）／上期 CPI 数值×100%。由此可以整理得到 2012 年 1 月—2013 年 12 月共 24 个月的通货膨胀率，如表 9－2 所示。

表 9－2　2012 年 1 月—2013 年 12 月共 24 个月的通货膨胀率

序　号	月　份	通货膨胀率（%）	序　号	月　份	通货膨胀率（%）
1	2012.1	4.5	13	2013.1	2
2	2012.2	3.9	14	2013.2	2.6
3	2012.3	3.8	15	2013.3	2.4
4	2012.4	3.7	16	2013.4	2.4
5	2012.5	3.5	17	2013.5	2.4
6	2012.6	3.3	18	2013.6	2.4
7	2012.7	3.1	19	2013.7	2.4
8	2012.8	2.9	20	2013.8	2.5
9	2012.9	2.8	21	2013.9	2.5
10	2012.10	2.7	22	2013.10	2.6
11	2012.11	2.7	23	2013.11	2.6
12	2012.12	2.6	24	2013.12	2.6

【例 9.1】请根据表 9－2 的数据，预测 2014 年第一季度 3 个月的通货膨胀率。

通过做出这 24 个月通货膨胀率的连线图 9－1，可以定性判断通货膨胀率的趋势。

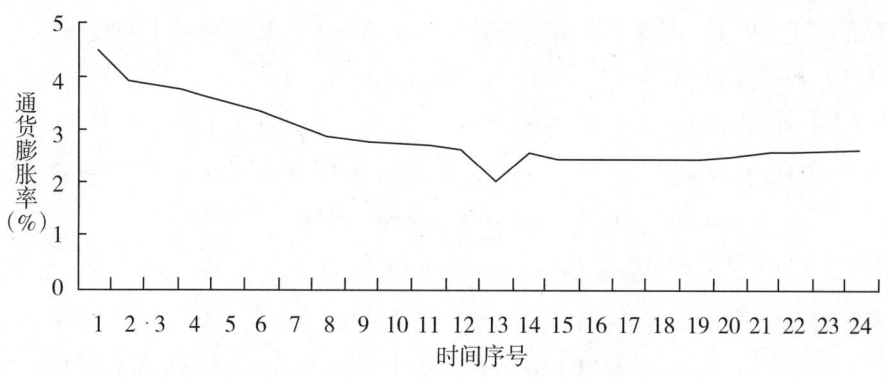

图 9－1　24 个月通货膨胀率的连线图

这 24 个月通货膨胀率的实际观察值依次为 $y_1 \cdots y_{24}$，第 t 期的预测值为 $\hat{y}_t$。本例需要预测的是 $\hat{y}_{25}$，$\hat{y}_{26}$，$\hat{y}_{27}$。

预测精度可以用均方误差（MSE）来测度，若时间数列的观察量为 $y_1 \cdots y_n$，这些观察量的预测值为 $\hat{y}_1 \cdots \hat{y}_n$，则均方误差定义为：

$$\text{MSE} = \sum_{t=1}^{n}(y_t - \hat{y}_t)^2 \qquad (9.1)$$

均方误差越大则表示预测的效果越差。下面介绍几种基本的统计预测方法。

常用的统计预测方法有朴素预测法、平均数预测法、简单移动平均数预测法、加权移动平均数预测法、指数平滑法、直线配合法、线性回归预测法。其中朴素预测法、平均数预测法、简单移动平均数预测法、加权移动平均数预测法已在本书第五章时间数列中有详细介绍，本章不再赘述。其中简单移动平均数预测法和加权移动平均数预测法的具体公式如下：

$$\text{简单移动平均数预测法:}\ \hat{y}_t = \frac{\sum_{i=1}^{3} y_{t-i}}{3} = \frac{y_{t-1} + y_{t-2} + y_{t-3}}{3} \qquad (9.2)$$

$$\text{加权移动平均数预测法:}\ y\hat{y}_t = \frac{3}{6}y_{t-1} + \frac{2}{6}y_{t-2} + \frac{1}{6}y_{t-3} \qquad (9.3)$$

具体的预测结果见表 9-6。下文详细介绍指数平滑法、直线配合法、线性回归预测法三种统计预测法。

9.1.4.1 指数平滑法

指数平滑法又称为指数修匀预测法，按指数修匀的次数，它分为一次指数修匀预测法、二次指数修匀预测法和三次指数修匀预测法。在此只介绍一次指数平滑法和二次指数平滑法。

1. 一次指数平滑法

一次指数平滑法来源于加权移动平均法，是其延伸，它计算前一期的观察值与前一期的预测值的加权平均数，以此加权平均数作为当期的预测值。即：

$$\hat{y}_t = \alpha y_{t-1} + (1-\alpha)\hat{y}_{t-1}，\text{其中}\ \alpha\ \text{为平滑常数}，0 < \alpha < 1 \qquad (9.4)$$

下面展开 (9.4) 可得一次指数平滑法，实际上也是加权移动平均数法。

由 (9.4) 可得：对 $k \in N$ 有，$\hat{y}_{t-k} = \alpha y_{t-1-k} + (1-\alpha)\hat{y}_{t-1-k}$

当 $k=1$ 时，$\hat{y}_t = \alpha y_{t-1} + (1-\alpha)\hat{y}_{t-1}$

当 $k=2$ 时，$\hat{y}_t = \alpha y_{t-1} + (1-\alpha)\hat{y}_{t-1} = \alpha y_{t-1} + (1-\alpha)[\alpha y_{t-2} + (1-\alpha)\hat{y}_{t-2}]$
$= \alpha y_{t-1} + (1-\alpha)\alpha y_{t-2} + (1-\alpha)^2 \hat{y}_{t-2}$
$= \alpha[y_{t-1} + (1-\alpha)y_{t-2}] + (1-\alpha)^2 \hat{y}_{t-2}$

当 $k=3$ 时，$\hat{y}_t = \alpha y_{t-1} + (1-\alpha)\alpha y_{t-2} + (1-\alpha)^2 \hat{y}_{t-2}$
$= \alpha y_{t-1} + (1-\alpha)\alpha y_{t-2} + (1-\alpha)^2[\alpha y_{t-3} + (1-\alpha)\hat{y}_{t-3}]$
$= \alpha y_{t-1} + (1-\alpha)\alpha y_{t-2} + \alpha(1-\alpha)^2 y_{t-3} + (1-\alpha)^3 \hat{y}_{t-3}$
$= \alpha[y_{t-1} + (1-\alpha)y_{t-2} + (1-\alpha)^2 y_{t-3}] + (1-\alpha)^3 \hat{y}_{t-3}$

经过 n 步迭代可得：

当 $k=n$ 时，有 $\hat{y}_t = \alpha \sum_{i=1}^{n}(1-\alpha)^{i-1} y_{t-i} + (1-\alpha)^n \hat{y}_{t-n}$

当 $n \to +\infty$ 时，由于，$0 < (1-\alpha) < 1$，$(1-\alpha)^n \to 0$，
令 $\omega = 1 - \alpha$，则 $\alpha = 1 - \omega$，上式变为：

$$\hat{y}_t = (1-\omega) \sum_{i=1}^{+\infty} \omega^{i-1} y_{t-i} \qquad (9.5)$$

由此可以看到一次指数平滑法本质是加权移动平均法，当期的预测值是由前面各期的观察值加权得到的，且权重为 ω^{i-1}，并随着观察值年龄的不断增大而呈几何级数的减少。

在【例9.1】中，不妨取 $\alpha = 0.2$，即 $\hat{y}_t = 0.2 y_{t-1} + 0.8 \hat{y}_{t-1}$，$\hat{y}_1 \cdots \hat{y}_{27}$ 的预测值如表 9 - 6 所示。

2. 二次指数平滑法

二次指数平滑法是对一次指数平滑后再作一次平滑。其公式为：

$$\hat{y}_t = \alpha y_{t-1} + (1-\alpha) \hat{y}_{t-1} \qquad (9.6)$$

式（9.6）中的 t 为二次指数平滑预测值，$t-1$ 是一次指数平滑预测值。二次指数平滑法能使预测值更加平滑，更能反映时间数列的趋势项。

9.1.4.2 直线配合法

根据第五章时间数列的介绍，可以用直线配合法来确定时间数列的趋势项。设线性趋势方程为：

$$\hat{y}_t = a + bt \qquad (9.7)$$

根据最小二乘法估计参数可得：

$$\begin{cases} b = \dfrac{n \sum ty - \sum t \sum y}{n \sum t^2 - (\sum t)^2} \\ a = \bar{y} - b\bar{t} = \dfrac{\sum y}{n} - b \dfrac{\sum t}{n} \end{cases} \qquad (9.8)$$

在【例9.1】中，根据表 9 - 2 的数据进行直线配合法对 $\hat{y}_1, \hat{y}_2 \cdots \hat{y}_{27}$ 进行预测，运用 SPSS 进行估计可得：

$$\begin{cases} a = 3.731 \\ b = -0.069 \end{cases}$$

则线性趋势方程为：$\hat{y}_t = 3.731 - 0.069 x_t$
$\qquad\qquad\quad (-1.1226) \quad (-6.297)$

回归系数下面有括号的数字为在 $H_0: a, b = 0$ 假设下的 t 检验值，拟合优度 $R^2 = 0.931$。

由此可得，线性趋势方程能很好地拟合这 n 个 (x_t, y_t) 点，回归效果很好，且回归系数 a, b 显著不为0，$\hat{y}_1, \hat{y}_2 \cdots \hat{y}_{27}$ 如表 9 - 6 所示。

9.1.4.3 线性回归预测法

根据经济学中的货币数量方程，$MV = PY$，其中 M 为货币供应量，V 为货币流通

速度，P 为总物价水平，Y 为总收入，即国民收入。对上式两边取自然对数后再取微分可得：

$$\frac{dM}{M} + \frac{dV}{V} = \frac{dP}{P} + \frac{dY}{Y} \tag{9.9}$$

由于为总收入，即国民收入，通常用国内生产总值（GDP）来测度，即 $\frac{dY}{Y} = \frac{dGDP}{GDP}$，那上式可以变为：

$$\frac{dM}{M} = \frac{dP}{P} + \frac{dGDP}{GDP} \tag{9.11}$$

即：$\frac{dP}{P} = \frac{dM}{M} - \frac{dGDP}{GDP} \tag{9.12}$

货币供应量以广义货币 $M2$ 来测度，令 $\frac{dM}{M} \approx x_{1,t} = \frac{M2_t - M2_{t-1}}{M2_{t-1}}$ 为 $M2$ 的同比增长速度。$\frac{dGDP}{GDP} \approx x_{2,t} = \frac{GDP_t - GDP_{t-1}}{GDP_{t-1}}$ 为 GDP 的同比增长速度。$\frac{dP}{P} \approx y_t = \frac{CPI_t - CPI_{t-1}}{CPI_{t-1}}$ 为 CPI 的同比增长速度，即通货膨胀率。则上式可以变为：

$$\hat{y}_t = b_0 + b_1 x_{1,t} + b_2 x_{2,t} \tag{9.13}$$

根据货币数量论，（9.13）中的回归系数应满足 $b_0 \approx 0$，$b_1 \approx 1$，$b_2 \approx -1$。

表 9-3 给出了我国 2011 年 1 月—2013 年 12 月的广义货币 $M2$ 的数值。

表 9-3 我国 2011 年 1 月—2013 年 12 月的广义货币 $M2$ 的数值

单位：万亿元

月 份	M2 数值	月 份	M2 数值	月 份	M2 数值
2011.1	733884.83	2012.1	855898.89	2013.1	992129.25
2011.2	736130.86	2012.2	867171.42	2013.2	998600.83
2011.3	758130.88	2012.3	895565.5	2013.3	1035858.4
2011.4	757384.56	2012.4	889604.04	2013.4	1032551.9
2011.5	763409.22	2012.5	900048.77	2013.5	1042169.2
2011.6	780820.85	2012.6	924991.2	2013.6	1054403.7
2011.7	772923.65	2012.7	919072.4	2013.7	1052212.3
2011.8	780852.3	2012.8	924894.59	2013.8	1061256.4
2011.9	787406.2	2012.9	943688.75	2013.9	1077379.1
2011.10	816829.25	2012.10	936404.28	2013.10	1070242.2
2011.11	825493.94	2012.11	944832.4	2013.11	1079257.1
2011.12	851590.9	2012.13	974159.46	2013.13	1106525

资料来源：从中国人民银行的网站 http://www.pbc.gov.cn/ 下载并整理。

根据表 9-3 的资料整理计算可得广义货币 M2 的同比增长率。其计算公式为：

M2 的同比增长率 =（本期的 M2 数值 − 上年同期的 M2 数值）/ 上年同期的 M2 数值 ×100%

计算结果如表 9-4 所示。

表 9-4　我国 2012 年 1 月—2013 年 12 月的广义货币 M2 的同比增长率

单位:%

序号	月份	M2 的同比增长率	序号	月份	M2 的同比增长率
1	2012.1	12.4	13	2013.1	15.9
2	2012.2	13	14	2013.2	15.2
3	2012.3	13.4	15	2013.3	15.7
4	2012.4	12.8	16	2013.4	16.1
5	2012.5	13.2	17	2013.5	15.8
6	2012.6	13.6	18	2013.6	14
7	2012.7	13.9	19	2013.7	14.5
8	2012.8	13.5	20	2013.8	14.7
9	2012.9	14.8	21	2013.9	14.2
10	2012.10	14.1	22	2013.10	14.3
11	2012.11	13.9	23	2013.11	14.2
12	2012.12	13.8	24	2013.12	13.6

表 9-5 给出了 2012 年 1 月—2013 年 12 月共 24 个月的 GDP 同比增长速度。由于 GDP 是季度数据，国家统计局在一个季度结束后才公布当年 1 月至本季度末的 GDP 绝对数和同比增长速度，而回归方程需要月度数据，故此假设本季度内各月的 GDP 同比增长速度相同，用本季度结束时的同比增长速度替代。

表 9-5　我国 2012 年 1 月—2013 年 12 月共 24 个月的 GDP 的同比增长率

单位:%

序号	月份	GDP 的同比增长率	序号	月份	GDP 的同比增长率
1	2012.1	7.9	13	2013.1	7.7
2	2012.2	7.9	14	2013.2	7.7
3	2012.3	7.9	15	2013.3	7.7
4	2012.4	7.7	16	2013.4	7.6
5	2012.5	7.7	17	2013.5	7.6
6	2012.6	7.7	18	2013.6	7.6
7	2012.7	7.6	19	2013.7	7.7
8	2012.8	7.6	20	2013.8	7.7

续表

序号	月份	GDP 的同比增长率	序号	月份	GDP 的同比增长率
9	2012.9	7.6	21	2013.9	7.7
10	2012.10	7.7	22	2013.10	7.7
11	2012.11	7.7	23	2013.11	7.7
12	2012.12	7.7	24	2013.12	7.7

资料来源：从中华人民共和国国家统计局的网站 http://www.stats.gov.cn/ 下载并整理。

将相关数据代入（9.13）

$$\hat{y} = b_0 + b_1 x_{1,t} + b_2 x_{2,t}$$

根据最小二乘法进行参数估计可得：

$$B = (X'X)^{-1}XY \tag{9.14}$$

运用 SPSS 进行估计可得：

$b_0 = -11.158$，$b_1 = -0.371$，$b_2 = 2.505$

则回归直线方程为：$\hat{y}_t = -11.158 - 0.371 x_{1,t} + 2.505 x_{2,t}$

$\qquad\qquad\qquad\quad(-1.471)\ (-4.641)\ (2.781)$

回归系数下面的有括号的数字为在 $H_0: b_0, b_1, b_2 = 0$ 假设下的 t 检验值，拟合优度 $R^2 = 0.735$。

由此可得，回归直线方程的回归效果良好，且回归系数显著不为 0。但估计回归系数不符合数量货币理论对回归系数的要求，即货币数量论对样本数据不成立。

采用线性回归的方法来预测 $\hat{y}_{25}$，$\hat{y}_{26}$，$\hat{y}_{27}$，必须知道 $x_{1,25}$，$x_{1,26}$，$x_{1,27}$ 和 $x_{2,25}$，$x_{2,26}$，$x_{2,27}$，即知道 2014 年第 1 季度 3 个月的货币供应量同比增长速度和 GDP 的同比增长速度。

（1）对于预测 $x_{1,25}$，$x_{1,26}$，$x_{1,27}$，根据 2013 年年末展开的中央经济工作会议提出 2014 年实施从紧的货币政策，要求央行要严格控制信贷的规模和速度，今年同期的信贷增长速度不能超过去年同期水平。因此，我们可以用 2013 年第 1 季度 3 个月的货币供应量的同比增长速度作为 2014 年第 1 季度 3 个月的货币供应量同比增长速度的预测值，即 $\hat{x}_{25} = x_{13} = 15.9$，$\hat{x}_{26} = x_{14} = 15.2$，$\hat{x}_{27} = x_{15} = 15.7$。

（2）对于预测 $x_{2,25}$，$x_{2,26}$，$x_{2,27}$，由于国民经济运行具有惯性，估计 2014 年第 1 季度 GDP 同比增长速度依然会在 7.7% 左右运行，GDP 增长速度可能会小幅回落，但国民经济还是会平稳快速增长，故此不妨预测 2014 年第 1 季度 GDP 同比增长速度为 7.7%，即 $\hat{x}_{2,25} = \hat{x}_{2,26} = \hat{x}_{2,27} = 7.7\%$。

将相关数据代入回归直线方程为：$\hat{y}_t = -11.158 - 0.371 x_{1,t} + 2.505 x_{2,t}$，就可以得到 $\hat{y}_{25}$，$\hat{y}_{26}$，$\hat{y}_{27}$。表 9-6 给出了几种预测方法的预测结果。

表9-6 5种预测方法的预测结果

序号	月份	通货膨胀率的实际观察值	简单移动平均数法的预测值	加权移动平均数法的预测值	一次指数平滑法的预测值	直线配合法的预测值	线性回归法的预测值
1	2012.1	4.5	—	—	4.5	3.661	4.0311
2	2012.2	3.9	—	—	4.38	3.592	3.8085
3	2012.3	3.8	—	—	4.284	3.523	3.6601
4	2012.4	3.7	4.066667	3.95	4.1872	3.454	3.3817
5	2012.5	3.5	3.8	3.766667	4.08976	3.385	3.2333
6	2012.6	3.3	3.666667	3.616667	3.971808	3.316	3.0849
7	2012.7	3.1	3.5	3.433333	3.837446	3.247	2.7231
8	2012.8	2.9	3.3	3.233333	3.689957	3.178	2.8715
9	2012.9	2.8	3.1	3.033333	3.531966	3.109	2.3892
10	2012.10	2.7	2.933333	2.883333	3.385573	3.04	2.8994
11	2012.11	2.7	2.8	2.766667	3.248458	2.971	2.9736
12	2012.12	2.6	2.733333	2.716667	3.138766	2.902	3.0107
13	2013.1	2	2.666667	2.65	3.031013	2.833	2.2316
14	2013.2	2.6	2.433333	2.316667	2.824811	2.764	2.4913
15	2013.3	2.4	2.4	2.4	2.779848	2.695	2.3058
16	2013.4	2.4	2.333333	2.4	2.703879	2.626	1.9069
17	2013.5	2.4	2.466667	2.433333	2.643103	2.557	2.0182
18	2013.6	2.4	2.4	2.4	2.594482	2.488	2.686
19	2013.7	2.4	2.4	2.4	2.555586	2.419	2.751
20	2013.8	2.5	2.4	2.4	2.524469	2.35	2.6768
21	2013.9	2.5	2.433333	2.45	2.519575	2.281	2.8623
22	2013.10	2.6	2.466667	2.483333	2.51566	2.212	2.8252
23	2013.11	2.6	2.533333	2.55	2.532528	2.143	2.8623
24	2013.12	2.6	2.566667	2.583333	2.546022	2.074	3.0849
25	2014.1	—	2.6	2.6	2.556818	2.005	2.2316
26	2014.2	—	1.733333	1.3	—	1.936	2.4913
27	2014.3	—	0.866667	0.433333	—	1.867	2.3058

其中:通货膨胀率的实际观察值类中"—"表示没有该原始数据。其余各列中的"—"表示该预测方法不能预测该数值。

思考:根据表9-6的数据,计算这5种预测方法的均方误差MSE,根据MSE判断这5种预测方法的预测效果。

9.2 统计决策

9.2.1 统计决策的基本概念

决策就是为了实现同一目标，从多个可以互相替代的可行方案中选择一个理想的或满意的方案的过程。或者更加通俗地说，决策就是决策者经过考虑和比较之后，对应当做什么和怎样做做出决定。为适应统计科学的发展，统计决策被引入统计科学，成为一个崭新领域。统计决策的理论和方法得到了很大发展，在经济管理中已得到广泛的应用。

9.2.1.1 统计决策的概念及特点

1. 统计决策的概念

当客观事物的结果或信息不确定，存在几种可供选择的行动方案时，我们就要做出决策。例如，某企业生产某种新产品，若该企业对该产品的市场需求不甚了解，生产得太少会影响企业的利润，生产得太多又会造成产品积压，资金周转不畅，给企业造成损失，那么到底生产多少产品合适，这时就要派出相关人员对市场进行调查，然后再做出决策，选出最佳方案或满意的方案。不少决策问题，需要利用有关的统计信息和相应的统计分析方法。从广义上讲，所有利用统计方法和统计信息的决策都是统计决策。

2. 统计决策的基本特点

（1）非对抗性

根据决策主题的多少及是否存在相互竞争，决策问题可分为对抗型决策和非对抗型决策。对抗型决策是由多个不同的决策主题在相互竞争和对抗中进行的决策。进行对抗型决策时，必须考虑对方可能采取的策略。我国历史上的"田忌赛马""赤壁之战"等都是典型的对抗型决策的案例。对抗型决策属于运筹学中的博弈论（对策论）所研讨的内容。非对抗型决策只有一个决策主体，进行决策时，只要考虑出现的不同状态，而不必考虑对方的策略，统计决策中主要考虑的是这种非对抗型决策，统计决策是研究非对抗型决策的一种重要方法。

（2）非确定性

根据对客观事物条件的把握程度不同，决策可分为确定型决策和非确定型决策。在有关条件可以完全确定的情况下进行的决策称为确定型决策。确定型决策有求解较简单的决策，也有求解较复杂的决策。求解复杂的确定型决策问题，通常运用运筹学中的数学规划方法，本书对此不作进一步讨论。我们只讨论在有关条件不能确定的情况下进行的决策，这种决策称为非确定型决策。按照对各种客观条件发生概率的了解程度不同，非确定型决策又可分为完全不确定型决策和风险型决策。在对各种条件发生的概率一无所知的情况下进行的决策称为完全不确定型决策。在对各种条件发生的概率有所了解的情况下进行的决策称为风险型决策。对这种非确定型的决策问题，需要大量运用概率统计的方法。

（3）定量性

统计决策是以条件分析和统计预测为基础的定量决策。利用统计决策，可以把握决策问题的具体数量，便于分析、鉴别和选择。综上所述，狭义的统计决策仅研究关于非对抗型决策中非确定型决策问题的定量分析。展开统计决策研究，有助于提高决策的科学性，避免决策的盲目性。

9.2.1.2 统计决策的基本步骤

1. 确定决策目标

决策目标是指在一定条件的制约下决策者希望达到的结果。它是分析和研究决策问题的出发点和归宿。决策目标应根据所研究问题的具体特点确定。合理的统计决策目标应当尽可能简单明确，并且要以具有可测性的数量指标来体现其内容与含义。反映决策目标的变量称为目标变量。

根据决策目标的多少，决策问题可分为单目标决策和多目标决策。当决策要达到的目标只有一个时，称为单目标决策。例如，在个人的期货投资决策中，一般以投资收益的最大化作为唯一目标，这是典型的单目标决策问题。当决策所要求达到的目标超过一个时，称为多目标决策。例如，在进行项目投资时，不仅要考虑项目投资的利益最大化，而且要考虑环境污染尽可能小，这就属于多目标决策。求解多目标决策问题比较复杂，一般需要先利用一定的方法将多目标加权综合成一个总目标或构造一个新的综合目标函数，然后再用单目标决策的方法求解。

2. 拟定备选方案

决策目标确定后，还需要分析实现目标的各种可能途径，这就是所谓的备选方案。一般来说，备选的方案都会在两个以上。如果一个问题只有一种可能的解决方案，就不存在所谓的决策问题。备选方案是决策者可以调控的因素，这种可调控的变量称为行动变量。所有备选方案的集合称为行动空间。为了拟定合理的备选方案，我们必须广泛收集信息，集思广益。

3. 列出自然状态

自然状态简称状态，是事物呈现的一种可能状态，这里是指实施行动方案时，可能面临的客观条件和外部环境。对于同一个决策问题，各种自然状态不会同时出现，也就是说，它们之间互相排斥。例如，研发某种新产品，该产品的未来市场需求存在3种状态，可分为好、中、差。这里的好、中、差就是关于市场销售的3种状态，这3种状态不可能在同一时期出现。虽然各种状态是决策过程中客观存在的，其是否出现并不以决策者的意志为转移。但为了提高决策的科学性，人们总是想方设法去估计各种状态可能出现的概率。所有可能出现的状态的集合称为状态空间，而相应的各种状态可能出现的概率的集合称为状态空间的概率分布。

4. 列出收益矩阵表

收益矩阵表是求解统计决策问题的重要工具,其基本形式如表 9-7 所示。

(1) 行动空间 $\alpha = (\alpha_1, \alpha_2, \cdots, \alpha_m)$

(2) 状态空间 $\theta = (\theta_1, \theta_2, \cdots, \theta_n)$

(3) 状态空间的概率分布 $P = (P_1, P_2, \cdots, P_n)$,且 $P_t \geq 0$,$\sum_{i=1}^{n} P_t = 1$

表 9-7 收益矩阵表

状态		θ_1	θ_2	$\cdots$	θ_n
概率		P_1	P_2	$\cdots$	P_n
方案	a_1	q_{11}	q_{12}	$\cdots$	q_{1n}
	a_2	q_{21}	q_{22}	$\cdots$	q_{2n}
	$\cdots$	$\cdots$	$\cdots$	$\cdots$	$\cdots$
	a_m	q_{m1}	q_{m2}	$\cdots$	q_{mn}

其中收益矩阵为:$Q = \begin{bmatrix} q_{11} & \cdots & q_{1n} \\ \vdots & \vdots & \vdots \\ q_{m1} & \cdots & q_{mn} \end{bmatrix}$

收益矩阵的元素 $q_{ij} = q(a_i, \theta_j)$ 表示在状态 θ_j 下采用行动方案 a_i 得到的收益值。矩阵表内的数量指标视具体情况而定,可以是利润指标,也可以是成本、产量、销售收入等其他合适的指标。凡是能作为决策目标的指标都称为收益。一般来说,利润、产量、销售收入属于正的指标,成本、亏损额等属于负的指标。

收益矩阵表的作用在于可以将各种备选方案在不同状态下的结果以及产生有关结果的可能性一目了然地列出来。

5. 选择最佳或满意的方案

为了从各种备选方案中挑选合适的方案,需要测算不同方案在各自状态下的结果,即不同方案在各自状态下可能实现的目标变量值。所有的结果构成结果空间。决策者可在对各种方案可能产生的结果进行比较分析的基础上,按一定的标准选择最佳或满意的方案。

6. 实施方案

方案确定后,必须组织一定的人力、物力和财力将其付诸实践,由于以上决策是根据对未来的预计做出的,因此,所选方案是否真正适合还需要通过实践的检验。同时,应将实施过程中的信息及时反馈给决策者,如果实施的结果出乎意料,或自然状态发生重大变化,应暂停实施,并及时修正方案,重新决策。

9.2.2 完全不确定型决策

非确定型决策可分为完全不确定型决策和风险型决策。在对各种条件发生的概率一无所知的情况下进行的决策,称为完全不确定型决策。在对各种条件发生的概率有所了解的情况下进行的决策称为风险型决策。本节介绍完全不确定型决策。

【例 9.2】 广州市某房地产商购买了一地块，根据市场需求状况及国家宏观调控的情况，进行房地产开发。有 3 种开发策略，策略 1：以别墅和大户套型的商品房为主；策略 2：以中小户套型的商品房和限价房为主；策略 3：以廉租房和经济适用房为主，将策略 1，2，3 简记为 D_1，D_2，D_3。有 3 种市场需求状态分别为：强需求、中等需求、弱需求。根据以往经验估计出在不同市场需求状态下不同策略的盈亏情况，如表 9-8 所示。

表 9-8 盈亏情况表

单位：千万元

利润＼策略＼市场	市场状况		
	强需求	中等需求	弱需求
策略 1	60	10	-6
策略 2	30	25	0
策略 3	10	10	10

对上表提供的数据，采用 5 种决策方法，为房地产商提供决策支持。

9.2.2.1 PERT 决策法

PERT 决策法的基本步骤就是对未来的市场需求状况作最乐观的估计、最保守的估计以及最可能的估计。例如，在策略 D_i 下，最乐观的盈利为 x_i 亿元，最保守的盈利为 y_i 亿元，最可能的盈利为 Z_i 亿元，则期望获益的计算公式为：

$$E(D_i) = \frac{x_i + 4Z_i + y_i}{6} \quad (9.15)$$

式（9.15）为 PERT 中处理非确定型决策的经验公式，至今仍没有在理论上予以严格证明。在表 9-8 中，设"强需求"为最乐观，"中等需求"为最可能，"弱需求"为最保守，则：

$$E(D_1) = \frac{60 + 4 \times 10 - 6}{6} = 15.7 \text{（千万元）}$$

$$E(D_2) = \frac{30 + 4 \times 25 - 0}{6} = 21.66 \text{（千万元）}$$

$$E(D_3) = \frac{10 + 4 \times 10 + 10}{6} = 10 \text{（千万元）}$$

决策准则是 $D^* = \max\limits_{i=1,2,3} \{E(D_i)\} = E(D_2)$，即取期望获益最大的策略为最优策略 D^*。由此可得，应选择策略 2，即以中小户套型的商品房和限价房为主的开发策略。

9.2.2.2 赫威兹决策法

赫威兹决策法的基本思想是对未来的情况应保持一定的乐观态度，但也不要盲目乐观，乐观程度的大小以一个乐观系数 α 表示，$0 < \alpha < 1$。例如，α 越接近于 1，表示越乐观；α 越接近于 0，表示越悲观。各种策略的期望获益可按下述公式计算：

$$E(D_i) = 最高获益 \times \alpha + 最低获益 \times (1-\alpha) \quad (9.16)$$

注意，α 属于主观评价，是一个经验数字。

根据表 9-8 和 (9.16) 式可以得到如表 9-9 所示的期望获益值。

表 9-9 赫威兹决策法下盈亏情况表

单位：千万元

策略	最高获益 H	最低获益 L	期望获益 $E(D): \alpha = \dfrac{2}{3}$ $E(D_i) = H_i \times \alpha + L_i \times (1-\alpha)$
D_1	60	-6	38
D_2	30	0	20
D_3	10	10	10

决策准则是取期望获益最大的策略为最优策略，即：

$$D^* = \max_{i=1,2,3}\{E(D_i)\} = E(D_1) \quad (9.17)$$

所以最优策略是 D_1。

9.2.2.3 小中取大决策法（Wald 决策准则）

小中取大决策法的指导思想是一切从最坏的情况出发去选取方案，然后，在每个方案最坏的决策结果中，找出较好的一种结果。具体的步骤如下：

（1）将各种策略的最低收益选出，如 D_1，D_2，D_3 的最低收益为 $\{-6, 0, 10\}$。

（2）从各种策略的最低收益中，选取最大者作为最后的决策，如上述三种策略的最小收益 $\{-6, 0, 10\}$ 中，选取获益最大者为 D_3，如表 9-10 所示。

表 9-10 小中取大决策法

单位：千万元

策略	强需求	中等需求	弱需求	各策略的最小值
策略 1	60	10	-6	-6
策略 2	30	25	0	0
策略 3	10	10	10	10
最小最大值	—	—	—	10

决策准则为先对各策略取最小值，再对各策略的最小值取最大值，即：

$$D^* = \max_i \min_j \{q_{ij}\} = D_3 \quad (9.18)$$

所以最优策略为 D_3。

9.2.2.4 最小最大后悔值法

（1）列出市场各种情况下的最高获益，即 $\max_i q(\alpha_i, \theta_j)$，各种市场情况下的最高获益如表 9-11 所示。

（2）计算市场各种情况的后悔值，即用各项的最高获益减去该项原来的估计值。

其中策略 D_i 在市场状况 θ_j 下的后悔值 r_{ij}，可以用公式计算：

$$r_{ij} = \max_i \{q(\alpha_i, \theta_j)\} - q_{ij} \qquad (9.19)$$

（3）决策准则。首先选出各项策略中的最大后悔值，然后在这些最大后悔值中取其最小者为最优策略，即：

$$D^* = \max_i \min_j \{r_{ij}\} \qquad (9.20)$$

在表 9-12 中，D_1 的最大后悔值为 16，D_2 的最大后悔值为 30，D_3 的最大后悔值为 50，则最大后悔值的最小者为 16，则以 D_1 作为最优策略。

表 9-11 各种市场情况下的最高获益

单位：千万元

市场情况	强需求	中等需求	弱需求
最高获益	60	25	10

表 9-12 后悔值及最小最大后悔值法

单位：千万元

策　略	强需求	中等需求	弱需求	各策略最大的后悔值
策略 1	60 - 60 = 0	25 - 10 = 15	10 - (-6) = 16	16
策略 2	60 - 30 = 30	25 - 25 = 0	10 - 0 = 10	30
策略 3	60 - 10 = 50	25 - 10 = 15	10 - 10 = 0	50
最小最大的后悔值	—	—	—	16

9.2.2.5 等概率决策法

在完全不确定型决策中，由于每种自然状态出现的概率事先是不知道的，但可以粗略地估计，一般假设各种自然状态出现的概率都是相等的。在此基础上计算各个方案的期望获益，即：

$$E(D_i) = \frac{1}{n} \sum_{j=1}^{n} q_{ij}, \quad i = 1, 2, \cdots, m \qquad (9.21)$$

决策准则是取期望获益最大的策略为最优策略，即：

$$D^* = \max_i \{E(D_i)\} \qquad (9.22)$$

在【例 9.2】中，我们不妨假设 3 种市场状态出现的概率都相等，都为 1/3，可以计算出 3 种开发策略的期望获益。

$$E(D_1) = \frac{1}{3} \times 60 + \frac{1}{3} \times 10 + \frac{1}{3} \times (-6) \approx 21.33(千万元)$$

$$E(D_2) = \frac{1}{3} \times 30 + \frac{1}{3} \times 25 + \frac{1}{3} \times 0 \approx 18.33(千万元)$$

$$E(D_3) = \frac{1}{3} \times 10 + \frac{1}{3} \times 10 + \frac{1}{3} \times 10 \approx 10(千万元)$$

决策准则是取期望获利最大的策略为最优策略，则 D_1 是最优策略。

上面5种决策方法有3种的决策结果都选择开发策略 D_1，即选择以别墅和大户套型的商品房为主的开发策略。这就能解释为什么这么多的房地产开发商选择高档商品房的开发策略，而忽视人民群众的基本住房需求。

思考：

不同的决策方法会导致不同的决策结果，请思考各种决策方法的特点和适用条件。

9.2.3 风险型决策

本节介绍风险型决策。风险型决策是指在对各种条件发生的概率有所了解的情况下进行的决策。风险型决策用决策树来刻画和讨论比较合适。下面以【例9.3】进行讨论。

【例9.3】在【例9.2】的基础上，根据市场调查知道，强需求出现的概率为0.6，中等需求出现概率为0.3，弱需求出现的概率为0.1。各种情况下的盈亏状况如表9-13所示。

表9-13 盈亏情况表

单位：千万元

市场策略	市场状况和相应的概率		
	强需求（0.6）	中等需求（0.3）	弱需求（0.1）
策略1	60	10	-6
策略2	30	25	0
策略3	10	10	10

根据表9-13的资料，可以做出决策树，如图9-2所示。

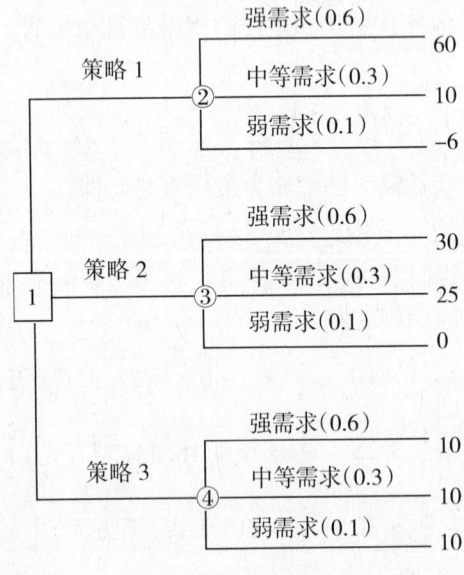

图9-2 决策树

决策树是求解风险型决策的重要工具，它是一种将决策问题模型化的树形图。决策树由决策节点、方案枝、机会节点、概率枝和结果点组成。图9-2中有4个节点，用数字"1~4"编号，代表决策或随机事件。"1"为决策节点，用"□"表示，它表示在该点必须对各种方案做出选择，进行决策。"2、3、4"为机会节点，用"○"表示。从决策节点可以引出若干分枝，表示若干方案的选择，故又称其为方案枝。从机会节点可以引出若干分枝，每一条分枝表示一种自然状态，当各种自然状态发生的概率已知时，在各条直线上应标明该状态的概率，故又称其为概率枝。在概率枝的末端有不同方案在各种状态下的收益值，称为结果点。

决策的方法采用期望值法。首先，分别计算各个策略在各种市场状况下的期望收益；其次，比较各个策略的期望收益的大小。决策准则是取期望收益最大者为最优策略。

$$E(D_1) = \sum_{j=1}^{3} P_{1j}q_{1j} = 0.6 \times 60 + 0.3 \times 10 + 0.1 \times (-6) = 38.4(千万元)$$

$$E(D_2) = \sum_{j=1}^{3} P_{2j}q_{2j} = 0.6 \times 35 + 0.3 \times 25 + 0.1 \times 0 = 28.5(千万元)$$

$$E(D_3) = \sum_{j=1}^{3} P_{3j}q_{3j} = 0.6 \times 10 + 0.3 \times 10 + 0.1 \times 10 = 10(千万元)$$

则 $D^* = \max_{i}\{E(D_i)\} = E(D_1)$，即策略1为最优策略。

对于比较复杂的决策树的求解，一般采用逆向分析法，即从树形结构末端的条件结果开始，从后向前逐步分析。采用计算期望值的方法，化简所需研究的机会节点后的分枝。

对于【例9.3】，通过计算3个策略在不同市场状况下的期望值，可以化简第2、3、4个机会节点后面的分枝，如图9-3所示。

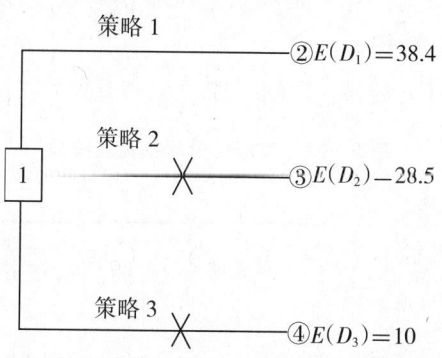

图9-3 应用期望值法化简后的决策树

在图9-2中，首先，用各个策略的期望值去替代后面的分枝；其次，比较由决策节点引出的3个分枝的期望值的大小；第三，剔除较小期望值的分枝，用"×"表示剔除的分枝，剩下的是期望值最大的分枝，该分枝所对应的策略就是最优策略。从图9-3可知，策略1就是最优策略。

9.3 综合案例：产品开发目标方案的选择

9.3.1 相关说明

某汽车股份有限公司根据2014年重型汽车和中型汽车需求量预测，制定了以下三个车身开发目标方案。

（1）全面引进技术，进口设备。

（2）全部依靠自己的力量，改造生产线，实现决策目标。

（3）自行改造为主，技术引进为辅。

9.3.2 分析和决策过程

该厂首先对三个方案进行了定性分析，并认为：

（1）采用第一方案的优点是技术先进，可以生产多品种的优质产品并提高生产能力，但缺点是外汇耗资大且不利于本厂产品的发展。

（2）采用第二方案的优点是费用少，但缺点是周期长，受技术条件限制，开发后的产品不易达到国际先进水平。

（3）采用第三方案的优点是关键技术和设备可达到发达国家水平，周期短，投资不多，而且，本厂有强大的技术后盾，设计、制造、安装力量都较强，可以承担以自行改造为主的任务，但缺点是生产能力没有第一方案大。

定量分析是定性分析的深化，是决策过程中不可缺少的环节。进行了定性分析后，还要进行如下的定量分析。

根据该股份公司的有关资料，得到了如表9-14所示的损益矩阵表。

表9-14 某股份公司损益矩阵表

单位：万元

自然状态 利润（万元） 方案	高需求 θ_1	中需求 θ_2	低需求 θ_3
全面引进（d_1）	44040	37592	31300
全部自制（d_2）	36450	35450	34500
引进和改造相结合（d_3）	43840	40592	34300

9.3.3 方案选择过程

（1）按照"好中求好"的决策方法，最高利润为44040万元，它所对应的方案为d_1，即全面引进，对应的自然状态是高需求。但根据当前国家政策和国民经济发展形势，近3年内车身产品销路不会出现最高需求峰值。另外，全面引进需要4600万美元外汇，该厂不具备这种条件。因此，该决策问题不能按照"好中求好"的决策方法来进行决策。

（2）按照"坏中求好"的决策方法，34500万元是决策目标值，它所对应的方案为d_2，即全部自制，对应的自然状态是低需求。但是，我国汽车工业的发展是乐观的，低需求出现的可能性很小。同时，采用全部自制方案将造成生产能力无潜力，产品质量很难达到国际先进水平，难以打入国际市场。因此，也不可按照"坏中求好"的决策方法来进行决策。

（3）根据预测资料以及汽车工业发展前景和该股份公司的客观条件，该公司认为：决策因素中既有乐观的一面，也有悲观的一面，且乐观因素大于悲观因素。因此，按照α系数决策方法来进行决策。经分析，取乐观系数为$\alpha = 0.7$，则$1 - \alpha = 1 - 0.7 = 0.3$。其计算过程和结果如下：

$$f(d_1) = 0.7 \times [\max(44040, 37592, 31300)] + 0.3 \times [\min(44040, 37592, 31300)]$$
$$= 0.7 \times 44040 + 0.3 \times 31300$$
$$= 30828 + 9390$$
$$= 40218（万元）$$

$$f(d_2) = 0.7 \times [\max(36450, 35450, 34500)] + 0.3 \times [\min(36450, 35450, 34500)]$$
$$= 0.7 \times 36450 + 0.3 \times 34500$$
$$= 25515 + 10350$$
$$= 35865（万元）$$

$$f(d_3) = 0.7 \times [\max(43840, 40592, 34300)] + 0.3 \times [\min(43840, 40592, 34300)]$$
$$= 0.7 \times 43840 + 0.3 \times 34300$$
$$= 30688 + 10290$$
$$= 40978（万元）$$

这些利润值中的最大者为：

$$f(d_*) = \max(40218, 35865, 40978) = 40978 = f(d_3)$$

计算结果表明，方案d_3，即引进与改造相结合方案为最佳方案。

（4）由于α系数法中α的取值带有一定的主观性，因此，决定再用"最小的最大后悔值"决策方法对所选方案进行验证。

其计算过程和计算结果如下：

$$\max_{i=1,2,3} L_{i1} = \max(44040, 36450, 43840) = 44040$$

$$\max_{i=1,2,3} L_{i2} = \max(37592, 35450, 40592) = 40592$$

$$\max_{i=1,2,3} L_{i3} = \max(31300, 34500, 34300) = 34500$$

所以各方案的最大后悔值为：

$$G(d_1) = \max(44040-44040, 40592-37592, 34500-31300)$$
$$= \max(0, 3000, 3200) = 3200$$

$$G(d_2) = \max(44040-36450, 40592-35450, 34500-34500)$$
$$= \max(7590, 5142, 0) = 7590$$

$$G(d_3) = \max(44040-43840, 40592-40592, 34500-34300)$$
$$= \max(200, 0, 200) = 200$$

最优方案按下式决定：

$$\max_{i=1,2,3} G(d_i) = \min(3200, 7590, 200) = 200 = G(d_3)$$

计算结果表明，按"最小的最大后悔值"决策方法，其最小值200万元所对应的是方案 d_3，因此，引进与改造相结合的方案为最佳方案。这个结论同用 α 系数决策方法所得出的结论一致。

最后，该股份公司决定采用引进与改造相结合的方案。

本章小结

本章主要介绍了统计预测和统计决策的基本概念和基本方法。统计预测就是以事物过去和现在的统计资料为依据，根据事物的内在联系与发展，运用统计方法，估计和推测现象在未来某一确定时间内可能达到的规模与水平。历史资料和现状统计资料是统计预测的基础，经济理论是预测的根据，数学模型是预测的手段，它们是预测的三个要素。

统计预测的分类有：按预测对象的范围不同可分为宏观预测与微观预测；按预测的时间长短可分为长期预测、中期预测、短期预测及近期预测；按预测方法的性质不同可分为定性预测和定量预测。预测的原则有：连贯原则、类推原则和相关原则。预测的程序有5步，分别是：确定预测目标、收集与分析资料、选择预测模型与预测方法、进行预测计算以及预测结果的分析。

统计预测的重点是介绍预测的方法，预测的方法有：朴素预测法、平均数预测法、简单移动平均数预测法、加权移动平均数预测法、指数平滑法、直线配合法、线性回归预测法。其中线性回归预测法还检验了经济学中的货币数量方程，结论是货币数量论对样本数据不成立，但预测的效果良好。

统计决策有广义和狭义两种概念。广义的统计决策是指所有利用统计方法和统计信息所进行的决策。狭义的统计决策是指仅研究关于非对抗型决策中非确定型决策问题的定量分析决策。统计决策的基本特点是非对抗性、非确定性和定量性。统计决策的基本步骤分别是：确定决策目标、拟定备选方案、列出自然状态、列出收益矩阵表、选择最佳或满意的方案和实施方案。

本章主要介绍了完全不确定型和风险型的统计决策。完全不确定型决策是指在对各种条件发生的概率一无所知的情况下进行的决策。风险型决策是指在对各种条件发生的概率有所了解的情况下进行的决策。对于完全不确定型的统计决策主要的解决工具是决策表，决策方法有：PERT 决策法、赫威兹决策法、小中取大决策法、最小最大后悔值法和等概率决策法。对于风险型的统计决策主要的解决工具是决策树，决策的方法用逆向分析法，决策的准则是取期望收益最大的方案枝。

本章还给出一个综合案例，该案例采用统计分析方法，对某汽车公司的开发目标方案进行分析，并做出决策。

思考与练习

一、不定项选择题（在下面各题中至少有一个选项是正确的，请将正确的选项填写在相关的括号内）

1. 统计预测主要具有以（　　）为主的特征。
   A. 定性方法　　　B. 固定方法　　　C. 定量方法　　　D. 变量方法
2. 若时间数列的环比增长率大体相近，则可选（　　）。
   A. 直线趋势模型　　　　　　　　B. 二次曲线趋势模型
   C. 指数曲线趋势模型　　　　　　D. 双曲线趋势模型
3. 直线预测模型的参数为 a，b，求解的常用方法是（　　）。
   A. 三点法　　　B. 最小平方法　　　C. 阶差法　　　D. 作图法
4. 统计预测属于（　　）。
   A. 定量预测　　B. 定性预测　　C. 模型外推预测　　D. 方法论预测
   E. 预测方法论
5. 根据预测的范围大小，可将预测分为（　　）。
   A. 宏观预测　　B. 定量预测　　C. 定性预测　　D. 微观预测
6. 统计决策是在（　　）方法的基础上发展起来的。
   A. 古典数理统计　B. 现代数理统计　C. 古典数学　　D. 现代数学
7. 确定型决策多以（　　）的应用为主。
   A. 运筹学　　　　　　　　　　B. 概率论
   C. 统计方法技术　　　　　　　D. 线性代数
8. 统计决策时，从各方案中选择效益最大的方案为决策方案，此时遵守的原则是（　　）。
   A. 乐观原则　　　　　　　　　B. 保守原则
   C. 折中原则　　　　　　　　　D. 期望收益原则
9. 决策时，将最优方案的损益值减去各方案在各种状态下的损益求出后悔值，找出各方案的最大后悔值，然后再从中选出最小的作为决策方案，这种方法是（　　）。

A. PERT 决策法　　　　　　　　B. 小中取大决策法
C. 最小最大后悔值法　　　　　　D. 等概率决策法

10. 决策树是由（　　）构成的。

A. 决策节点　　B. 方案枝　　C. 机会节点　　D. 概率枝
E. 结果点

二、计算题

1. 按周记录某地邮局邮件总数得到如下资料，如表 9-15 所示。

表 9-15　某地邮局周邮件总数表

周次	1	2	3	4	5	6	7	8	9	10
件数（件）	4232	4560	4321	4612	4624	4589	4633	1627	4668	4671

试分别以 3 周和 5 周为计算移动平均数的时间长度，用简单移动平均数预测法推算第 11 周将要处理的邮件总量。

2. 表 9-16 是某种特殊产品在过去 12 个月销售量的时间序列。

表 9-16　某特殊产品在过去 12 个月的销售量表

月份	销售量	月份	销售量	月份	销售量	月份	销售量
1	105	4	108	7	145	10	80
2	135	5	90	8	140	11	100
3	120	6	120	9	100	12	100

要求：

（1）用平滑常数 $\alpha = 0.3$ 计算这个时间序列的一次指数平滑值。

（2）用平滑常数 $\alpha = 0.5$ 计算这个时间序列的一次指数平滑值。

（3）比较用 $\alpha = 0.3$ 和 $\alpha = 0.5$ 来预测，哪种方法的预测效果较好。

3. 第 7 花园大道销售音乐演出磁带，表 9-17 是过去 18 个月的销售量数据，集团的管理人员希望用一种精确方法来预测未来的销售量。

表 9-17　18 个月的磁带销售量表

月份	1	2	3	4	5	6
销售量	293	283	322	355	346	379
月份	7	8	9	10	11	12
销售量	381	431	424	433	470	481
月份	13	14	15	16	17	18
销售量	549	544	601	587	644	660

要求：

（1）利用平滑常数 $\alpha = 0.3, 0.4, 0.5$ 进行预测，哪一个值提供的预测最合适？

（2）利用直线配合法进行预测，它的均方误差是多少？

(3) 你会向管理员推荐使用哪一种预测方法，为什么？

4. 下表是 16 支工业股票某年的每股账面价值和当年红利，如表 9-18 所示。

表 9-18 16 支工业股票的每股账面价值和当年红利表

公司序号	账面价值（元）	红利（元）	公司序号	账面价值（元）	红利（元）
1	20.44	2.4	9	12.14	0.80
2	20.89	2.98	10	23.31	1.94
3	22.09	2.06	11	16.23	3.00
4	14.48	1.09	12	10.56	0.28
5	20.73	1.96	13	10.84	0.84
6	19.25	1.55	14	18.05	1.80
7	20.37	2.16	15	12.45	1.21
8	26.43	1.60	16	11.33	1.07

要求：

(1) 建立每股账面价值和当年红利的回归方程。

(2) 解释回归系数的经济含义。

(3) 当 17 号公司的账面价值达到 25 元时，预测它的红利为多少。

5. 某企业拟开发一种新产品，有 3 个方案可供选择，其收益矩阵表 9-19 所示。

表 9-19 某企业一种拟开发产品的收益矩阵

（单位：万元）

状态		需求大	需求中等	需求小
方案	方案一	400	150	-200
	方案二	200	200	-120
	方案三	100	100	50

请根据完全不确定型决策的 5 种决策方法（它们是 PERT 决策法、赫威兹决策法、小中取大决策法、最小最大后悔值法和等概率决策法），选择合适的方案。其中赫威兹决策法中的乐观系数为 0.7。

6. 某贸易公司近期有 3 笔生意可做，其收益矩阵如表 9-20 所示。

表 9-20 某贸易公司 3 笔生意的收益矩阵

（单位：万元）

状态		θ_1	θ_2	θ_3
概率		0.4	0.4	0.2
方案	方案一	300	150	-150
	方案二	200	200	-100
	方案三	100	100	80

要求：

(1) 试画出该决策问题的决策树。

(2) 根据期望值准则进行决策。

三、实践与思考题

在中华人民共和国国家统计局网站 http://www.stats.gov.cn/ 下载并整理我国 2005—2014 年这 10 年的国内生产总值（GDP）的绝对数和同比增长速度的数据，并仿照本章 9.1 节关于 CPI 的统计预测方法，预测 2015 年 GDP 的绝对值和同比增长速度，并比较不同预测方法的预测精度。

思考与练习参考答案

第一章

一、判断题

1. × 2. × 3. √ 4. × 5. × 6. × 7. √ 8. × 9. × 10. ×

二、单项选择题

1. B 2. C 3. B 4. C 5. A 6. B 7. C 8. D 9. B 10. A

三、多项选择题

1. ABC 2. BCD 3. ABD 4. ABCD 5. ACD 6. ABE 7. ABCE 8. BCE 9. BD 10. ABDE

四、简答题（略）

第二章

一、单项选择题

1. B 2. A 3. C 4. B 5. D 6. A 7. B 8. B 9. B 10. A 11. D 12. B 13. B 14. B 15. D

二、多项选择题

1. AB 2. BCD 3. ABC 4. ABD 5. ABCE 6. ABC 7. ACD 8. CD

三、简答题（略）

四、分析题（略）

第三章

一、单项选择题

1. C 2. C 3. C 4. C 5. B 6. D 7. C 8. B 9. A 10. C 11. A 12. B 13. B 14. C 15. D 16. A 17. A 18. C 19. A 20. D

二、计算题

（1）最大值106.3分，最小值72.1分，全距：106.3－72.1＝34.2分，设组距为10，则组数为4，频数分布表如下表所示：

各科平均分	学生人数（人）	频率（%）	向上累计频数（人）	向上累计频率（%）
70～80 分	5	12.5	5	12.5
80～90 分	12	30	17	42.5
90～100 分	11	27.5	28	70
100～110 分	12	30	40	100
合 计	40	100	—	—

（2）绘制直方图

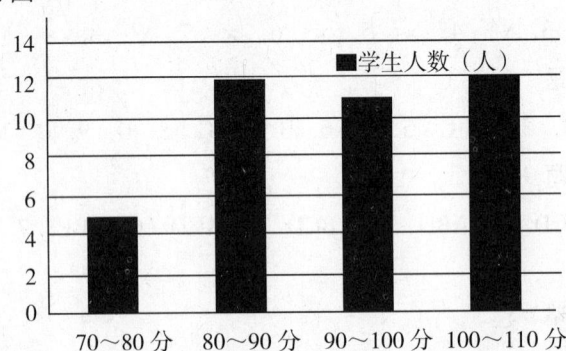

（3）随机抽取某校高三级 1～4 班 40 名学生的考试成绩，可以发现各科平均分的全距为 34.2 分，最高分为 106.3 分，最低分为 72.1 分。其中 80 分以下有 5 人；占抽样人数的 12.5%；80～90 分数段的学生有 12 人，90 分以下学生占抽样人样的 42.5%；90～100 分数段的学生有 11 人，100 分以下学生占抽样人数的 70%；100～110 分数段的学生有 12 人，占抽样人数的 30%。（可有不同表述，仅供参考）

2.（1）上表变量数列属于等距变量数列

（2）略

（3）组距 $d = 10$

日产量分组（件）	组中值	工人数（人）	频率（%）
50～60	55	6	11.3
60～70	65	12	22.6
70～80	75	18	34.0
80～90	85	10	18.9
90～100	95	7	13.2
合 计	—	53	100

3. 散点图和折线图分别如下

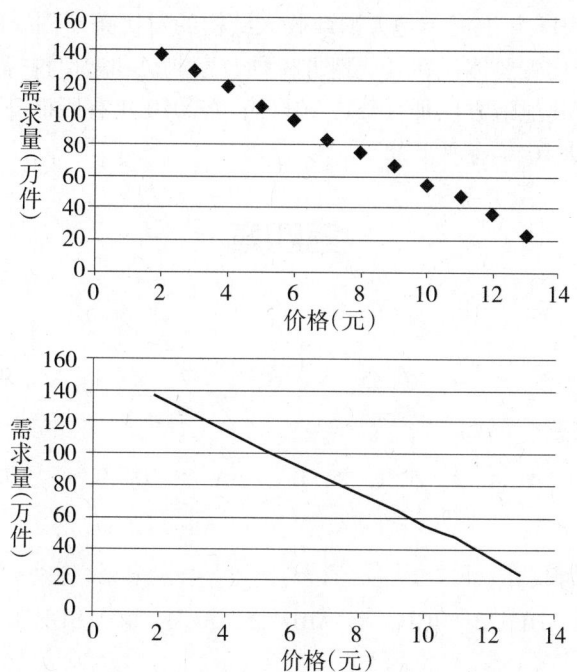

4.（1）2000 年、2010 年上海市地方财政收入结构饼图如下图所示，其中增值税、个人所得税所占百分比有较为显著的下调，而其他地方税种所占百分比则出现较为明显的提高。

2000 年地方财政收入结构　　　2010 年地方财政收入结构

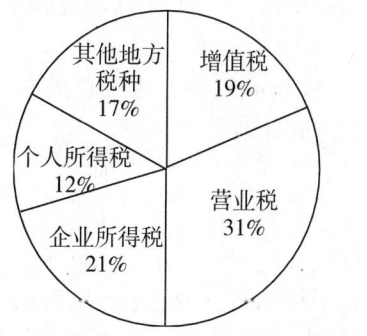
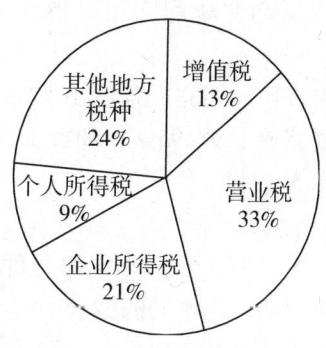

（2）对比条形图

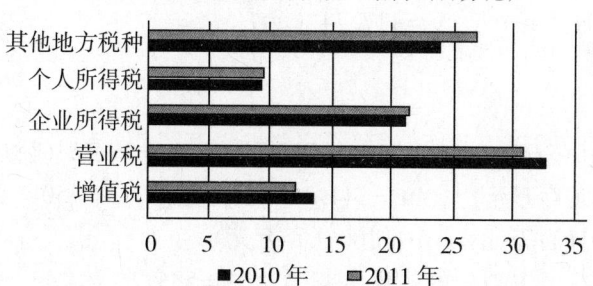

从 2010 年、2011 年上海市地方财政收入结构的对比条形图反映出这两年间上海市财政收入结构变化主要体现在其他地方税种、营业税和增值税等这三项税种所占百分比的调整；其中其他地方税种百分比 2011 年较 2010 年有所提升，营业税、增值税百分比 2011 年较 2010 年有所下降。

第四章

一、判断题

1. × 2. × 3. × 4. √ 5. × 6. √ 7. × 8. √ 9. × 10. ×

二、单项选择题

1. C 2. B 3. A 4. A 5. C 6. B 7. A 8. D 9. C 10. B 11. D 12. D 13. B 14. A 15. A

三、多项选择题

1. ACDE 2. ADE 3. BCD 4. ABD 5. ACD 6. ABDE 7. BCE 8. CDE 9. CE 10. CE

四、计算题

1. 商业网点密度的正指标 = 50（个/万人）　商业网点密度的逆指标 = 0.02（万人/个）

2. 销售额计划完成程度相对指标 = 104.55%　总成本计划完成程度相对指标 = 98.95%

该企业销售额计划完成程度 104.55%，超额 4.55%，由于总成本为逆指标，因此总成本计划完成了 98.95%，超额 1.05% 完成计划。

3. $\bar{x} = 29.5$（件）

4. $\bar{x} = 104$（万元）

5. $\bar{x}_甲 = 66$（件/人）　$\bar{x}_乙 = 80$（件/人）

计算结果表明，乙车间的劳动生产率高于甲车间，主要原因是劳动生产率高的组在乙车间的工人数量所占比重大，而在甲车间所占比重小，所以乙车间劳动生产率要比甲车间高。

6. $\bar{x}_甲 = 123.04$（元）　$\bar{x}_乙 = 117.74$（元）

7. $\bar{x}_G = 86.6\%$

8. 8.03%

9. $\bar{x} = 56.58$（公斤）　$M_0 = 56.98$（公斤）　$Me = 56.72$（公斤）

10. $Mo = 340$（百万元）　$Me = 344.44$（百万元）　$\bar{x} = 350$（百万元）
　　$A.D = 70$（百万元）　$\sigma = 100$（百万元）

11. 众数为 3 年，其对应的频数为 42 人。$V_r = 58\%$

12. (1) $\bar{x}_B = 75$（分）　　(2) $\sigma_B = 10.32$（分）　　$V_A = 14.78\%$　　$V_B = 13.76\%$
由标准差系数 $V_A > V_B$，可知 B 班平均成绩更具有代表性。

13. $\bar{x}_甲 = 500$（公斤）　　$\sigma_甲 = 55.3$（公斤）　　$V_甲 = 11.06\%$
　　$\bar{x}_乙 = 520$（公斤）　　$\sigma_乙 = 40.6$（公斤）　　$V_乙 = 7.8\%$
因为 $V_乙 < V_甲$，故乙品种具有较大的稳定性，宜于推广。

第五章

一、单项选择题

1. D　2. B　3. C　4. C　5. A　6. B　7. D　8. C　9. B　10. D　11. B　12. A　13. D　14. A　15. B　16. C　17. B　18. C　19. B　20. C　21. C　22. A　23. A　24. B　25. D　26. B

二、多项选择题

1. ACD　2. BD　3. BCE　4. BC　5. BCE　6. BE　7. AD　8. AC　9. BDE　10. BCD　11. BDE　12. BD　13. BC　14. ACD　15. ABD　16. ACE　17. ABC　18. ABCDE

三、计算题

1. 年平均职工人数

$$= \frac{\frac{3020+3260}{2} \times 3 + \frac{3260+2950}{2} \times 1 + \frac{2950+3200}{2} \times 6 + \frac{3200+3270}{2} \times 2}{3+1+6+2} = 3120.4（人）$$

2. 年度利润计划平均完成百分比 $= \dfrac{(860+887+875+898)/4}{(\frac{860}{130\%}+\frac{887}{135\%}+\frac{875}{138\%}+\frac{898}{125\%})/4}$

$= 131.78\%$

3. (1) 第三季度月平均劳动生产率 $= \dfrac{(8000+8400+9000)/3}{(\frac{4640}{2}+4660+4680+\frac{4600}{2})/(4-1)} =$

1.8195（万元/人）

(2) 第三季度劳动生产率 $= 1.8195 \times 3 = 5.46$（万元/人）

4.

年份	2003	2004	2005	2006	2007	2008
产量（万件）	500	550	544	664	700	735
逐期增长量（万件）	—	50	−6	120	36	35
累计增长量（万件）	—	50	44	164	200	235
环比发展速度（%）	—	110.00	98.91	122.06	105.42	105.00

续表

年份	2003	2004	2005	2006	2007	2008
环比增长速度（％）	—	10.00	-1.09	22.06	5.42	5.00
定基发展速度（％）	—	110.00	108.80	132.80	140.00	147.00
定基增长速度（％）	—	10.00	8.80	32.80	40.00	47.00
增长1%的绝对值（万件）	—	5.00	5.50	5.44	6.44	7.00

（2）年平均产量为 615.5 万件，年平均增长量为 47 万件，年平均增长速度为 8.01%。

5.（1）年平均人口增长率 $= \sqrt[12]{\frac{15}{13.28}} - 1 = 0.0102 = 10.2‰$

（2）2020 年末我国人口数 $= 13.28 \times (1+1\%)^{12} = 14.96$（亿人）

6.（1）$\bar{X}_G = \sqrt[n]{\frac{a_n}{a_0}} = \sqrt[10]{2} = 1.0718 = 107.18\%$

（2）平均增长速度 $= \sqrt[n]{\frac{a_n}{a_0}} - 1 = \sqrt[8]{2} - 1 = 9.05\%$

（3）$\bar{X}_G = \sqrt[8]{\frac{2}{1.1^2}} = 106.48\%$，所以平均增长速度为 6.48%

7. 平均增长速度 $= \sqrt[5]{1.122 \times 1.1 \times 1.082 \times 1.085 \times 1.078} - 1 = 9.33\%$

$\bar{X}_G = \sqrt[n]{\frac{a_n}{a_0}} = \sqrt[n]{4}$ $\ln \bar{X}_G = \frac{1}{n}\ln 4$ $n = \frac{\ln 4}{\ln \bar{X}_G} = \frac{\ln 4}{\ln 1.0933} \approx 15.58$（年）

8.（1）令 $\sum t = 0$，$y_c = a + bt = 98.85 + 2.66t$

（2）$y_c(2016) = 98.85 + 2.66 \times 7 = 117.47$（万元）

$y_c(2017) = 98.85 + 2.66 \times 9 = 122.79$（万元）

9. $\bar{a} = \frac{\sum af}{\sum f} = \frac{250 \times 3 + 262 \times 2 + 258 \times 2 + 252 \times 1 + 259 \times 2}{3+2+2+1+2} = 256$（人）

10.（1）这是间隔相等的间断时点数列。

（2）$\bar{a} = \frac{\frac{a_0}{2} + a_1 + a_2 + a_3 + \cdots + a_{n-1} + \frac{a_n}{2}}{n}$

第一季度的平均现金库存额：

$\bar{a} = \frac{\frac{500}{2} + 480 + 450 + \frac{520}{2}}{3} = 480$（万元）

第二季度的平均现金库存额：

$\bar{a} = \frac{520/2 + 550 + 600 + 580/2}{3} = 566.67$（万元）

上半年的平均现金库存额：

$$\bar{a} = \frac{\frac{500}{2} + 480 + \cdots + 550 + 600 + \frac{580}{2}}{6} = 523.33（万元），或 = \frac{480 + 566.67}{2} = 523.33$$

（万元）

11. 第一季度平均人数：

$$\bar{a} = \frac{\frac{1002+1050}{2} \times 1 + \frac{1050+1020}{2} \times 2}{1+2} = 1032（人）$$

上半年平均人数：

$$\bar{a} = \frac{\frac{1002+1050}{2} \times 1 + \frac{1050+1020}{2} \times 2 + \frac{1020+1008}{2} \times 3}{1+2+3} = 1023（人）$$

12. 产品总产量 $\sum a = 2000 + 3000 + 4000 + 3000 + 4000 + 50000 = 21000$（件）

产品总成本 $\sum b = 14.6 + 21.6 + 28.4 + 21.9 + 27.6 + 34.0 = 148.1$（万元）

单位成本 $\bar{c} = \frac{148.1 \text{万元}}{21000 \text{件}} = 70.52$ 元/件

四、计算题

（1）从资料可以看出，水产品销售量不仅有季节性变动，而且有较明显的长期增长的趋势，所以需要用移动平均趋势剔除法来计算季节指数。采用十二期移动平均趋势剔除，计算出经调整后的1—12月的季节指数分别为117.35%，97.63%，83.53%，69.33%，59.80%，74.05%，114.40%，152.12%，157.32%，123.12%，79.80%，71.55%。

（2）2015年1月的销售量 $= \frac{40}{12} \times 117.35\% = 3.91$（千吨）

2015年2月的销售量 $= \frac{40}{12} \times 97.63\% = 3.25$（千吨）

其余各月依此类推。

（3）2015年5月的销售量 $= 9.5 \times \frac{59.80\%}{117.35\% + 97.63\% + 83.53\% + 69.33\%} = 1.54$（千吨）

2015年6月的销售量 $= 9.5 \times \frac{70.04\%}{117.35\% + 97.63\% + 83.53\% + 69.33\%} = 1.91$（千吨）

其余各月依此类推。

第六章

一、单项选择题

1. A 2. C 3. A 4. C 5. C 6. B 7. A 8. C 9. B 10. C 11. B 12. D

13. B 14. A 15. B

二、多项选择题

1. BD 2. AC 3. ADE 4. CD 5. BD 6. ACE 7. AD 8. CE 9. CD
10. ABCDE

三、计算题

1. (1) $k_{q_1} = \dfrac{300}{310} = 96.8\%$

$k_{q_2} = \dfrac{80}{75} = 106.7\%$

$k_{q_3} = \dfrac{105}{120} = 87.5\%$

$k_{p_1} = \dfrac{240}{230} = 104.3\%$

$k_{p_2} = \dfrac{290}{300} = 96.7\%$

$k_{p_3} = \dfrac{700}{600} = 116.7\%$

(2) 编制商品价格综合指数:

$K_P = \dfrac{\sum p_1 q_1}{\sum p_0 q_1} = \dfrac{95935}{93630} = 102.46\%$

(3) 编制商品销售量综合指数:

$K_q = \dfrac{\sum q_1 p_0}{\sum q_0 p_0} = \dfrac{93630}{94520} = 99.06\%$

2. $K_q = \dfrac{\sum q_0 p_0 \times k_q}{\sum q_0 p_0} = \dfrac{28890}{27700} = 104.3\%$

3. $K_p = \dfrac{\sum p_1 q_1}{\sum p_1 q_1 \times \dfrac{1}{k_p}} = \dfrac{14140}{13973} = 101.2\%$

4. (1) 计算销售额指数:

$K_{pq} = \dfrac{\sum p_1 q_1}{\sum p_0 q_0} = \dfrac{83250}{48000} = 173.4\%$

(2) 计算销售量指数和价格指数:

$K_q = \dfrac{\sum p_0 q_1}{\sum p_0 q_0} = \dfrac{80000}{48000} = 166.7\%$

$K_p = \dfrac{\sum p_1 q_1}{\sum p_0 q_1} \dfrac{1}{2} = \dfrac{83250}{80000} = 104.1\%$

(3) $K_{pq} = \dfrac{\sum p_1 q_1}{\sum p_0 q_0} = \dfrac{83250}{48000} = 173.4\%$

$K_q = \dfrac{\sum p_0 q_1}{\sum p_0 q_0} = 166.7\%$

$K_p = \dfrac{\sum p_1 q_1}{\sum p_0 q_1} = 104.1\%$

∵ $K_{pq} = K_p \times K_q$

$\dfrac{\sum p_1 q_1}{\sum p_0 q_0} = \dfrac{\sum q_1 p_0}{\sum q_0 p_0} \times \dfrac{\sum p_1 q_1}{\sum p_0 q_1}$

$173.4\% = 166.7\% \times 104.1\%$

$\sum p_1 q_1 - \sum p_0 q_0 = (\sum q_1 p_0 - \sum q_0 p_0) + (\sum p_1 q_1 - \sum p_0 q_1)$

$(83250 - 48000) = (80000 - 48000) + (83250 - 80000)$

$35250 = 32000 + 3250$

分析：由于销售量上升66.7%，销售额上升32000元；由于价格上涨4.1%，销售额上升3250元；受两者共同影响，三种商品的销售额上涨了73.4%，即增加35250元。

5. $\sum q_0 p_0 = 1992.4 \div 114.5\% = 1740.1$（亿元）

$K_{pq} = K_p \times K_q$

$K_p = 114.5\% \div 104.5\% = 109.6\%$

$\dfrac{\sum p_1 q_1}{\sum p_0 q_0} = \dfrac{\sum q_1 p_0}{\sum q_0 p_0} \times \dfrac{\sum p_1 q_1}{\sum p_0 q_1}$

$114.5\% = 104.5\% \times 109.6\%$

∵ $\sum p_1 q_1 = 1992.4 \quad \sum p_0 q_0 = 1704.1$

$\sum q_1 p_0 = \sum p_0 q_0 \times K_q = 1704.1 \times 104.5\% = 1780.8$（亿元）

$\sum p_1 q_1 - \sum p_0 q_1 = 1992.4 - 1780.8 = 211.6$（亿元）

$\sum p_1 q_1 - \sum p_0 q_0 = (\sum q_1 p_0 - \sum q_0 p_0) + (\sum p_1 q_1 - \sum p_0 q_1)$

$(1992.4 - 1704.1) = (1780.8 - 1740.1) + (1992.4 - 1780.8)$

由于价格上调商业部门多支付的货币额为211.6亿元

第七章

一、单项选择题

1. B 2. A 3. B 4. C 5. B 6. A 7. A 8. B 9. B 10. B 11. A 12. B

13. D 14. D 15. B 16. D

二、多项选择题

1. BE 2. AC 3. ABC 4. BCD 5. ABCD 6. ABD 7. ADE 8. ACE

三、判断题

1. √ 2. × 3. √ 4. √ 5. × 6. × 7. ×

四、计算题

1. $0.56 \pm 0.062 = 49.8\% \sim 62.2\%$；$n = 9466$

2. $(49848.24, 50400.92)$；$(49794.32, 50454.84)$；$(49683.11, 50566.05)$
置信水平增大时，置信区间的宽度也增大。

3. 检验统计量 $t = \dfrac{\bar{x} - \mu_0}{S/\sqrt{n}} = \dfrac{50.2 - 50}{0.65/\sqrt{10}} = 0.9733$

由 $\alpha = 0.05$，查表临界值 $t_{\alpha/2} = t_{0.25} = 2.2622$

由于 $t = 0.9733 < t_{\alpha/2} = 2.2622$，所示不应拒绝 H_0，即每袋重量符合要求。

4. 假设 $H_0: \mu = 10$，$H_1: \mu \neq 10$

检验统计量 $t = \dfrac{\bar{x} - \mu_0}{S/\sqrt{n}} = 1.75$

查表，$\alpha = 0.05$，$t_{\alpha/2}(n-1) = t_{0.025}(19) = 2.0930$

接受原假设 H_0，即人为装配时间均值可认为是10。

5. 提出原假设 $H_0: \mu \geq 17\%$ $H_0: \mu \geq <17\%$

选用统计量 $z = \dfrac{p - p_n}{\sqrt{\dfrac{p_0(1-p_0)}{n}}} = 1.13$

$z_{0.06} = 1.64$，拒绝域为 $z < -z_a$，本题中 $z > z_a$，故接受原假设，即不能认为技术改造后产品质量有所提高。

第八章

一、单项选择题

1. A 2. D 3. D 4. C 5. B 6. B 7. A 8. D 9. A 10. A 11. C 12. D 13. D

二、多项选择题

1. ACD 2. DE 3. ABCE 4. ACE 5. AD 6. ABDE 7. ACD 8. ADE 9. ABE

三、判断题

1. × 2. √ 3. × 4. √ 5. × 6. √ 7. × 8. √ 9. √ 10. ×

四、计算题

1. （1）$r = 0.9478$　　（2）$y = 395.567 + 0.8958x$　　（3）1380.947
2. （1）0.955　　（2）$y = 20.4 + 5.2x$
3. （1）$r = 0.91$　　（2）$y = 77.37 - 1.82x$　　（3）1.82 元
4. $y = -17.92 + 0.0955x$，教育经费在 500 万元时，在校学生数为 $y = 29.83$（万人）

第九章

一、不定项选择题

1. C　2. C　3. B　4. CDE　5. AD　6. B　7. A　8. A　9. C　10. ABCDE

二、计算题

1. 以三周为时间长度，第 11 周将要处理的邮件总量为：

$$\hat{y}_t = \frac{\sum_{i=1}^{3} y_{t-i}}{3} = \frac{y_{t-1} + y_{t-2} + y_{t-3}}{3} = \frac{y_{10} + y_9 + y_8}{3} = \frac{4671 + 4668 + 4627}{3} = 4655.33（件）$$

以五周为时间长度，第 11 周将要处理的邮件总量为：

$$\hat{y}_t = \frac{\sum_{i=1}^{5} y_{t-i}}{5} = \frac{y_{t-1} + y_{t-2} + y_{t-3} + y_{t-4} + y_{t-5}}{5}$$

$$= \frac{y_{10} + y_9 + y_8 + y_7 + y_6}{5}$$

$$= \frac{4671 + 4668 + 4627 + 4633 + 4589}{5} = 4637.6（件）$$

2. 用平滑常数 $\alpha = 0.3$，$\alpha = 0.5$ 计算这个时间序列的一次指数平滑值如下表：

表 1　一次指数平滑法计算值

月份	销售量	$\alpha = 0.3$ 一次指数平滑值	$\alpha = 0.5$ 一次指数平滑值	月份	销售量	$\alpha = 0.3$ 一次指数平滑值	$\alpha = 0.5$ 一次指数平滑值
1	105	105.00	105	7	145	120.85	128
2	135	114.00	120	8	140	126.59	134
3	120	115.80	120	9	100	118.61	117
4	108	113.46	114	10	80	107.03	98.5
5	90	106.42	102	11	100	104.92	99.25
6	120	110.50	111	12	100	103.44	99.625

$\alpha=0.5$,效果与现实销量较为接近,效果更好。

3.(1)利用平滑常数 $\alpha=0.3$,0.4,0.5 进行预测,以及运用直线配合法预测的值如下表。

表2 利用平滑常数 $\alpha=0.3$,0.4,0.5 进行预测和直线配合法的预测值

月份	销售量	$\alpha=0.3$ 一次指数平滑值	$\alpha=0.4$ 一次指数平滑值	$\alpha=0.5$ 一次指数平滑值	直线配合法预测值	误差	误差平方
1	293	293.00	293.00	293.00	266.87	-26.13	682.7769
2	283	290.00	289.00	288.00	288.96	5.96	35.5216
3	322	299.60	302.20	305.00	311.05	-10.95	119.9025
4	355	316.22	323.32	330.00	333.14	-21.86	477.8596
5	346	325.15	332.39	338.00	355.23	9.23	85.1929
6	379	341.31	351.04	358.50	377.32	-1.68	2.8224
7	381	353.22	363.02	369.75	399.41	18.41	338.9281
8	431	376.55	390.21	400.38	421.5	-9.5	90.25
9	424	390.79	403.73	412.19	443.59	19.59	383.7681
10	433	403.45	415.44	422.59	465.68	32.68	1067.982
11	470	423.41	437.26	446.30	487.77	17.77	315.7729
12	481	440.69	454.76	463.65	509.86	28.86	832.8996
13	549	473.18	492.45	506.32	531.95	-17.05	290.7025
14	544	494.43	513.07	525.16	554.04	10.04	100.8016
15	601	526.40	548.24	563.08	576.13	-24.87	618.5169
16	587	544.58	563.75	575.04	598.22	11.22	125.8884
17	644	574.41	595.85	609.52	620.31	-23.69	561.2161
18	660	600.08	621.51	634.76	642.4	-17.6	309.76

(2)利用直线配合法进行预测,它的均方误差是357.8。

(3)推荐使用直线配合法进行预测。

4.(1)建立每股账面价值和当年红利的回归方程。

$$\hat{y}_t = -0.087 + 0.101 x_{1,t}$$

(2)当账面价值平均每变动1元时,红利同方向变动0.101元。

(3) $\hat{y}_t = -0.087 + 0.101 x_{1,t} = -0.087 + 0.101 \times 25 = 2.438$

5. PERT决策法，选择方案二，具体算法如下：

$E(D_i) = \dfrac{x_i + 4z_i + y_i}{6}$

$E(D_1) = \dfrac{400 + 4 \times 150 - 200}{6} = 133.33$

$E(D_2) = \dfrac{200 + 4 \times 200 - 120}{6} = 146.67$

$E(D_3) = \dfrac{100 + 4 \times 100 - 50}{6} = 75$

赫威兹决策法，选择方案一，具体方法如下：

$E(D_i) = $ 最高获益 $\times \alpha + $ 最低获益 $\times (1 - \alpha)$

$E(D_1) = 400 \times 0.7 - 200 \times 0.3 = 220$

$E(D_2) = 200 \times 0.7 - 120 \times 0.3 = 104$

$E(D_3) = 100 \times 0.7 + 50 \times 0.3 = 85$

小中取大决策法，选择第三种方案。

最小最大后悔值法，选择第三种方案。

等概率决策法，选择第一种方案。

$E(D_1) = 400 \times 0.6 + 150 \times 0.3 - 200 \times 0.1 = 265$

$E(D_2) = 200 \times 0.6 + 200 \times 0.3 - 120 \times 0.1 = 168$

$E(D_3) = 100 \times 0.6 + 100 \times 0.3 + 50 \times 0.1 = 140$

6.（1）

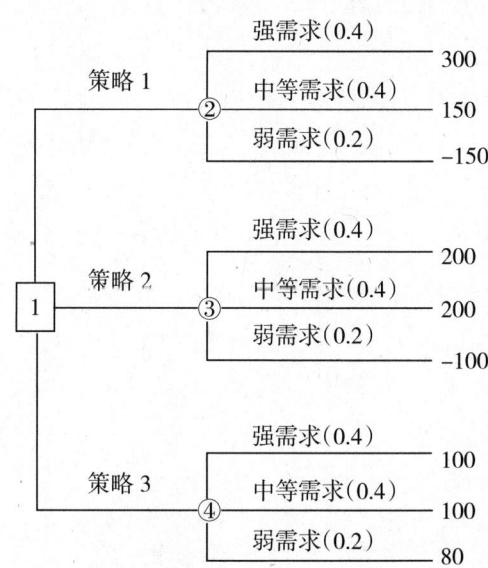

（2）

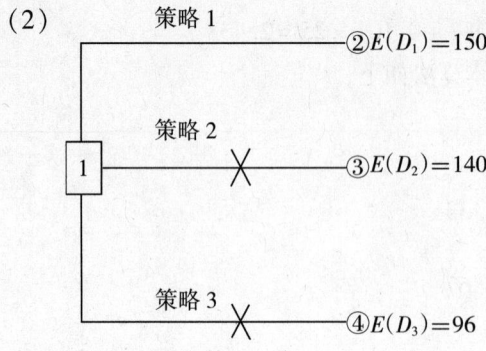

三、实践与思考题（略）